렉처메이커로

이러닝 콘텐츠 만들기

구덕회·이영호 공저

교육과학사

머리말

정보통신기술이 일상화된 시대에 있어 우리의 교육 환경도 칠판과 교과서 중심에서 정보 기기와 이러닝 콘텐츠 중심으로 변화하고 있다. 오늘날의 학습자는 인터넷을 기반으로 한 이러닝을 통해 원하는 시간과 장소에서 필요한 지식과 정보를 습득하는 것이 가능하게 되었다.

이러한 시점에서 보다 풍부한 이러닝 콘텐츠에 대한 수요는 지속적으로 증가하고 있으며, 이를 지원하기 위한 저작도구도 더욱 필요로 하고 있다.

이 책은 교수자가 직접 이러닝 콘텐츠를 손쉽게 제작할 수 있는 저작도구인 렉처메이커에 대해 기술하고 있다. 현재 렉처메이커는 여러 대학교와 기관에서 이러닝 저작에 사용되고 있으며, 개인별 다양한 목적의 콘텐츠 저작에도 사용되고 있다.

이러한 렉처메이커에 대해 이 책의 1부에서는 렉처메이커 프로그램의 기본적인 이해를 돕는 내용을 제공하고 있다. 렉처메이커가 무엇인지 이해하고, 기본 기능을 익힐 수 있게 하고 있다. 2부에서는 렉처메이커의 다양한 기능을 활용하여 콘텐츠 저작을 따라해 보는 내용을 제공하고 있다. 2부를 차근차근 따라하다 보면 렉처메이커의 기능을 충분히 익힐 수 있게 되며, 3부에서는 렉처메이커를 활용하여 실제 사용할 만한 콘텐츠를 만들어 볼 수 있다.

이 책이 나올 수 있도록 도와주신 많은 분들과 교육과학사 관계자 여러분, 그리고 렉처메이커를 직접 만들고 이 책과 관련된 제반 저작권을 허락해준 (주)다울소프트 관계자 여러분들께 깊이 감사드린다. 아울러 이 책에 관심을 가져주시는 독자 여러분께도 큰 감사를 드린다.

여러 사람들의 도움이 있었고, 적지 않은 시간을 들여 이 책이 나왔으나 미처 발견하지 못한 오류가 있을 수 있다. 이 책에 관한 문의나 충고, 격려, 오류 수정 신고 등은 아래에 있는 대표 저자 e-메일을 통해 저자에게 직접 연락할 수 있다. 앞으로도 보다 더 보완하고 다듬어 나갈 것을 약속하며, 이 책이 렉처메이커를 사용하여 이러닝 콘텐츠를 저작하는 데 도움이 될 수 있기를 기대한다.

저자 구덕회, 이영호 드림

대표 저자 e-메일 주소 : dhk@snue.ac.kr

이영호 구덕회

이러닝 콘텐츠 저작도구
렉처메이커

① 멀티미디어 콘텐츠 저작도구입니다.

렉처메이커는 교수자가 직접 동영상 강의, 상호작용 강의, 이러닝 강의 등 다양한 형태의 콘텐츠를 쉽고 강력하게 만들 수 있는 저작도구입니다. 웹캠, 마이크, 전자칠판기능을 활용하여 녹음, 녹화, 전자칠판까지 쉽게 활용하여 효과적인 이러닝 콘텐츠를 만들 수 있습니다.

② 교수자의 생각대로 구현할 수 있습니다.

템플릿방식의 강의 레이아웃과 디자인을 조합하여 강의형식을 구성할 수 있으며 다양한 전문 편집기가 제공되어 수식, 그래프, 도형 등을 쉽게 표현할 수 있습니다. 파워포인트와 같이 레이아웃과 디자인이 제공되어 간단한 조합이나 템플릿을 활용하여 동영상과 텍스트, 음성과 텍스트 등이 조합된 이러닝 콘텐츠를 쉽게 만들 수 있습니다. 학습개요를 위한 목차 단추, 학습진행을 위한 진행 단추, 학습 상호 작용을 위한 클릭 단추 등 다양한 학습지원기능이 쉽게 구현됩니다.

③ 이러닝과 강력한 연계성을 제공합니다.

저작된 콘텐츠는 웹 게시는 물론 온/오프라인 교육, 모바일 교육에서도 활용할 수 있습니다. 이러닝 콘텐츠 표준인 SCORM을 준수하고 있어, 표준이나 비표준 LMS와도 효과적으로 연계됩니다. 렉처메이커는 웹 게시용 파일은 물론, 실행 파일로 저장할 수 있으며, SCORM으로도 출력할 수 있습니다.

④ 렉처메이커는 누구에게나 열려 있습니다.

렉처메이커는 이러닝 콘텐츠를 만드는 초보자부터 전문가까지 자신의 이러닝 콘텐츠를 자체 편집기능과 기존 파일들을 통해 제작할 수 있습니다. 다양한 강의 디자인 및 레이아웃과 상호작용 기능을 활용하여 이러닝 콘텐츠를 쉽고 효과적으로 구현할 수 있습니다. 마이크로소프트 오피스 계열의 리본바 UI를 적용하여 사용자의 소프트웨어 이해도를 높이고 학습 부담을 경감 및 사용 편이성을 제공합니다. PPT 및 PDF 파일을 강의저작 시 활용할 수 있어 기존 교재 파일들을 이러닝 콘텐츠로 저작 시 활용도가 매우 높습니다.

렉처메이커 다운로드 및 실행

① 렉처메이커는 다울소프트 홈페이지에서 평가판을 다운로드 받을 수 있습니다.
(평가판은 30일 동안 사용 가능합니다.)

▸ http://www.daulsoft.com/ko

② 평가판을 다운로드 받습니다.

③ 다울소프트 사이트에 회원가입을 한 이후 평가판을 다운로드 받을 수 있습니다. 파일을 다운로드 받은 후 실행합니다.

④ 렉처메이커 설치를 완료한 후 바탕화면에서 아이콘(◎)을 클릭하면 다음과 같이 프로그램이 실행됩니다.

이 책의 부록 CD 소개

① 예 제

각 Chapter에서 다루는 예제와 완성 파일을 각 장별로 수록하였습니다.

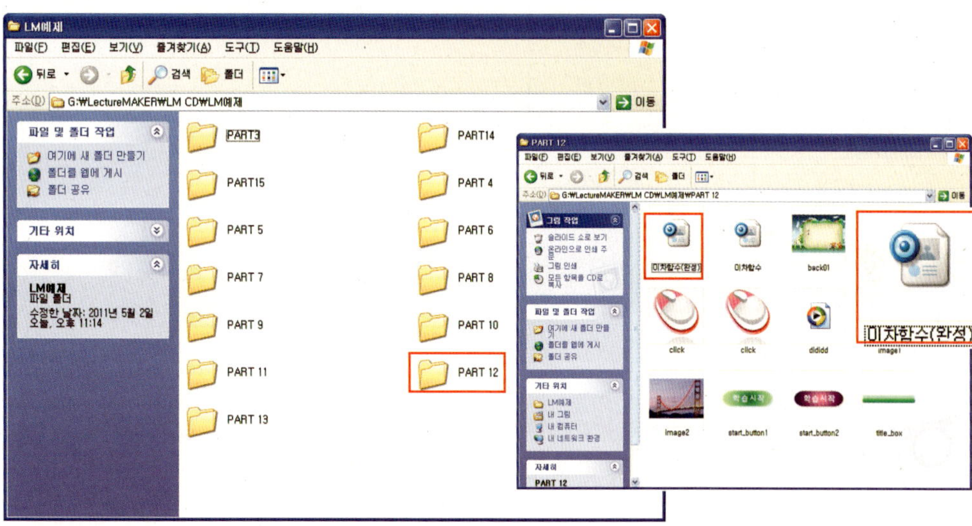

② 샘플 콘텐츠

렉처메이커로 만들어진 몇 가지 샘플 콘텐츠를 수록하였습니다.

③ LectureMAKER 2.0(60일 평가판)

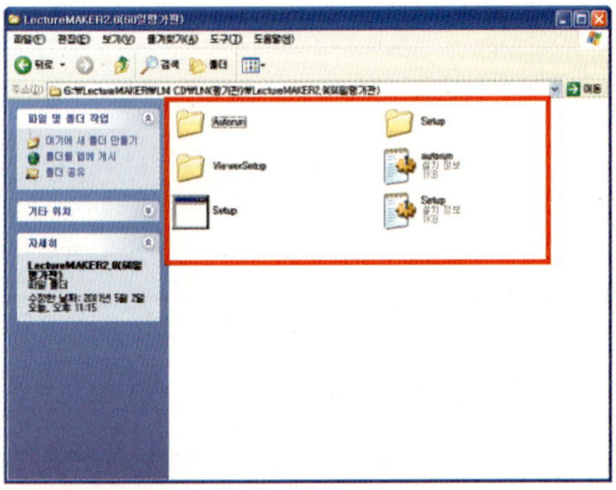

LectureMAKER 2.0 설치 파일을 탑재하였습니다. 이 CD에 포함된 파일은 이 책을 위해 특별 제공받은 평가판이며, 설치한 날부터 60일간 사용 가능합니다.

목 차

PART

02 렉처메이커 따라하기

PART. 01

렉처메이커 살펴보기

렉처메이커의 기본적인 사항을 살펴봅시다.

CHAPTER 01_ 렉처메이커 이해하기

CHAPTER 01_ 렉처메이커 기능 살펴보기

C/H/A/P/T/E/R

01

렉처메이커 이해하기

STEP BY STEP

STEP 1. 렉처메이커란?

STEP 2. 렉처메이커의 구성요소

STEP 3. 렉처메이커의 활용분야

STEP 4. 렉처메이커의 인터페이스

SUBJECT

이번 장에서는 렉처메이커는 무엇이며, 또한 렉처메이커의 기본 기능에 대해서 알아보겠습니다.

SUMMARY

1. 렉처메이커란?
2. 렉처메이커의 인터페이스

STEP›› 1 렉처메이커란?

렉처메이커를 이용하여 무엇을 할 수 있을까요?

렉처메이커는 이러닝에 사용되는 학습 콘텐츠를 저작하는 윈도 운영체제 기반의 PC용 저작 도구입니다. 다양한 멀티미디어 자료와 PPT, PDF, 플래시, HTML 문서 등의 문서호환이 가능하며, 동영상, 음성녹화와 전자판서를 이용한 강의녹화는 물론 다양한 형태의 상호작용이 가능한 이러닝 콘텐츠를 손쉽게 만들 수 있습니다.

... 참고

다양한 멀티미디어 자료와 파워포인트, 플래시, HTML문서 그리고 교수자 전용 편집도구를 이용하여 전문가 수준의 다양한 형태의 강의자료를 손쉽게 저작할 수 있는 이러닝 콘텐츠 저작도구입니다.

STEP›› 2 렉처메이커의 구성요소

렉처메이커는 어떠한 개체를 사용하여 콘텐츠를 만들 수 있는지 알아보겠습니다.

렉처메이커는 다양한 멀티미디어 요소와 기존 파워포인트, 플래시, HTML 문서, 자체 편집기를 이용하여 다양한 형태의 강의자료 저작·편집이 편리하며, 동영상 콘텐츠의 제반 편집은 물론 마이크와 웹캠을 이용하여 멀티미디어 콘텐츠를 손쉽게 만들 수 있습니다.

STEP›› 3 렉처메이커의 활용분야

렉처메이커는 어떤 곳에서 사용할 수 있는지 알아보겠습니다.

이러닝 콘텐츠의 저작이 필요한 선생님, 교수님, 연구원, 교육담당자 분들께서 사용하실 수 있으며, 학습관리시스템인 LMS와 강력한 연계가 가능하여, 온/오프라인 교육 및 모바일 교육에서도 활용할 수 있습니다.

연수 강의를
위한 콘텐츠

학습관리시스템과
연계 활용

STEP›› 4 렉처메이커의 인터페이스

렉처메이커의 화면 구성 요소에 대해서 알아보겠습니다.

화면 구성 요소는 다음과 같습니다.

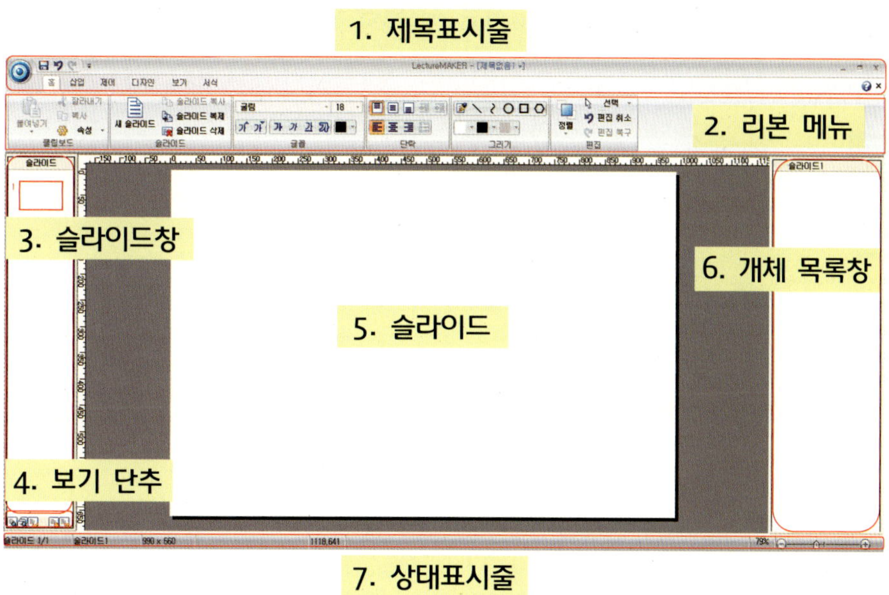

1 제목표시줄

현재 작업 중인 문서의 제목을 나타냅니다.

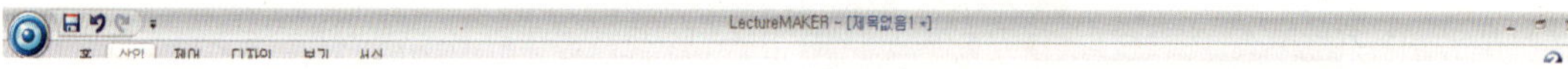

- [렉처메이커 단추] 새문서, 열기, 닫기, 저장, 인쇄의 메뉴가 있습니다.
- [빠른 실행 도구 모음 사용자 지정] 빠른 실행 도구를 사용자의 편의에 맞게 수정할 수 있습니다.
- [최소화]창의 크기를 최소화합니다.
- [최대화]창의 크기를 최대화합니다.
- [종료] 렉처메이커를 종료합니다.

2 리본메뉴

탭, 그룹, 명령 3가지 형태로 만들어져 있습니다.

- 탭 : 리본 메뉴의 위쪽에 표시되어 있으며, 하위 탭들의 상위 범주를 간단하게 나타낸 것입니다.
- 그룹 : 탭과 관련된 명령들을 각각의 기능에 맞게 분류해 놓은 것입니다.
- 명령 : 메뉴 각각의 기능을 활성화 시킬 수 있는 단추입니다.

참고 각각의 리본 메뉴 내용 알아보기

① 홈 탭

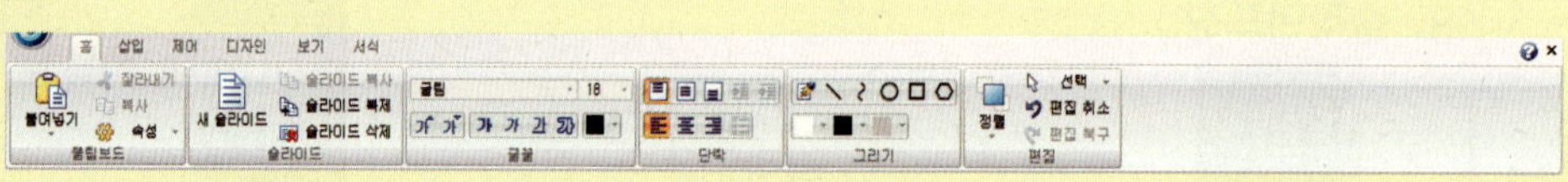

- [클립보드] 붙여넣기, 잘라내기, 복사, 속성 설정(속성 복사, 속성 붙여넣기)을 할 수 있습니다.
- [슬라이드] 새 슬라이드 추가, 슬라이드 복사, 슬라이드 복제, 슬라이드 삭제를 할 수 있습니다.

- 글꼴 글자 크기, 글자 색, 글자 속성을 변형할 수 있습니다.
- 단락 글자 및 문단의 정렬을 지정할 수 있습니다.
- 그리기 글상자, 도형, 선 등을 그릴 수 있습니다.

- 편집 정렬, 편집 취소, 편집 복구 등을 할 수 있습니다.

② 삽입 탭

- 개체 그림, 동영상, 소리, 플래시, 단추, 문서 등을 삽입할 수 있습니다.
- 레코딩 강의 녹화, 동영상 녹화, 소리 녹음을 영상 기기와 연동하거나 캡쳐 할 수 있습니다.
- 편집기 수식 삽입, 도형 그리기, 그래프 작성, 그림판을 이용한 편집을 할 수 있습니다.
- 텍스트 글상자, 수식 계산 글상자, 표 삽입, 특수 문자 삽입, 옛 문자 삽입을 할 수 있습니다.
- 문항 객관식 문항, 주관식 문항 작성을 위한 기본 틀을 제공해 줍니다.

③ 제어 탭

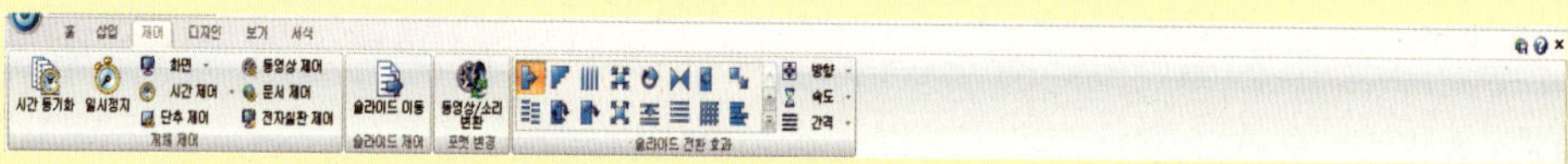

- 개체 제어 콘텐츠 흐름 제어 및 화면, 상, 웹브라우저, 단추, 전자칠판을 재생, 정지, 활성, 비활성 등으로 제어할 수 있습니다.
- 슬라이드 제어 슬라이드의 위치를 특정지점으로 이동시킬 수 있습니다.
- 포맷 변경 동영상 및 소리의 파일 형식을 변환할 수 있습니다.
- 슬라이드 전환 효과 슬라이드 전환을 사용자의 필요에 맞게 변형시킬 수 있습니다.

④ 디자인 탭

- 슬라이드 설정 슬라이드 화면 크기, 슬라이드의 화면 및 다음 화면으로 이동하는 등의 속성을 설정할 수 있습니다.
- 디자인 슬라이드의 디자인을 다양하게 설정할 수 있습니다.
- 레이아웃 슬라이드의 레이아웃을 다양하게 설정할 수 있습니다.
- 템플릿 슬라이드의 템플릿을 다양하게 설정할 수 있습니다

⑤ 보기 탭

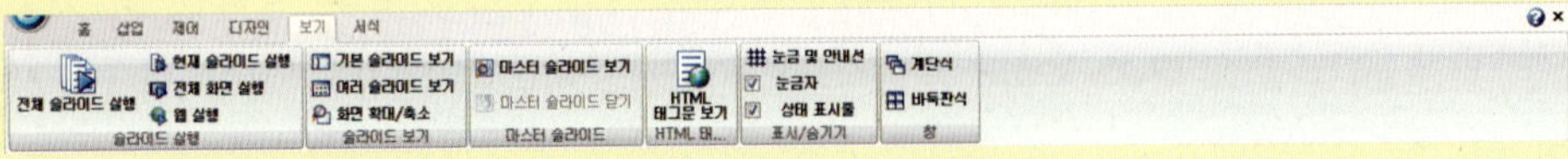

- 슬라이드 실행 전체 슬라이드, 현재 슬라이드를 팝업창을 통해서 실행하거나, 전체 화면으로 실행, 웹으로 실행할 수 있습니다.
- 슬라이드 보기 기본 슬라이드 보기, 여러 슬라이드를 한 화면에서 보기, 화면을 사용자의 편의에 맞게끔 확대해서 보기를 할 수 있습니다.
- 마스터 슬라이드 제목 마스터와 본문 마스터로 구성된 슬라이드 마스터를 보거나 닫을 때 사용합니다.
- HTML 태... 슬라이드의 HTML 태그문을 볼 수 있습니다.
- 표시/숨기기 슬라이드에 눈금 및 안내선, 화면의 눈금자, 상태 표시줄을 표시하거나 숨길 수 있습니다.
- 창 여러 창을 계단식 및 바둑판식으로 볼 수 있습니다.

⑥ 서식 탭

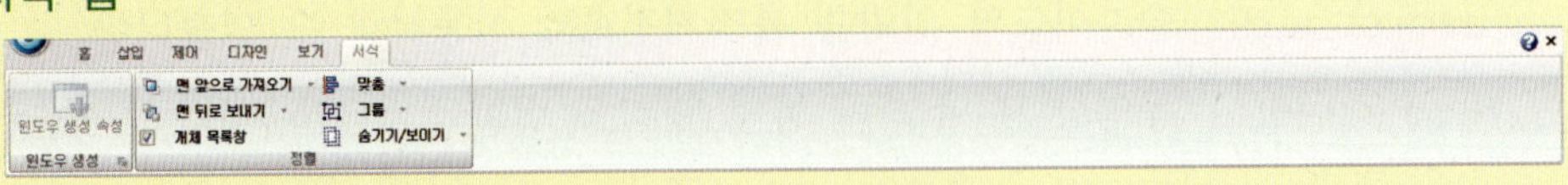

- 각 개체(② 삽입 탭의 개체)에 대한 정렬, 제어, 편집 등을 할 수 있습니다.

3 슬라이드창

각각의 슬라이드가 작은 그림으로 표현되는 창이며, 슬라이드 마스터로 전환하여 제목 마스터와 본문 마스터를 볼 수 있습니다.

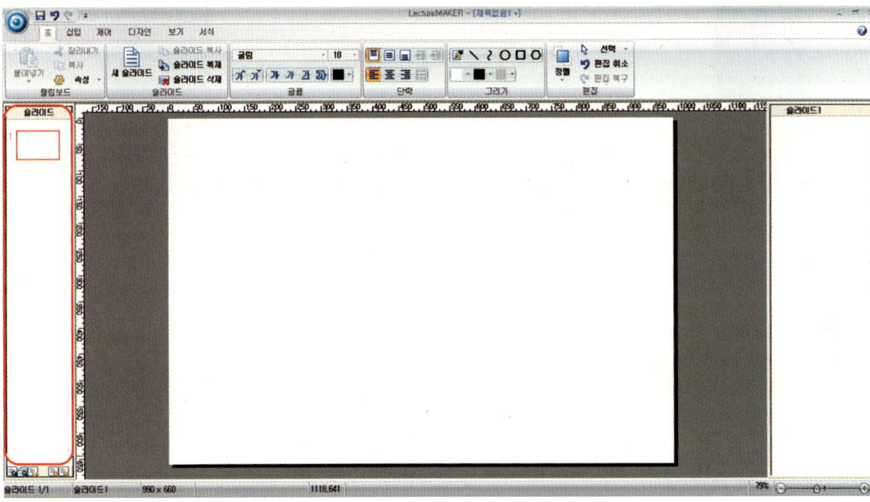

4 보기 단추

슬라이드 보기 및 슬라이드 추가, 삭제를 할 수 있습니다.

- 기본 슬라이드 보기, 여러 슬라이드 보기 버튼(보기 탭의 슬라이드 보기 그룹 명령 단추)
- 현재 슬라이드부터 보기 버튼
- 슬라이드 추가, 삭제 버튼

5 슬라이드

슬라이드는 사용자가 콘텐츠 제작을 위해서 개체를 배치하고 작업하는 공간입니다.

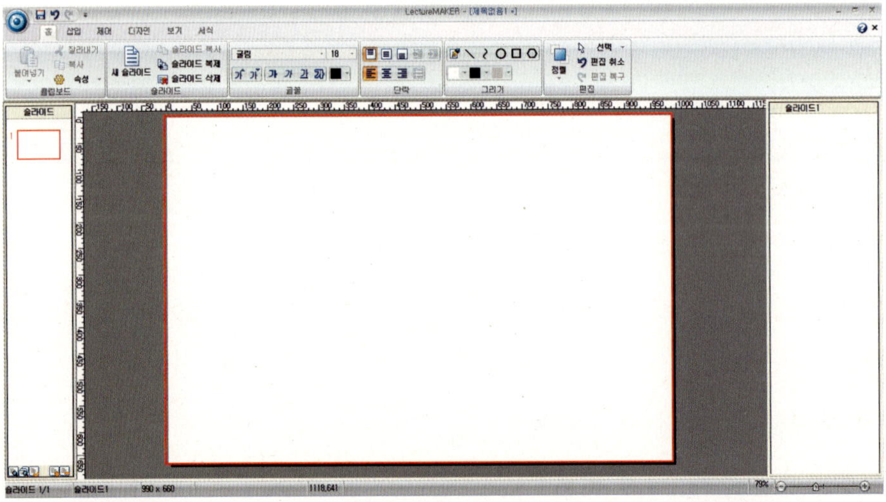

6 개체 목록창

개체가 슬라이드에 추가되면 각각의 개체에 대한 목록이 나타나며, 개체에 대한 속성을 수정할 수 있습니다.

7 상태표시줄

- 슬라이드 1/1 작업 중인 슬라이드의 위치를 나타냅니다.
- 슬라이드1 슬라이드의 제목을 나타냅니다.
- 990 x 660 슬라이드의 크기를 나타냅니다.
- 681,350 마우스 포인터의 위치를 (X, Y)좌표로 나타냅니다. X는 좌우, Y는 상하를 나타냅니다.
- 76% 슬라이드의 확대·축소 조정을 할 수 있습니다.

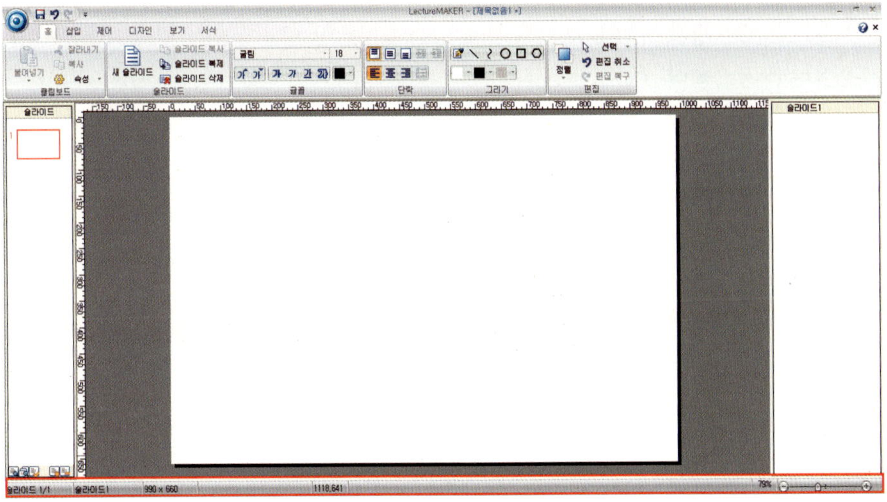

C/H/A/P/T/E/R

02

렉처메이커 기능 살펴보기

STEP BY STEP

STEP 1. 파일 관리
STEP 2. 개체 관리
STEP 3. 동작 제어
STEP 4. 녹화
STEP 5. 편집기
STEP 6. 문항 제작
STEP 7. Audio/Video 관리
STEP 8. 디자인
STEP 9. 보기

SUBJECT

이번 장에서는 렉처메이커의 기능을 알아보고, 간단한 예제를 통해 렉처메이커의 기능을 살펴보겠습니다.

SUMMARY

1. 파일 관리, 개체 관리, 동작 제어, 녹화
2. 편집기, 문항 제작, Audio/Video 관리, 디자인, 보기

렉처메이커 기능 참조

구분	기능	관련 장
1. 파일 관리	1. 새로 만들기	전체
	2. 열기/저장하기	전체
	3. 웹게시용으로 저장	**6장**
	4. SCORM 패키지 저장	**13장**, 14장
	5. 실행 파일로 저장	2장
	6. 인쇄	2장
	7. 저작권 정보	2장
2. 개체 관리	1. 그림 삽입	**3장**, 4장
	2. 애니메이션 효과	4장, **8장**, 9장
	3. Video 삽입	6장
	4. Audio 삽입	3장, **4장**, 7장
	5. 동기화	**6장, 7장**
	6. 플래시	2장, **15장**
	7. 파워포인트 삽입	**6장**, 7장
	8. PDF 삽입	2장
3. 동작 제어	1. 일반 단추	3장, **8장**
	2. 진행 단추	5장
	3. 목차 단추	7장
	4. 웹사이트 링크	8장
	5. 자바 스크립트 호출	2장, **15장**
4. 녹화	1. 전자칠판	**9장**
	2. 강의 녹화	**9장**
	3. 동영상 녹화	**9장**
	4. 소리 녹음	**4장**
5. 편집기	1. 수식 편집기	**12장**
	2. 도형 편집기	**2장**
	3. 그래프 편집기	**12장**
	4. 그림판	**2장**
6. 문항 제작	1. 객관식 문항	**10장**
	2. 주관식 문항	**10장**
	3. 문항 결과/정오표	**10장**

7. Audio/Video 관리	1. Audio/Video 비트 전송률 변경	2장
	2. Audio/Video 파일 포맷 변경	2장
8. 디자인	1. 디자인	**5장**
	2. 레이아웃	**5장**
	3. 템플릿	**5장**
9. 보기	1. 슬라이드 실행	전체
	2. 슬라이드 보기	**5장**
	3. 마스터 슬라이드 보기	2장
	4. HTML 태그문 보기	2장

* 진한 글자 : 주요 관련 장

STEP›› 1

파일 관리

새로 만들기, 열기/닫기, 웹 게시용으로 저장, 실행 파일로 저장, SCORM 패키지 저장, 인쇄, 저작권 정보에 관해서 알아보겠습니다.

1 새로 만들기

새로운 콘텐츠를 만들기 위한 작업입니다.

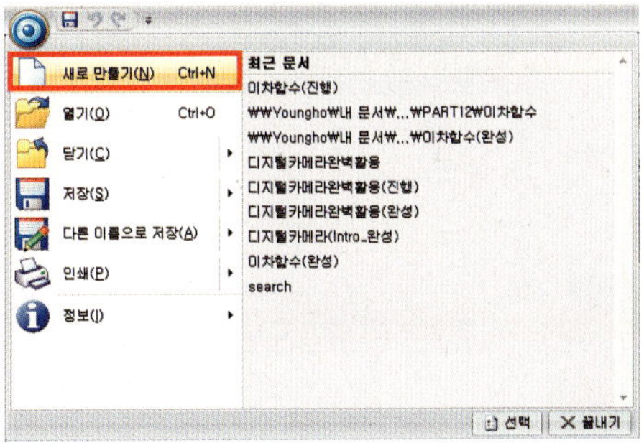

2 열기/닫기

작성된 콘텐츠 파일을 열거나 닫을 때 사용합니다.

좌측의 [닫기] 버튼을 클릭하면 현재 보이는 창만 닫히고, 오른쪽의 [모두 닫기] 버튼을 클릭하면 모든 창이 닫힙니다.

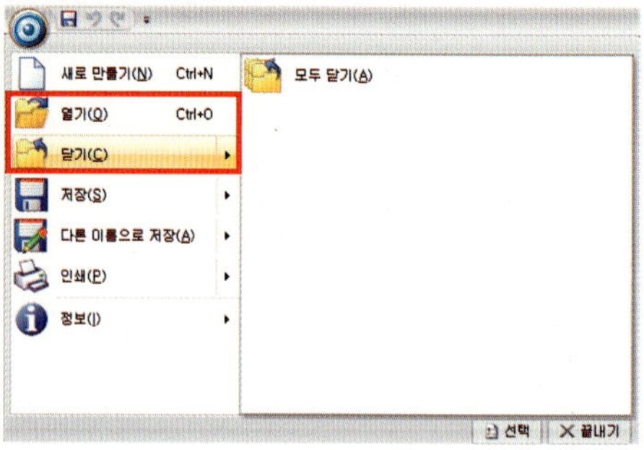

3 웹게시용으로 저장

작성된 콘텐츠를 웹에서 보기 위한 포맷으로 저장합니다. 렉처메이커 뷰어 설치가 필요 없는 플래시 형식으로도 저장 가능합니다.

파일 형식은 웹 게시용 파일(*.LMD, *.SWF)과 HTML이 있습니다.

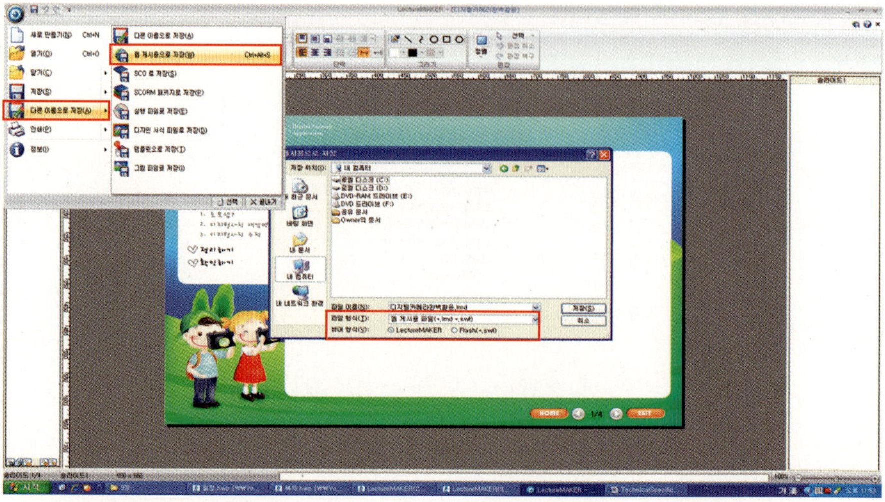

4 실행 파일로 저장

작성된 콘텐츠를 독립적으로 실행 가능한 파일로 저장하며, 렉처메이커 뷰어 설치가 필요 없는 플래시 형식으로도 저장 가능합니다.

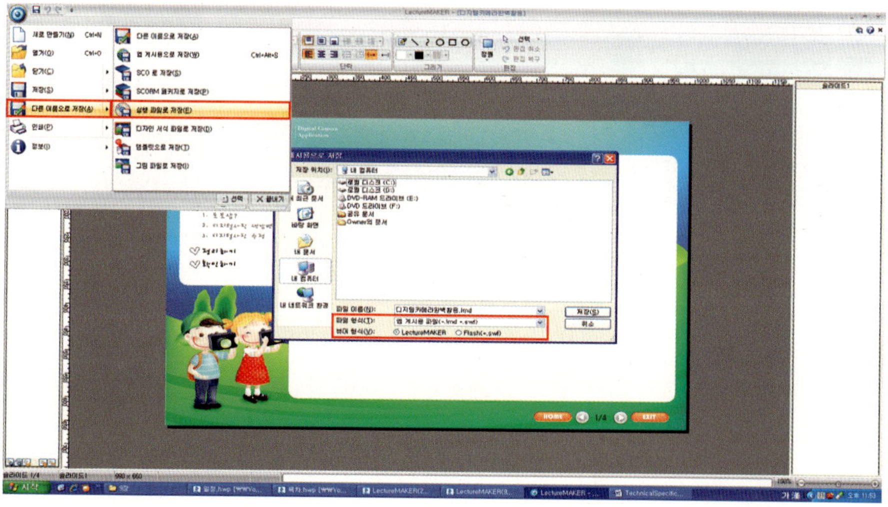

5 SCORM 패키지 저장

LMS 등에 탑재하기 위한 SCORM 패키지로 저장하며, 렉처메이커 뷰어 설치가 필요 없는 플래시 형식으로도 저장 가능합니다.

파일 형식 : zip 파일

SCORM 패키지 저장하기 위해서는 각각의 슬라이드가 SCO(각각의 객체)로 저장되므로 다음과 같이 SCO 이름 편집을 할 수 있는 창이 나타납니다.

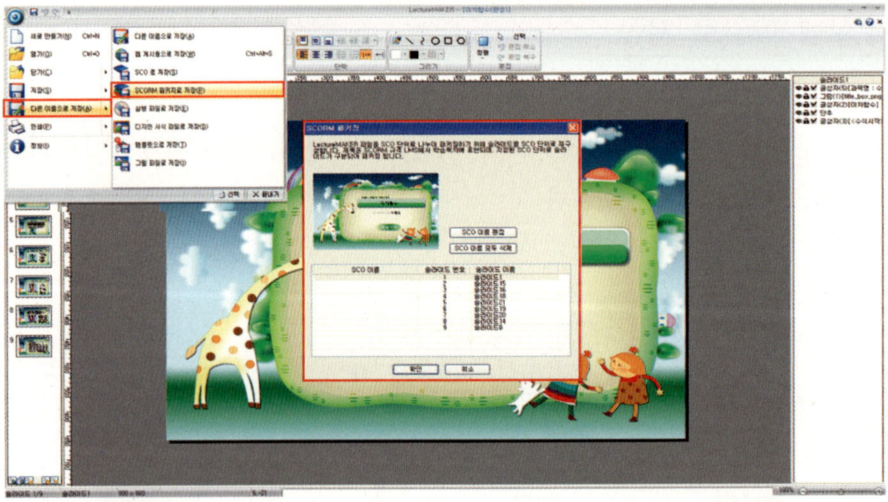

… 참고

SCORM이란?

Sharable Content Object Reference Model(공유가능 콘텐츠 객체 참조 모형) 의 약자로서 웹기반 전자교육에 대한 표준 규격의 하나입니다. 교육용 콘텐츠의 교환, 공유, 결합, 재사용을 쉽게 하려는 목적에서 만들어졌습니다.
렉처메이커에서는 SCORM 1.2, SCORM 2004 2nd edition, SCORM2004 3rd edition을 지원하여 SCORM을 지원하는 LMS에 제작된 Content 탑재가 가능합니다.

SCO란?

Sharable Content Object의 약자로서 학습객체(Learnig Object) 개념의 학습단위입니다. 이러한 SCO가 모여서 SCORM을 이룬다고 할 수 있습니다.

6 인쇄

콘텐츠를 프린터 기기로 인쇄합니다.

인쇄 미리보기와 인쇄 설정이 가능합니다.

7 저작권 정보

콘텐츠의 저작권을 보호하기 위한 저작자 정보 관리입니다. 웹 서비스 시 URL을 설정하여, 특정 URL에서만 콘텐츠 서비스가 가능하도록 할 수 있습니다.

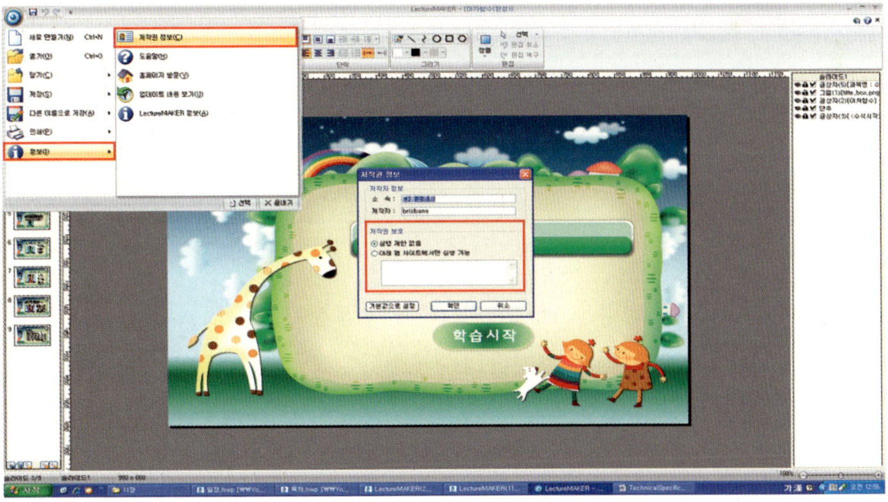

참고

다른 이름으로 저장

저장방식	파일 형식	뷰어 형식
다른 이름으로 저장	*.lme 파일/디자인서식 파일/그림형식	
웹 게시용으로 저장	웹게시용 파일 / HTML	렉처메이커 뷰어 or Flash 선택 가능
SCO로 저장	HTML / .files 폴더	
SCORM 패키지로 저장	zip 파일	
실행 파일로 저장	*.exe 파일	
디자인 서식 파일로 저장	*.lmm 파일	
템플릿으로 저장	*.lmt	
그림 파일로 저장	*.jpg/*.gif/*.bmp/*.png/*.tif/*.wmf/*.emf	

STEP›› 2 개체관리

그림, 동영상, 소리, 플래시, 파워포인트, PDF 삽입 및 애니메이션 효과 적용과 동기화에 관하여 알아보겠습니다.

1 그림 삽입

[삽입]탭-[개체]그룹-[그림]명령을 클릭하면, 그림 삽입창이 나타납니다. 그림 삽입창에서 원하는 그림을 선택한 후, [열기] 단추를 클릭합니다.

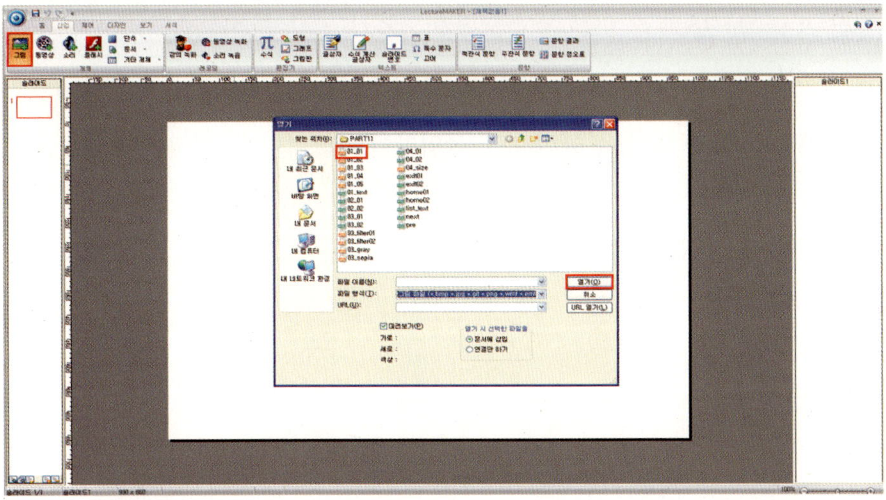

... 참고 그림

그림을 선택하고 더블 클릭하면, [그림 서식]창이 나타나며 그림 효과, 그림 크기, 정렬, 애니메이션 등을 설정할 수 있습니다.

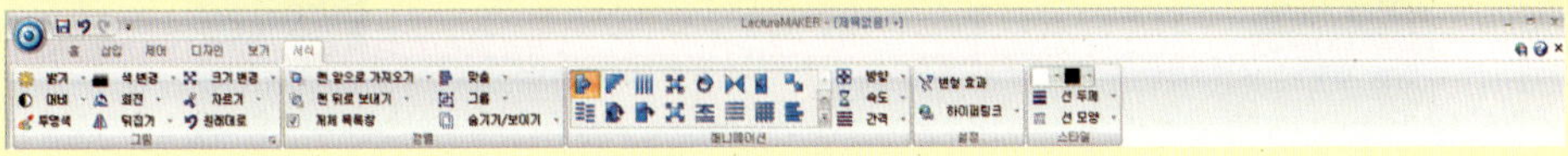

[개체목록창]의 [그림개체]를 더블 클릭하면, [개체속성창]이 나타나며 속성값을 설정할 수 있습니다.

▶개체속성창 : 그림 효과, 위치 및 크기, 채우기 및 선

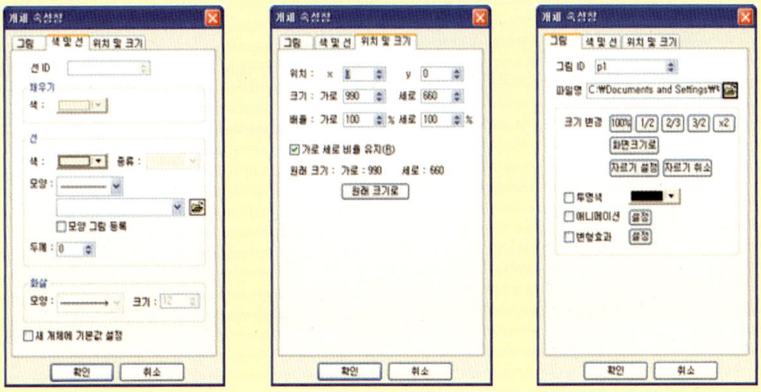

2 동영상 삽입

[삽입]탭-[개체]그룹-[동영상]을 클릭하면, 삽입창이 나타납니다. 원하는 동영상을 선택한 후, [열기] 단추를 클릭합니다.

〈동영상 파일〉을 삽입하여 콘텐츠 제작에 활용합니다. 'AVI, WMV, ASF, MPEG, MP4' 등의 파일을 지원합니다.

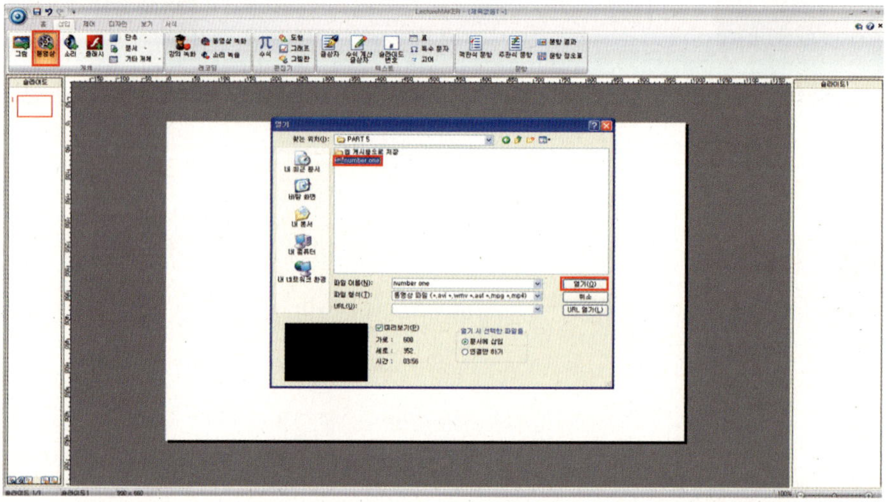

3 오디오 삽입

[삽입]탭-[개체]그룹-[소리]를 클릭하면, 삽입창이 나타납니다. 원하는 소리를 선택한 후, [열기] 단추를 클릭합니다. 〈소리 파일〉을 삽입하여 콘텐츠 제작에 활용할 수 있으며, 'WAV, WMA, MP3, MID' 등의 파일을 지원합니다.

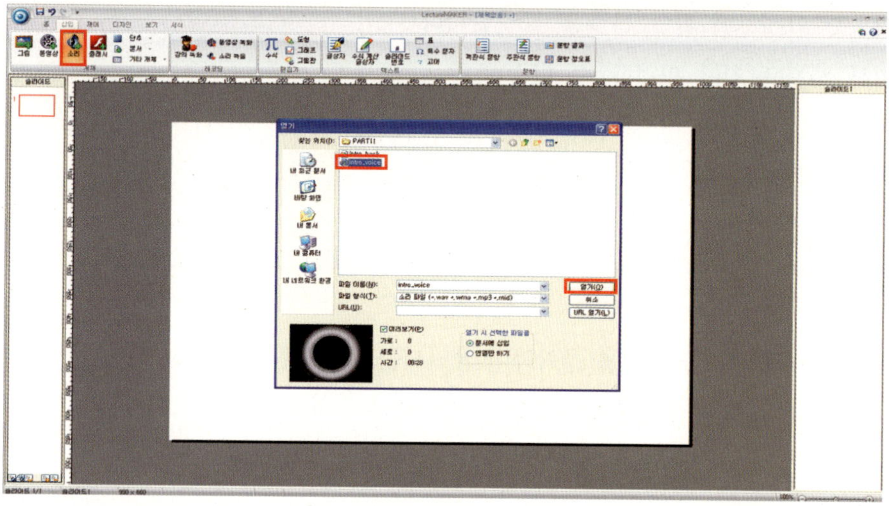

4 동기화

삽입된 동영상/소리 자료와 작성된 슬라이드 및 개체와의 동기화 즉, 동영상/소리 자료와 개체를 연결을 지원합니다.

동영상/소리 자료를 더블 클릭하여 [서식]탭-[동기화]명령을 클릭합니다.

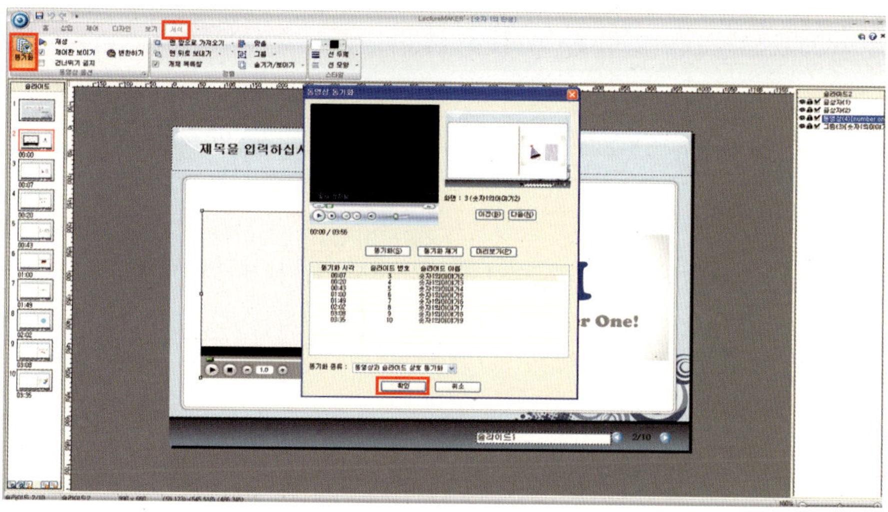

- 동기화 하고자 하는 슬라이드를 완성 후에, 동기화 시간을 계산하여, 동기화 단추를 클릭하면, 동기화 시각이 나타납니다.

- 동기화를 완성하면 확인 단추를 클릭합니다.
- 동기화 시각은 직접 입력할 수 있습니다.
- 동기화 시각 목록의 첫 슬라이드부터 연속적으로 동기화 시각을 입력해야 합니다.

5 플래시 삽입

[삽입]탭-[개체]그룹-[플래시]를 클릭하여 삽입되는 크기만큼 드래그하면, 삽입창이 나타납니다. 원하는 파일을 선택한 후, [열기] 단추를 클릭합니다.

6 애니메이션 효과 적용

[제어]탭-[슬라이드 전환 효과]그룹에서 사용자가 필요한 '애니메이션 효과'를 적용합니다.

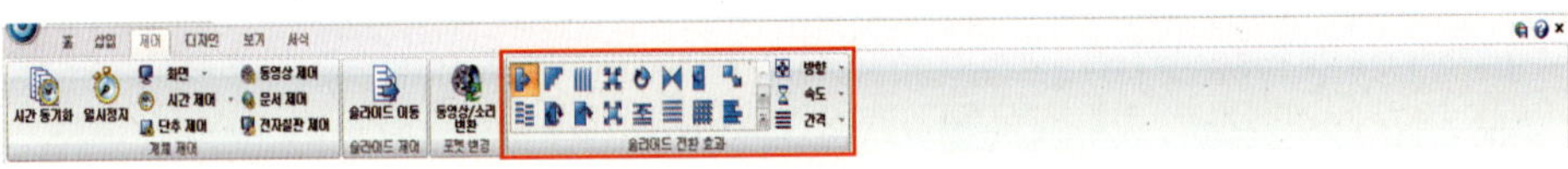

7 파워포인트 삽입

[삽입]탭-[개체]그룹-[문서삽입]을 클릭하여, 문서종류가 나타나면 [파워포인트]를 클릭합니다. 삽입되는 크기만큼 드래그하면, 삽입창이 나타납니다. 원하는 파일을 선택한 후, [열기] 단추를 클릭합니다.

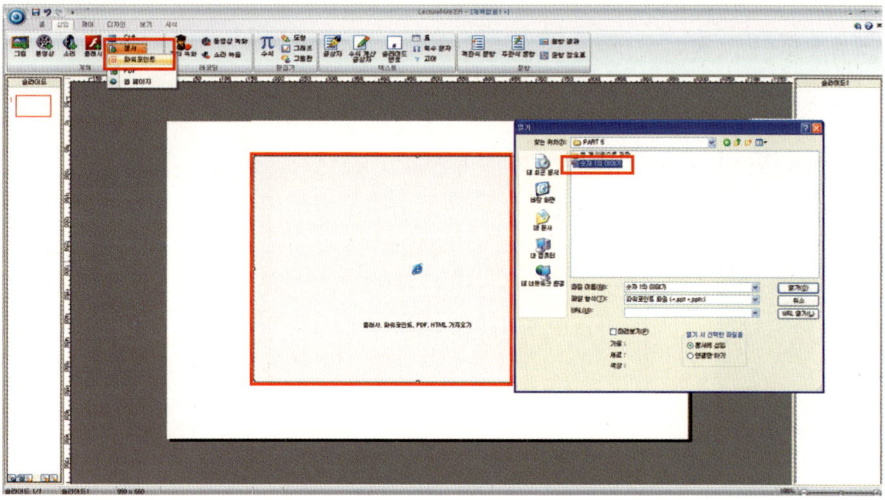

8 PDF 삽입

[삽입]탭-[개체]그룹-[문서삽입]을 클릭하여, 문서종류가 나타나면 [PDF]를 클릭합니다. 삽입되는 크기만큼 드래그하면 삽입창이 나타납니다. 그 다음 원하는 파일을 선택한 후, [열기] 단추를 클릭합니다.

9 웹 페이지 삽입

[삽입]탭- [개체]그룹-[문서삽입]의 [웹페이지]를 클릭한 다음에, 삽입되는 크기만큼 드래그하면, 개체 속성창이 나타납니다. 여기서 연결하고자 하는 URL을 작성한 후, [확인] 단추를 클릭합니다.

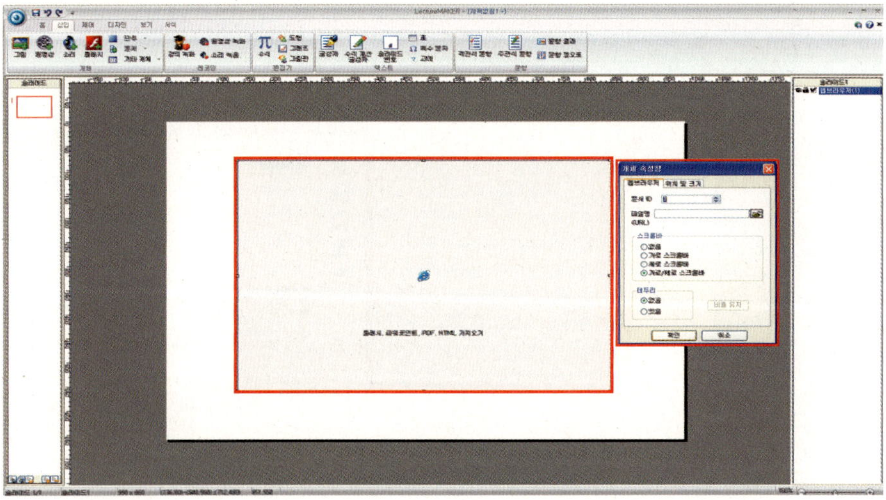

참고 웹페이지 [개체 속성] 알아보기

▸ 문서ID : 제어를 위해 번호를 설정할 수 있습니다.
▸ 스크롤바 : 웹사이트 크기에 대한 스크롤바를 설정할 수 있습니다.
▸ 테두리 : 웹사이트의 테두리를 설정할 수 있습니다
▸ URL 작성시 유의사항
http://www.naver.com와 같이
"http://"부터 입력해야 합니다.

STEP〉〉 3 동작제어

일반 단추, 진행 단추, 목차 단추에 관하여 알아보겠습니다.

1 일반 단추

[삽입]탭-[개체]그룹-[단추]를 클릭한 후, [일반 단추]를 클릭하여 원하는 크기만큼 드래그하면, 단추가 삽입됩니다.

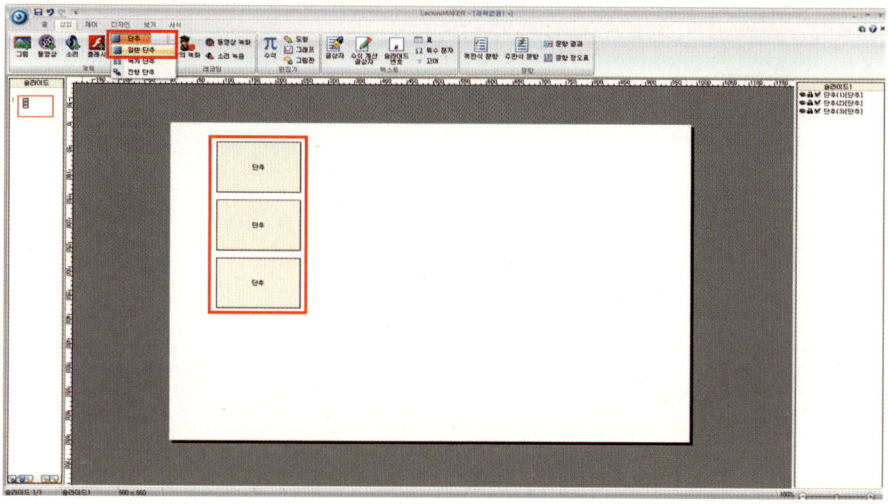

... 참고 일반단추 개체 속성창 알아보기

단추의 [개체 속성]에서 다음과 같이 단추를 변경할 수 있습니다.

기본 단추	색 단추	영역 단추	그림 단추	글자 단추
기본단추	색단추	영역단추		글자 단추

2 목차 단추

[삽입]탭-[개체]그룹-[단추]를 클릭한 후, [목차 단추]를 클릭하여 원하는 크기만큼 드래그하면, 단추가 삽입됩니다.

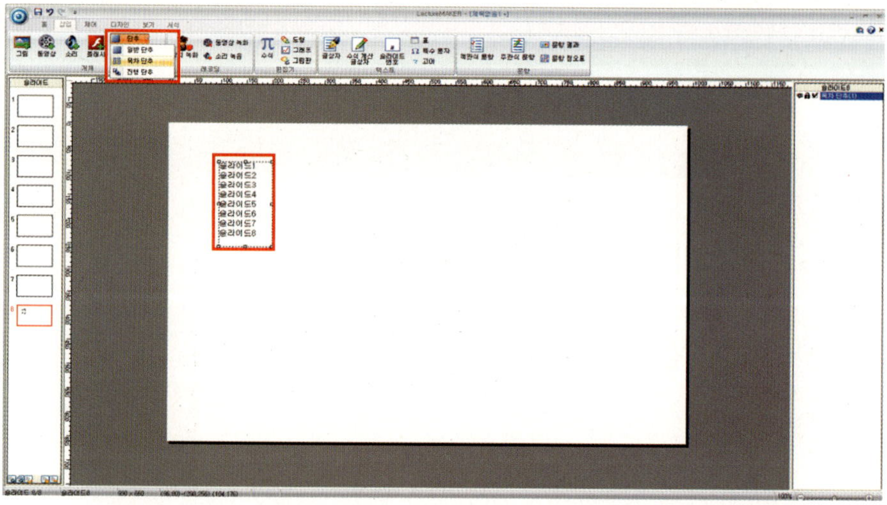

... 참고 **목차단추 쉽게 만들기**

- 목차 단추를 만들고자 할 때는 렉처메이커 슬라이드를 먼저 완성하는 것이 편리합니다.
- 렉처메이커 슬라이드 수만큼의 목차 단추가 만들어집니다.
- 목차 단추 이름 바꾸기는 더블 클릭하면 변경 가능합니다.

3 진행 단추

[삽입]탭-[개체]그룹-[단추]를 클릭한 후 [진행 단추]를 클릭하면, 진행 단추창이 나옵니다. 여기에서 원하는 디자인 선택 후, 삽입하고자 하는 동작 단추를 클릭한 후 확인 단추를 클릭합니다.

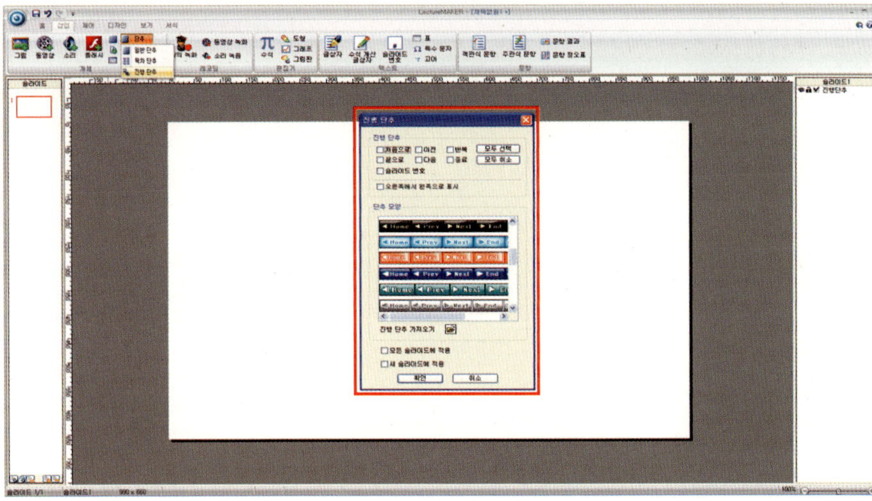

... 참고 진행 단추 쉽게 만들기

- [진행 단추 가져오기]를 이용하면 새로운 디자인을 가져올 수 있습니다.
- [모든 슬라이드에 적용]을 선택하면, 모든 슬라이드에 적용됩니다.
- [새 슬라이드에 적용]을 선택하면, 새로 삽입되는 슬라이드에 적용됩니다.
- 필요 없는 진행 단추는 삭제할 수 있습니다

STEP›› 4 녹화

전자칠판, 강의 녹화, 동영상 녹화, 소리 녹음에 관하여 알아보겠습니다.

1 전자칠판

화이트보드를 제공하여 판서를 통한 콘텐츠 제작을 지원합니다.

- 화이트보드 기능을 제공하여 교수자가 판서를 통한 Content를 제작할 수 있도록 지원.
- 화이트보드 기능 사용 시 작성된 슬라이드를 배경으로 사용할 수 있으며 판서와 동시에 카메라와 마이크를 통한 Audio, Video의 동시 녹화가 가능.

2 강의 녹화

[삽입]탭의 [레코딩]그룹의 [강의 녹화]명령을 클릭합니다.

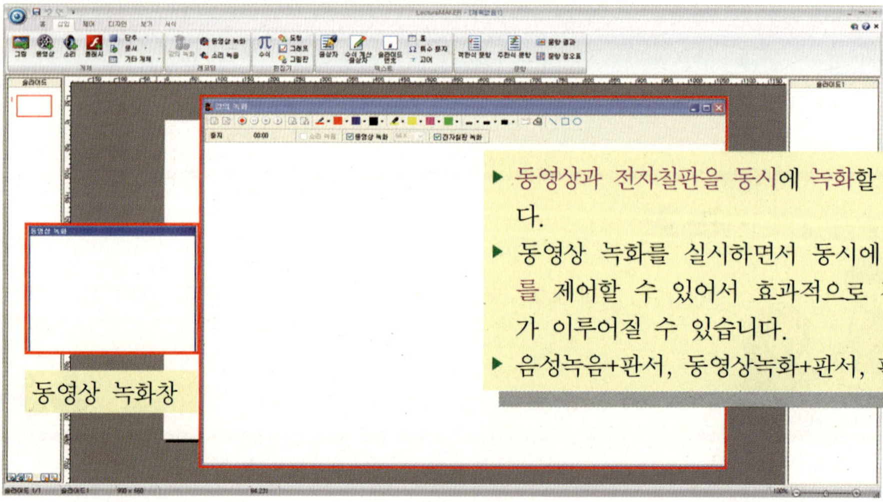

- 동영상과 전자칠판을 동시에 녹화할 수 있습니다.
- 동영상 녹화를 실시하면서 동시에 슬라이드를 제어할 수 있어서 효과적으로 강의 녹화가 이루어질 수 있습니다.
- 음성녹음+판서, 동영상녹화+판서, 판서만

3 동영상 녹화

[삽입]탭의 [레코딩]그룹의 [동영상 녹화]명령을 클릭합니다.

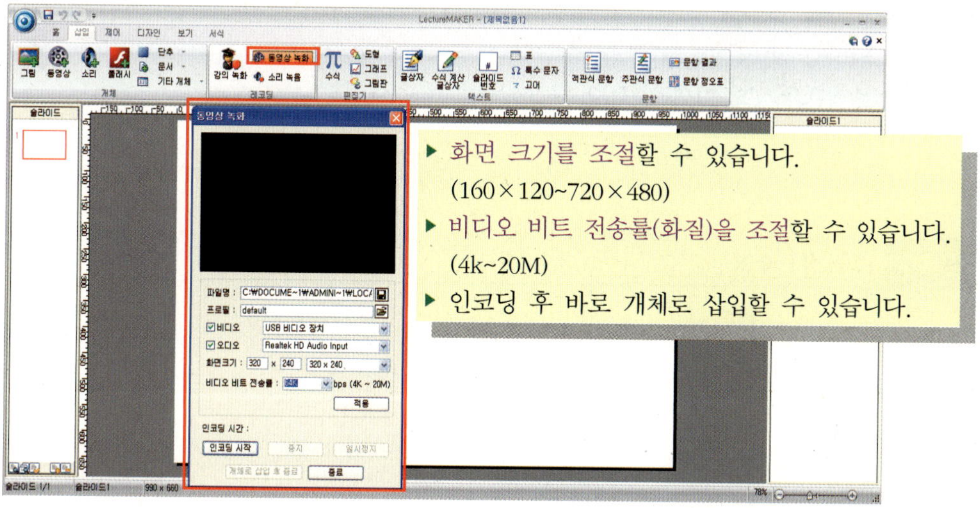

4 소리 녹음

[삽입]탭의 [레코딩]그룹의 [소리 녹음]명령을 클릭합니다.

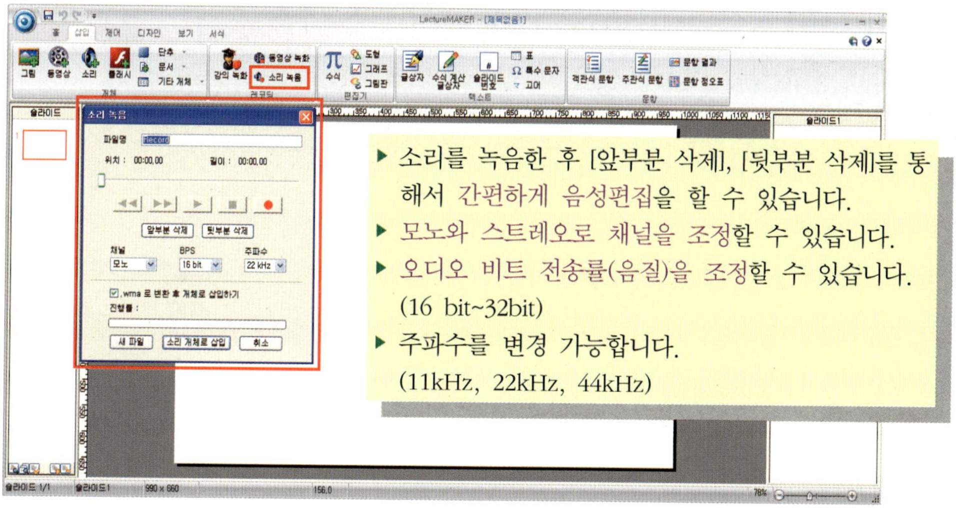

STEP〉〉 5

편집기

수식 편집기, 도형 편집기, 그래프 편집기, 그림판에 관하여 알아보겠습니다.

1 소리 녹음

[삽입]탭의 [편집기]그룹의 [수식]명령을 클릭합니다.

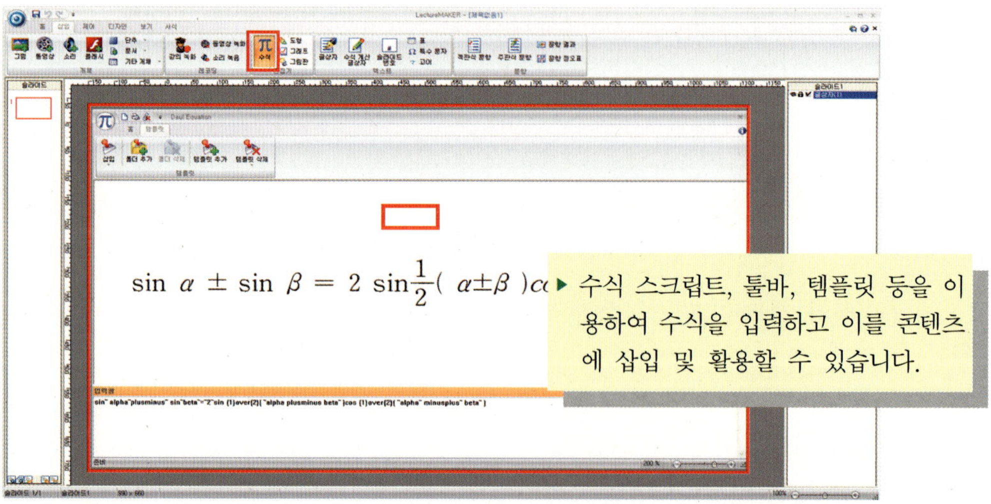

2 도형 편집기

[삽입]탭의 [편집기]그룹의 [도형]명령을 클릭합니다.

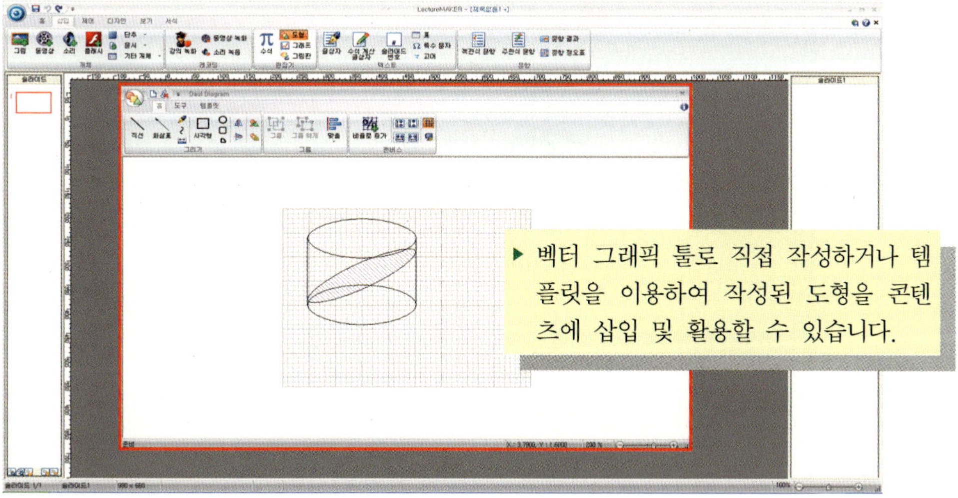

3 그래프 편집기

[삽입]탭의 [편집기]그룹의 [그래프]명령을 클릭합니다.

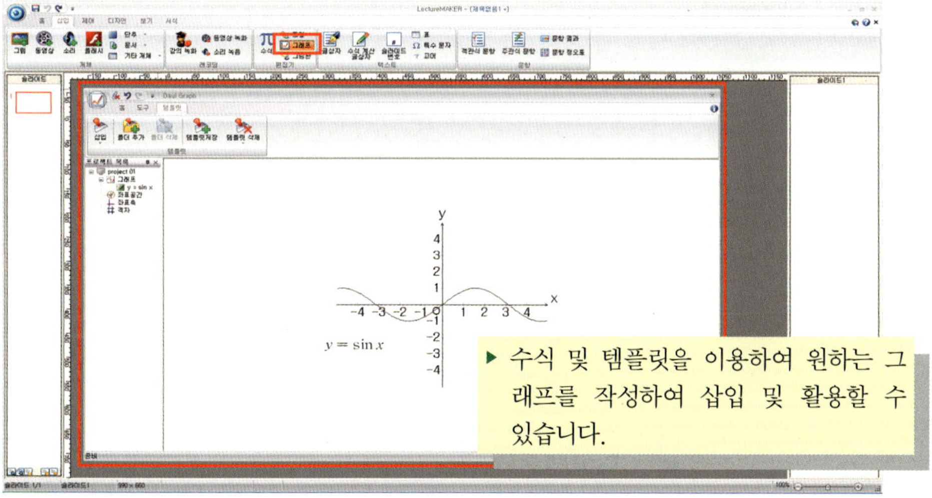

4 그림판

[삽입]탭의 [레코딩]그룹의 [소리 녹음]명령을 클릭합니다.

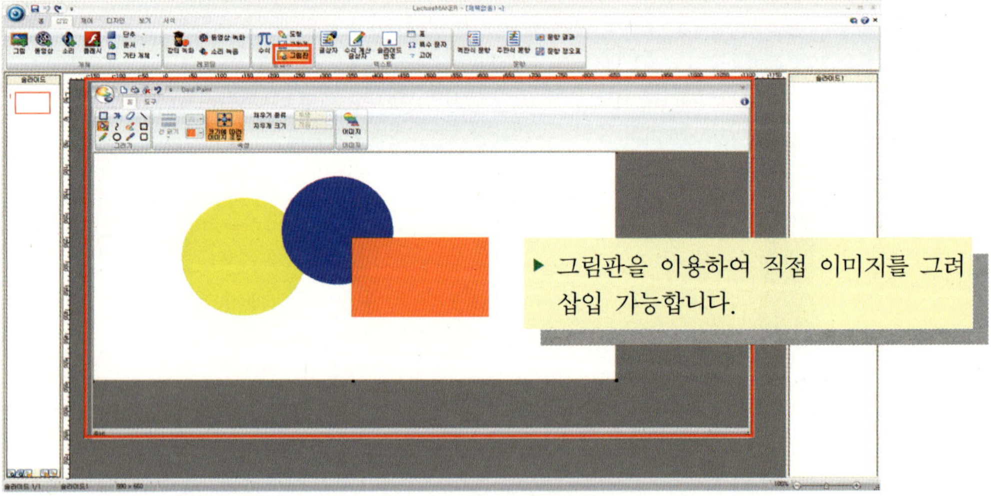

STEP〉〉 6 문항 제작

객관식 문항, 주관식 문항, 문항 결과/정오표에 관하여 알아보겠습니다.

4 객관식 문항

[삽입]탭의 [문항]그룹의 [객관식 문항]명령을 클릭합니다.

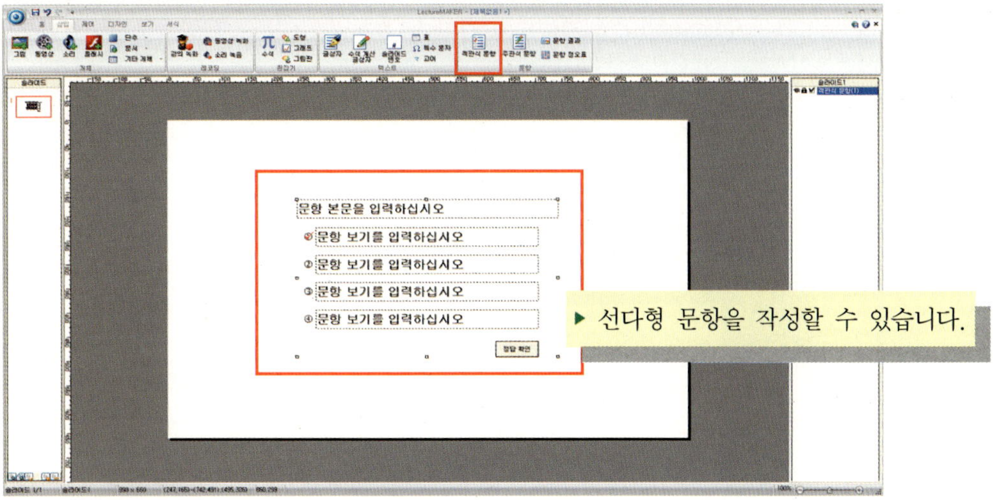

2 주관식 문항

[삽입]탭의 [문항]그룹의 [주관식 문항]명령을 클릭합니다.

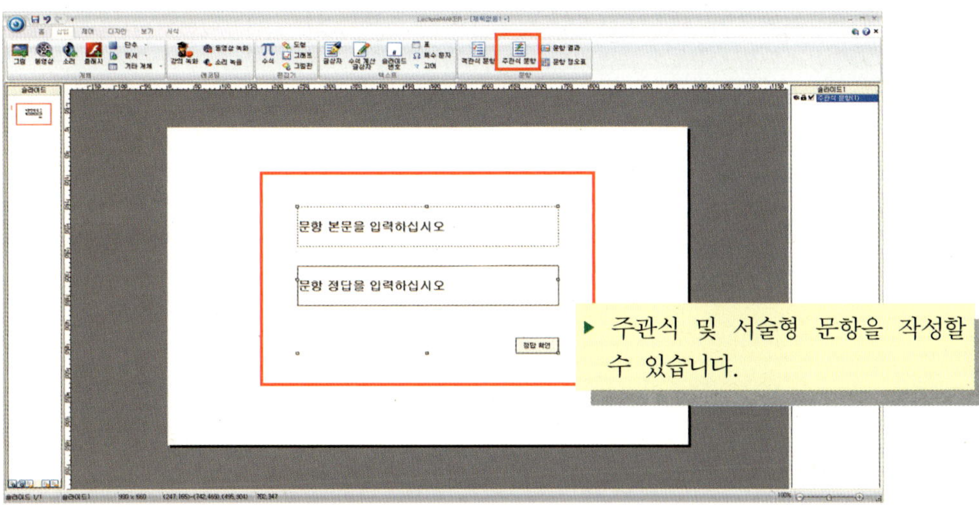

3 문항 결과/정오표

[삽입]탭의 [문항]그룹의 [문항 결과]와 [문항 정오표]명령을 클릭합니다.

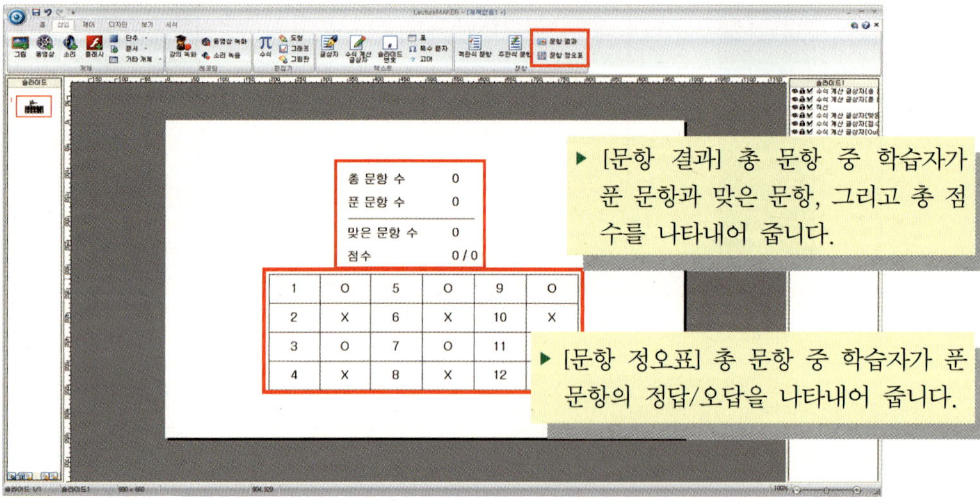

STEP›› 7 Audio/Video 관리

Audio/Video 비트 전송률 변경, Audio/Video 파일 포맷 변경에 관하여 알아보겠습니다.

1 동영상/소리 변환

[제어]탭의 [포맷 변경]그룹의 [포맷 변경]명령을 클릭합니다.

[원본 파일]을 선택하고 [변환 파일]에서 파일 형식을 바꾸고자 하는 형식으로 변경해 줍니다.

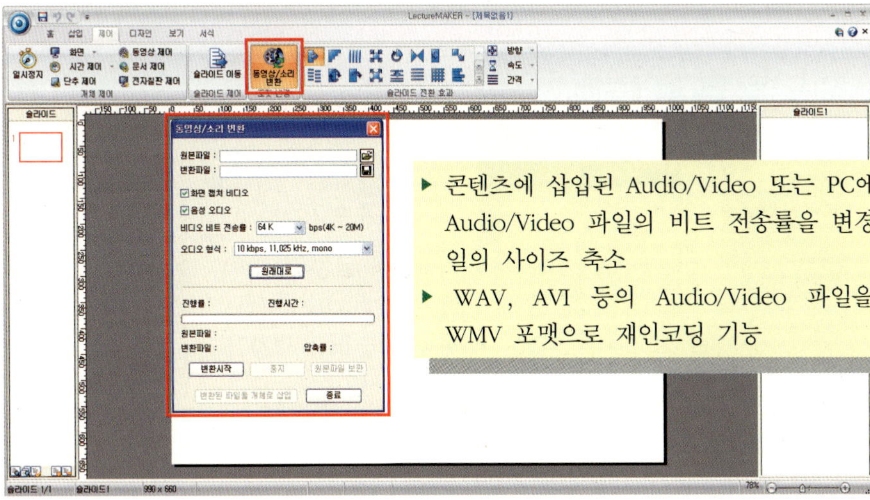

- 콘텐츠에 삽입된 Audio/Video 또는 PC에 저장된 Audio/Video 파일의 비트 전송률을 변경하여 파일의 사이즈 축소
- WAV, AVI 등의 Audio/Video 파일을 WMA, WMV 포맷으로 재인코딩 기능

... 참고 동영상/소리 변환을 하는 이유

동영상/소리는 콘텐츠에 필요한 경우보다 용량이 큰 경우가 많기 때문에 콘텐츠를 저장 및 실행할 때 효율적으로 할 수 있게 하기 위해서입니다.

WMA (Window Media Audio)	마이크로소프트의 윈도우 미디어 포맷으로서 오디오 데이터를 압축한 기술
WMV (Window Media Video)	마이크로소프트의 윈도우 미디어 포맷으로서 비디오 데이터를 압축한 기술

STEP›› 8 디자인

디자인, 레이아웃, 템플릿에 관하여 알아보겠습니다.

1 디자인

[디자인]탭의 [디자인]그룹에서 필요한 디자인을 클릭합니다.

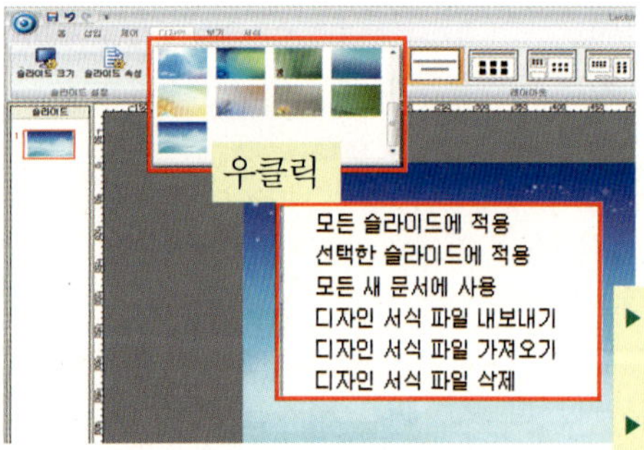

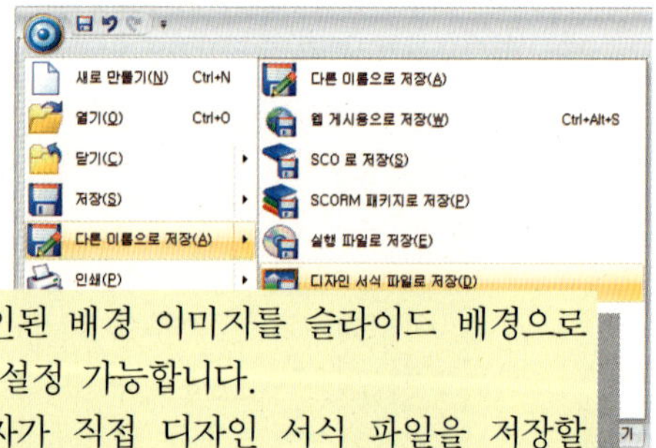

- 디자인된 배경 이미지를 슬라이드 배경으로 자동 설정 가능합니다.
- 사용자가 직접 디자인 서식 파일을 저장할 수 있습니다.

2 레이아웃

[디자인]탭의 [레이아웃]그룹에서 필요한 레이아웃을 클릭합니다.

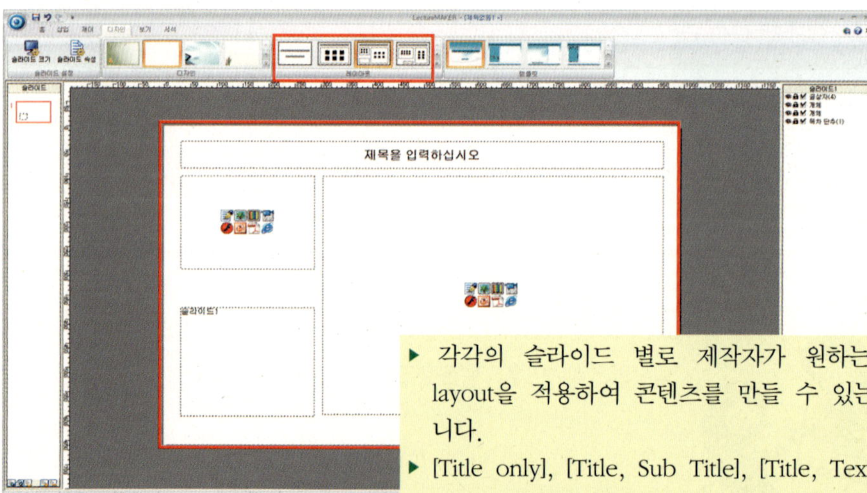

- 각각의 슬라이드 별로 제작자가 원하는 형태의 layout을 적용하여 콘텐츠를 만들 수 있는 기능입니다.
- [Title only], [Title, Sub Title], [Title, Text], [Title, Menu, Object], [Title, Menu, Text, Object] 등의 다양한 Layout 제공

3 탬플릿

[디자인]탭의 [템플릿]그룹에서 필요한 레이아웃을 클릭합니다.

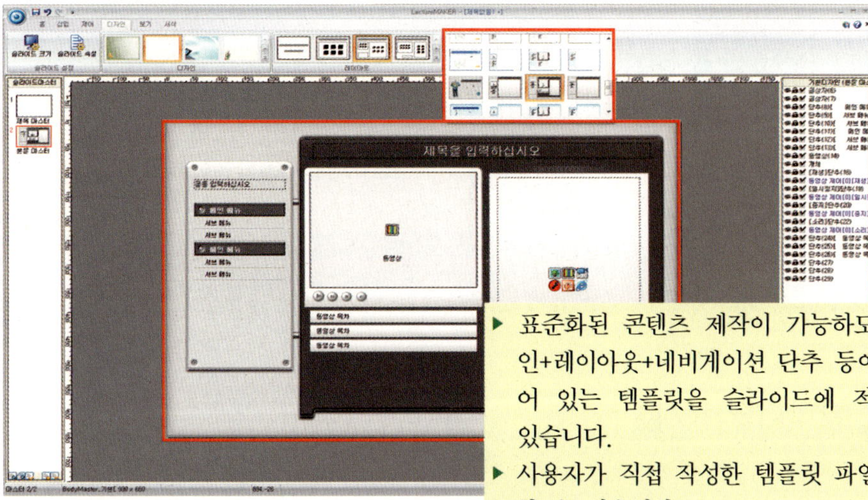

▶ 표준화된 콘텐츠 제작이 가능하도록 디자인+레이아웃+네비게이션 단추 등이 결합되어 있는 템플릿을 슬라이드에 적용할 수 있습니다.

▶ 사용자가 직접 작성한 템플릿 파일을 저장할 수 있습니다.

STEP›› 9 보기

슬라이드 실행, 슬라이드 보기, 마스터 슬라이드 보기, HTML태그문 보기에 대해서 알아보겠습니다.

1 슬라이드 실행

[보기]탭의 [슬라이드 실행]그룹에서 선택합니다.

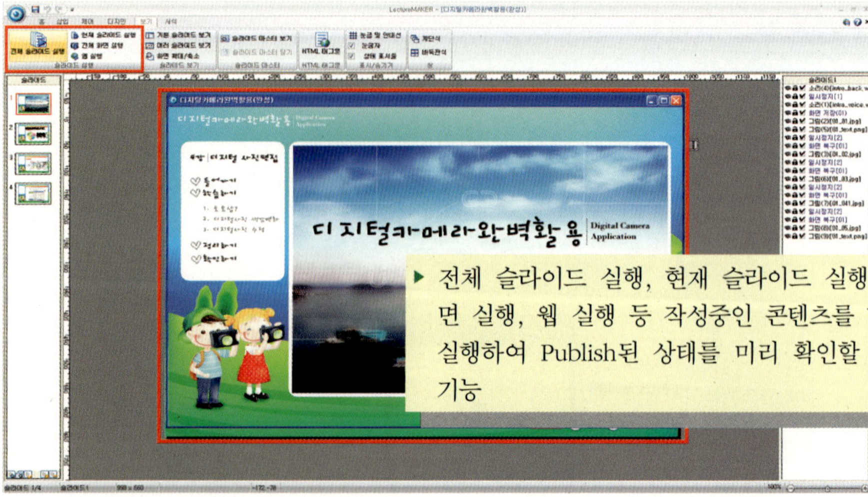

▶ 전체 슬라이드 실행, 현재 슬라이드 실행, 전체화면 실행, 웹 실행 등 작성중인 콘텐츠를 다양하게 실행하여 Publish된 상태를 미리 확인할 수 있는 기능

2 슬라이드 보기

[보기]탭의 [슬라이드 보기]그룹에서 선택합니다.

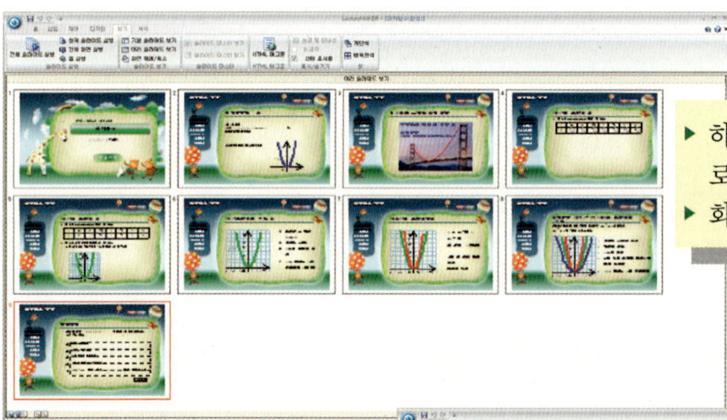

▶ 하나 혹은 여러 슬라이드를 선택적으로 화면에 표시하는 기능입니다.

▶ 화면의 확대/축소를 할 수 있습니다.

3 마스터 슬라이드 보기

[보기]탭의 [슬라이드 마스터]그룹에서 선택합니다.

▸ 슬라이드에 공통된 디자인, 서식 등을 적용하여 통일감 있는 콘텐츠 제작이 가능합니다.

4 HTML 태그문 보기

[보기]탭의 [HTML 태그문]그룹에서 선택합니다.

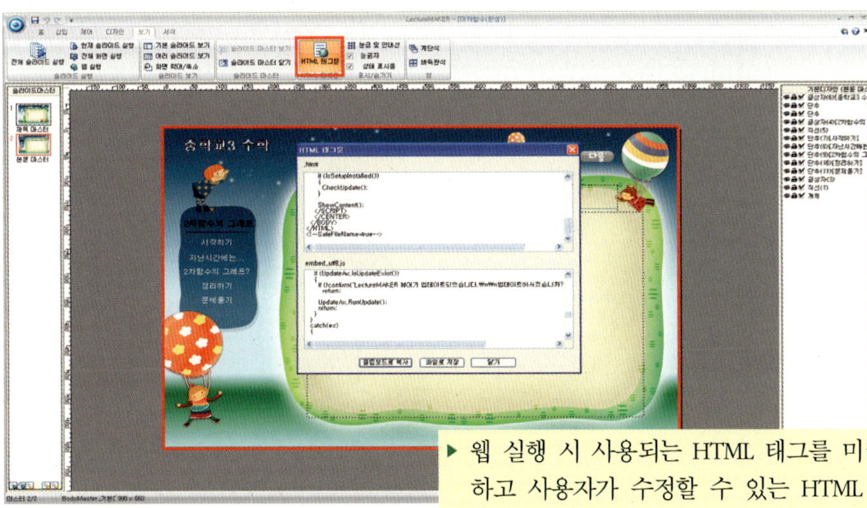

▸ 웹 실행 시 사용되는 HTML 태그를 미리 확인하고 사용자가 수정할 수 있는 HTML 에디팅 기능입니다.

LECTURE MAKER ...

PART. 02

렉처메이커 따라하기

렉처메이커의 다양한 기능을따라해 봅시다.

C/H/A/P/T/E/R

03

나는 누구일까요?

STEP BY STEP

STEP 1. 슬라이드 마스터를 이용하여 배경 지정하기
STEP 2. 그림 삽입하기
STEP 3. 소리 삽입하기
STEP 4. 단추 삽입하기
STEP 5. 완성된 콘텐츠 실행 및 저장하기

SUBJECT

이번 장에서는 개체 삽입을 통해서 "나는 누구일까요?" 콘텐츠를 만들어 보도록 하겠습니다. 렉처메이커가 지원하는 개체는 소리, 그림, 동영상, 플래시, 여러 단추, PDF, 파워포인트, 웹페이지의 문서와 메시지 상자, 자바 스크립트 호출이 있습니다. 이번 장에서는 소리, 그림 및 여러 단추를 사용하여 콘텐츠를 만들어보도록 하겠습니다.

SUMMARY

1. 슬라이드 마스터 편집하기
2. 그림 삽입하기
3. 소리 삽입하기
4. 일반 단추 삽입하기

STEP›› 1 슬라이드 마스터를 이용하여 배경 지정하기

슬라이드 마스터를 이용하여 제목 마스터와 본문 마스터에 배경을 지정해 보겠습니다.

1 슬라이드 마스터 보기

먼저 [보기] 탭의 [슬라이드 마스터 보기]를 클릭합니다. 클릭을 하면 왼쪽 슬라이드창에 [슬라이드 마스터]로 변경된 것이 보입니다.

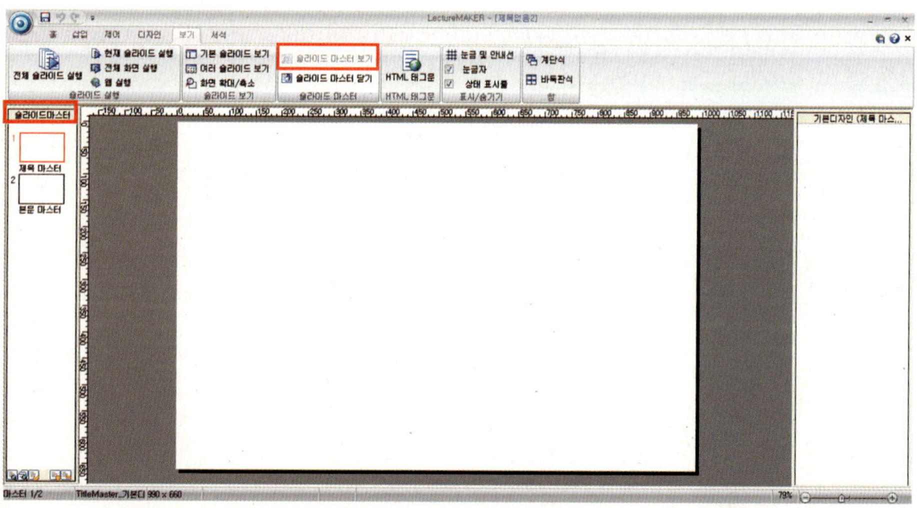

2 제목 마스터 설정

[제목 마스터] 슬라이드 화면에서 마우스 오른쪽을 클릭하면 다음과 같이 대화상자가 나타납니다. 마스터 배경의 [열기] 아이콘을 클릭한 후, [그림열기] 대화상자가 나오면 〈제목 마스터〉를 선택하여 열기를 클릭합니다.

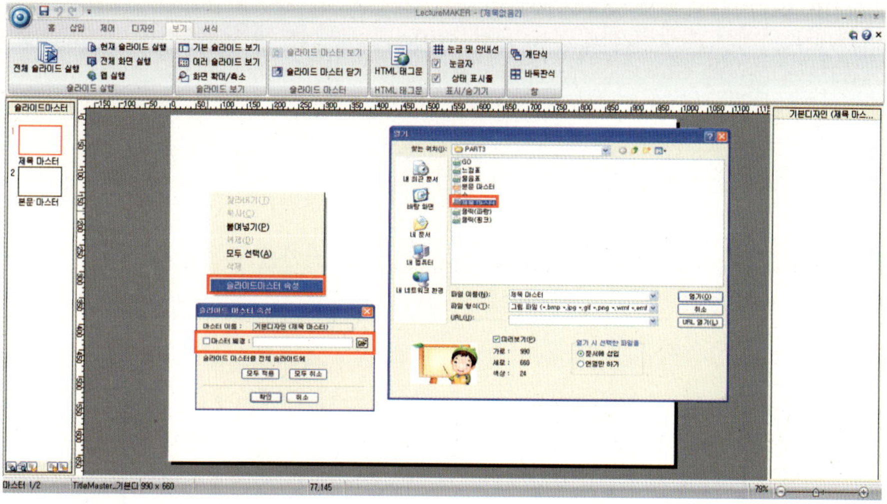

3 본문 마스터 설정

[본문 마스터]에도 동일한 방식으로 마스터의 배경을 〈본문 마스터〉로 지정해 줍니다.

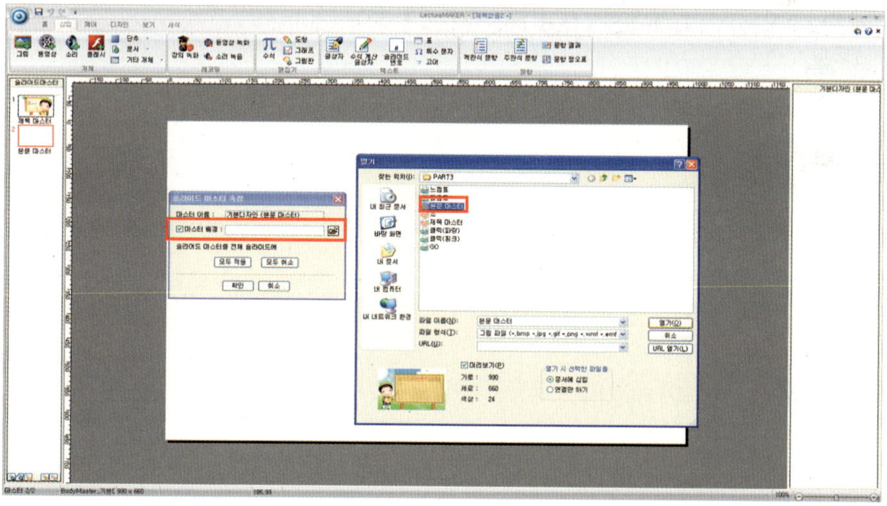

... 참고 슬라이드 마스터

▶ 슬라이드 마스터란 같은 유형의 슬라이드에 사용되는 기본 골격이라고 할 수 있습니다. 슬라이드의 제목에 해당하는 제목 마스터와 그것을 제외한 나머지 슬라이드의 밑바탕이 되는 것을 본문 마스터라고 합니다.

슬라이드 마스터에서 각각의 마스터를 편집 하면, 그 내용은 제목 슬라이드와 본문 슬라이드에 모두 나타나게 됩니다.

▸ 슬라이드 마스터를 사용하지 않을 슬라이드는 마우스오른쪽 버튼을 클릭하여 [슬라이드 속성]메뉴에서 [이 슬라이드에 슬라이드 마스터를 적용하지 않음]을 선택합니다.

▸ 마스터로 이동할 때는, 아래와 같은 방법으로 [슬라이드] 글자를 클릭하거나

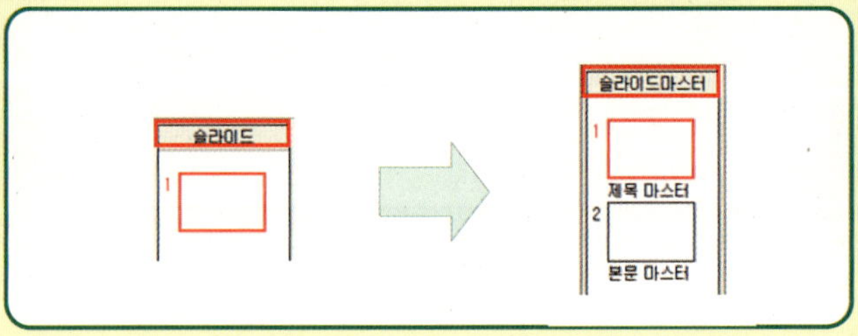

[보기] 탭에서 [마스터 슬라이드 보기]를 선택하여 이동할 수 있습니다.

STEP›› 2

그림 삽입하기

슬라이드를 선택하여 그 슬라이드에 그림을 삽입합니다.

1 슬라이드 추가하기

[슬라이드]보기로 전환 한 후 2번 슬라이드를 추가해 줍니다.

추가된 슬라이드는 본문 마스터가 적용되어 나타납니다.

참고 새로운 슬라이드 작성하기

1. [홈] 탭 - [새 슬라이드]를 클릭하여 새 슬라이드를 삽입할 수 있습니다.
2. Ctrl + M을 누르면 새 슬라이드를 삽입할 수 있습니다.
3. 슬라이드창의 슬라이드를 클릭한 후, Enter을 누르면 새 슬라이드를 삽입할 수 있습니다.

2 그림 삽입하기 1

삽입 탭의 [그림]을 클릭합니다. [PART 3] → [클릭(핑크).PNG]를 열어줍니다. 마우스을 이용하여 드래그 앤 드롭으로 적당한 곳에 위치시킵니다. 이 때 그림 파일의 위치는 키보드 방향키를 이용하여 미세하게 조정이 가능합니다.

3 그림 삽입하기 2

슬라이드 2번에 [PART 3] → [클릭(파랑).PNG] 를 다음과 같이 삽입합니다.

4 그림 삽입하기 3

슬라이드3을 추가한 후 다음과 같이 [PART 3] → [소.jpg] 파일을 삽입합니다.

STEP》 3 소리 삽입하기

동물의 울음소리를 듣고 어떤 동물인지 알아보기 위해 동물 울음소리를 삽입해보겠습니다.

1 소리 삽입하기

2번 슬라이드를 선택 한 후, [삽입] 탭의 [소리]를 클릭합니다. [PART 3] → [소.mp3] 파일을 열어줍니다.

2 소리 파일 개체 숨기기

[소.mp3] 파일을 슬라이드에 삽입하여 나타난 소리 아이콘을 적당한 위치에 옮깁니다. 개체 목록창에서 삽입한 소리 개체를 선택하여 오른쪽 클릭을 합니다. 대화상자에서 [소.mp3] 음악 파일은 학습자가 단추를 이용하여 듣도록 하기 위해 [개체 숨기기]를 클릭하여 개체를 숨겨줍니다.

STEP›› 4

단추 삽입하기

개체 삽입 중 단추 삽입을 해 보겠습니다. 단추에는 일반 단추, 목차 단추, 진행 단추가 있는데 여기에서는 일반 단추를 삽입하겠습니다.

1 일반 단추 삽입하기

제목 슬라이드에 일반 단추를 삽입하고 이 단추를 클릭하면 다음 슬라이드로 화면이 전환될 수 있도록 하겠습니다. 1번 슬라이드를 선택한 후, [삽입]탭의 [단추]를 클릭한 후 [일반 단추]를 클릭합니다.

2 버튼 크기 설정하기

[일반 단추]를 선택하여 다음과 같이 드래그를 통해 영역을 지정 버튼의 크기를 지정해 줍니다. 그 후 오른쪽 개체 목록창의 [단추]를 마우스 오른쪽 클릭을 하면 다음과 같은 대화상자가 표시됩니다.

3 단추 개체 속성 변경하기 1

[개체 속성]을 누르면 다음과 같이 [개체 속성창]이 나타납니다. [단추] 탭에서 단추 이름을 지우고 [단추 모양]을 그림 단추로 지정합니다. [마우스가 단추 위에 없을 때]의 열기 아이콘을 클릭하면 [열기 상자]가 제시되며, 여기에서 〈GO〉를 선택하여 열어줍니다.

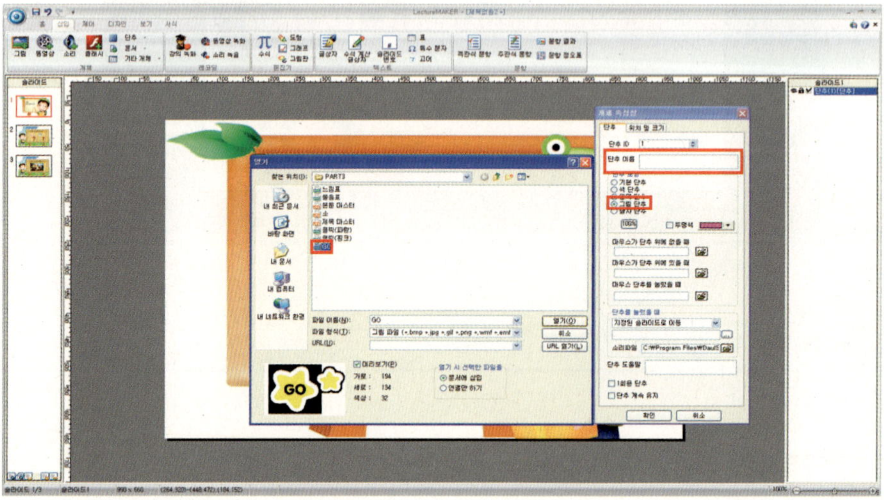

4 단추 개체 속성 변경하기 2

[단추를 눌렀을 때]를 [다음 슬라이드로 이동]을 선택하여 단추를 누를 때 다음 슬라이드로 전환할 수 있도록 설정합니다.

5 일반 단추 삽입하기

동물의 울음소리를 들을 수 있는 단추를 삽입해 보겠습니다. 2번 슬라이드를 선택하고, [삽입]탭의 [단추]를 클릭한 후 [일반 단추]를 클릭합니다.

6 단추 개체 속성창 열기

다음과 같이 드래그를 통해 버튼 영역을 지정해 준 후 개체 목록창에서 [단추]를 마우스 오른쪽 클릭을 하면 다음과 같은 대화상자가 표시됩니다.

7 단추 개체 속성 변경하기 1

[개체 속성]을 누르면 다음과 같이 [개체 속성창]이 나타납니다. [개체 속성]을 다음과 같이 변경합니다.

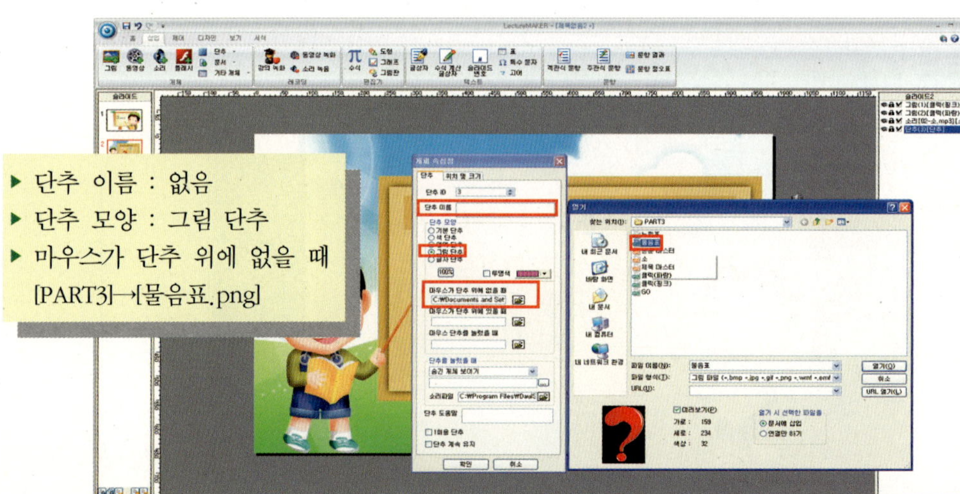

8 단추 개체 속성 변경하기 2

개체 속성창에서 [단추를 눌렀을 때]를 [숨긴 개체 보이기]로 선택하여 소리가 재생될 수 있도록 합니다. [보이기 이름]은 STEP 2에서 지정한 [소울음소리]로 지정합니다.

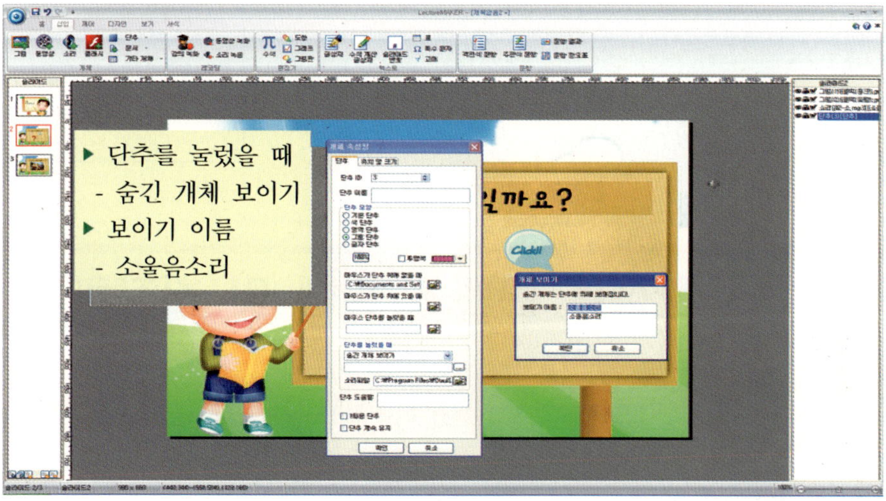

9 그림 단추 설정하기

느낌표 단추를 눌렀을 때 슬라이드 3으로 전환되도록 해 보겠습니다. [개체 속성]을 다음과 같이 변경합니다.

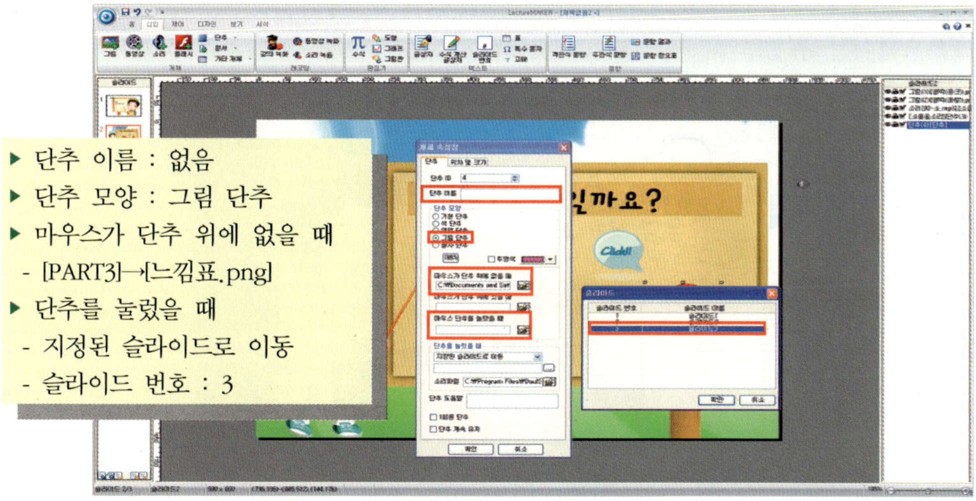

... 참고 슬라이드 이동 제어하기

▸ 빈 화면 클릭 시 슬라이드 이동을 방지하기 위하여 슬라이드 속성 값을 변경해줍니다.

▸ [디자인]탭에 [슬라이드 속성]에서 아래와 같이 변경합니다.

- 마우스나 키를 누를 때를 해제
- 모든 슬라이드에 적용 체크

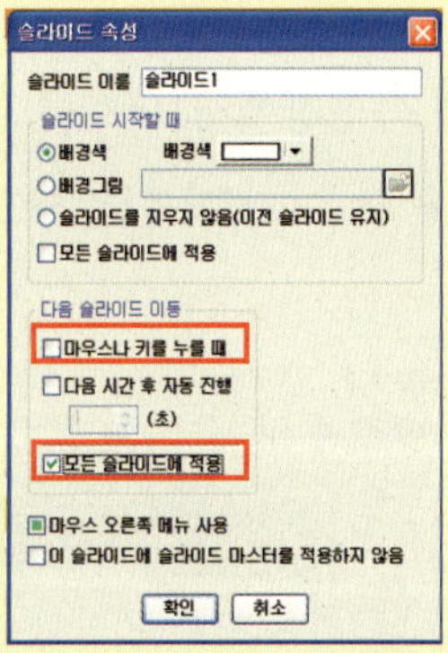

STEP›› 5 완성된 콘텐츠 실행 및 저장하기

완성된 콘텐츠를 실행하고 저장하겠습니다.

1 전체 슬라이드 실행하기

콘텐츠가 제작자의 의도대로 만들어졌는지 확인하기 위해서 [보기] 탭의 [전체 슬라이드 실행]을 클릭합니다. (F5번을 눌러도 실행됩니다)

2 다른 이름으로 저장하기

완성된 콘텐츠는 ◉ 아이콘을 클릭한 후 [다른 이름으로 저장]를 클릭하여 저장합니다. 저장할 파일명을 입력한 후 저장 버튼을 클릭하면 원본 파일 형식인 *.lme로 저장이 됩니다.

3 웹 게시용으로 저장하기

HTML 파일로 저장하기 위해서 [다른 이름으로 저장]-[웹 게시용으로 저장]을 클릭하여 파일 형식을 [웹 게시용 html]으로 선택한 후 저장합니다.

C/H/A/P/T/E/R

04

나만의 Intro 만들기

STEP BY STEP

STEP 1. 슬라이드 배경 삽입하기
STEP 2. 그림 삽입 및 영역 잘라내기
STEP 3. 애니메이션 효과 삽입하기
STEP 4. 개체 제어 사용하기
STEP 5. 배경음악 및 내레이션 삽입하기 I
STEP 6. 배경음악 및 내레이션 삽입하기 II
STEP 7. 완성된 콘텐츠 실행 및 저장하기 I
STEP 8. 완성된 콘텐츠 실행 및 저장하기 II

SUBJECT

이번 장에서는 배경과 소리를 삽입하여, 나만의 Intro를 만들어 보겠습니다. 배경을 삽입하고, 그 배경에 대한 시간 제어를 통해 배경이 순차적으로 나타날 수 있도록 구성해보겠습니다.

SUMMARY

1. 슬라이드 배경 삽입하기
2. 그림 삽입하기
3. 시간제어 사용하기
4. 소리 삽입하기
5. 소리 녹음하기

STEP〉〉 1

슬라이드 배경 삽입하기

슬라이드 배경을 삽입해 보겠습니다.

1 슬라이드 배경 설정하기

렉처메이커를 실행시킨 후 슬라이드 속성을 클릭한 후 배경그림 단추를 클릭합니다. 그 후 [PART 4] → [back01.jpg]을 선택하여 열기를 선택합니다.

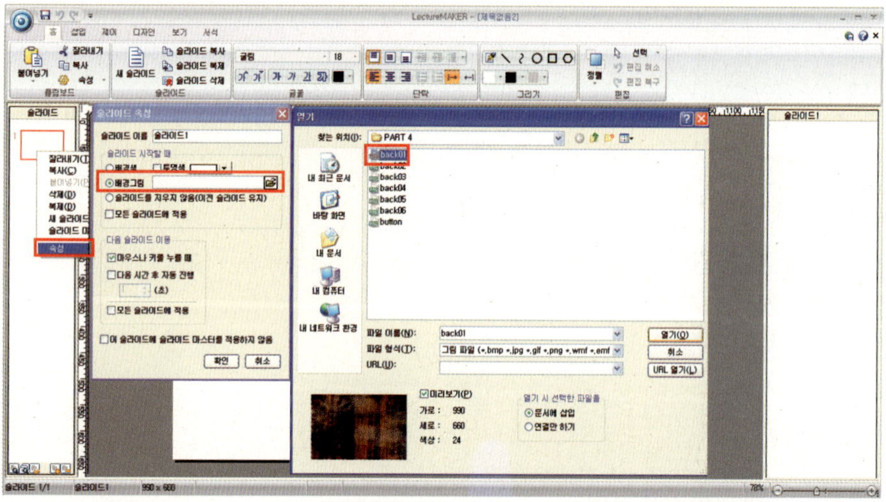

2 삽입된 배경 확인하기

다음과 같이 배경이 삽입되었습니다.

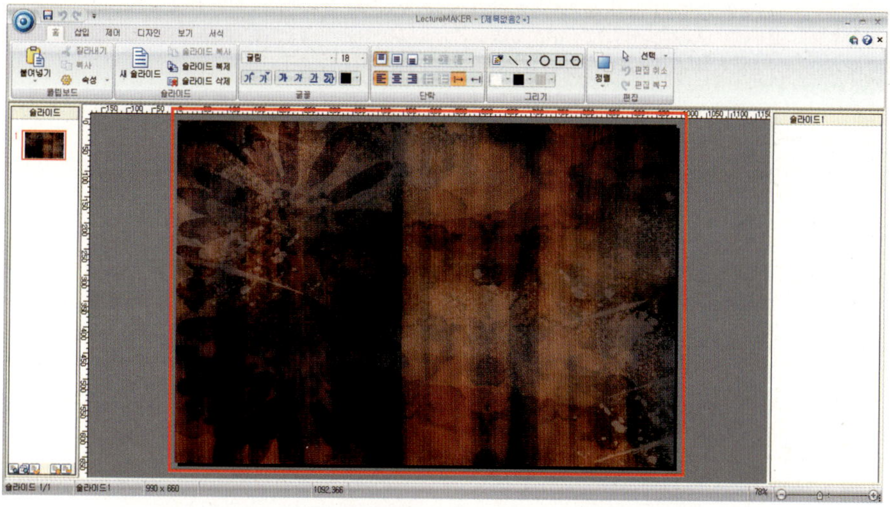

STEP〉〉2 그림 삽입 및 영역 잘라내기

슬라이드에 각각의 그림을 삽입해 보겠습니다.

1 그림 파일 삽입하기

[삽입] 탭에서 [그림]추가 단추를 클릭하여 [PART 4] → [back02.jpg] 파일을 열어줍니다.

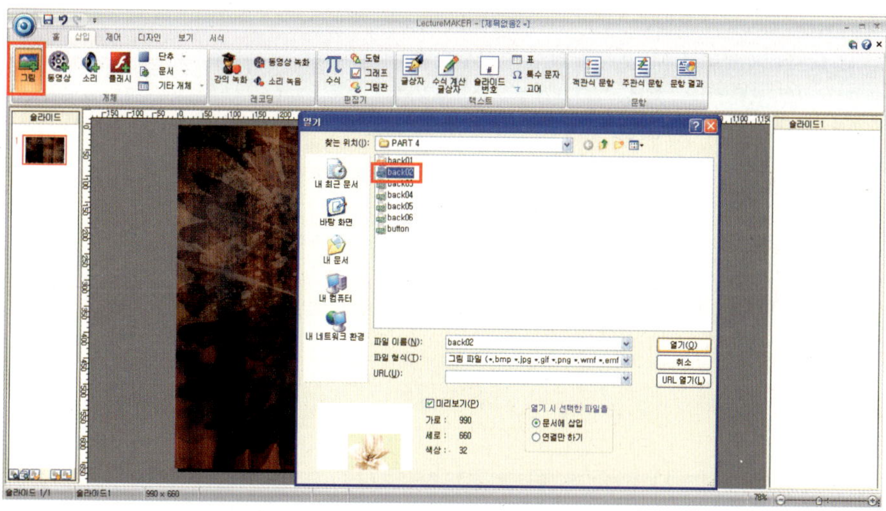

2 그림 파일 자르기 1

다음과 같이 삽입된 모습을 볼 수 있습니다. 지금 열어준 그림 파일은 필요 없는 영역이 존재합니다. 이러한 영역을 잘라내는 작업을 해 보겠습니다. 그림을 더블클릭하면 [서식]탭으로 전환됩니다. 여기서 [자르기]-[자르기]를 클릭합니다.

3 그림 파일 자르기 2

자르기를 클릭하게 되면 아래 그림과 같은 검은색 영역표시선이 나타납니다. 이 영역표시선을 드래그하여 자신이 원하는 크기로 그림을 자를 수 있습니다.

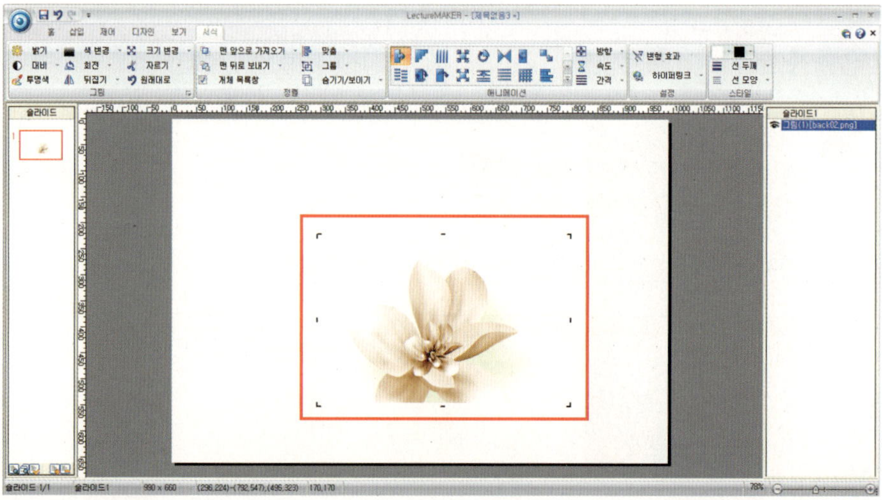

4 삽입된 그림 크기 조절하기

그림을 삽입하여 원하는 크기로 조정하여 보겠습니다. 아래 그림은 선택된 영역만큼 자르기를 한 상태입니다.

5 그림 파일 자르기

나머지 그림 파일도 위와 같은 방법으로 삽입 후 자신이 원하는 크기로 영역을 잘라줍니다.

… 참고　보이지 않는 영역을 꼭 잘라줘야 하나요?

보이지 않는 영역을 꼭 자를 필요는 없습니다. 하지만 애니메이션 효과를 넣을 경우에 필요 없는 영역까지 애니메이션 효과가 나타나기 때문에 사용자가 원하는 효과를 정확하게 나타내려면 잘라주는 것이 더욱 더 효과적입니다.

STEP〉〉2 애니메이션 효과 삽입하기

각각의 그림별에 어울리는 애니메이션 효과를 삽입하여 보겠습니다.

1 애니메이션 효과 적용하기 1

각각의 그림을 클릭한 후 [서식]탭으로 이동하면 [애니메이션] 그룹이 있습니다. [내리기 단추]를 클릭하면 더 많은 애니메이션 효과를 볼 수 있습니다. 사용자가 필요한 애니메이션 효과를 클릭하면 효과가 적용됩니다.

2 애니메이션 효과 적용하기 2

나머지 그림도 각각의 애니메이션을 지정해 줍니다. 이 때 그림들이 서로 중복되어 각각의 그림을 사용자가 파악하기 힘들 때 아래 그림과 같이 개체 목록창의 [눈]을 클릭하면 클릭한 그림이 보이지 않게 됩니다. 보이지 않는 것은 화면상으로만 사라진 것이며, 실제 파일이 삭제된 것은 아닙니다.

STEP›› 4 개체 제어 사용하기

각각의 개체가 일정한 간격을 두고 나타나도록 [일시정지]명령을 통해 개체 제어를 해보겠습니다.

1 [일시정지] 설정하기

개체 목록창의 그림을 선택한 후 [제어]탭의 [일시정지]명령을 클릭하면 다음과 같은 개체 속성창이 나타납니다. 일정 시간 이후 자동으로 그림들이 나타나게 할 것이므로 [시간대기 X초 후 진행]을 선택합니다.

… 참고 [일시정지] 개체 속성창 들여다보기

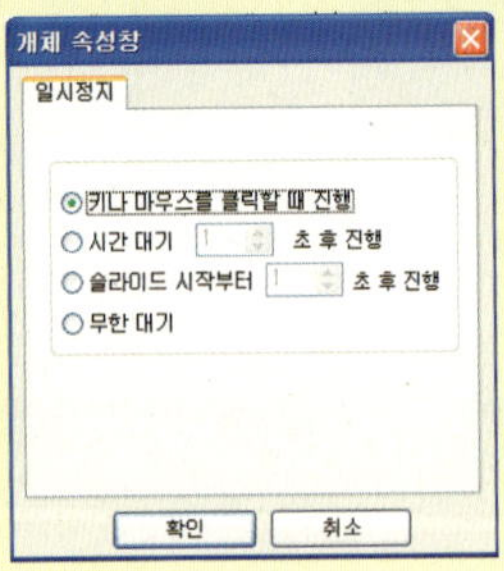

① 키나 마우스를 클릭할 때 진행 : 이 버튼은 키보드 자판이나 마우스를 클릭할 때 개체가 진행되도록 하는 버튼입니다.
② 시간 대기 X초 후 진행 : 이 버튼은 그 개체가 실행된 다음 X초 이후에 다음 개체가 실행되도록 하는 버튼입니다.
③ 슬라이드 시작부터 X초 후 진행 : 이 버튼은 슬라이드가 처음 시작된 이후부터 X초가 되면 실행되도록 하는 버튼입니다.
④ 무한대기 : 개체가 그 상태로 계속 지속되도록 하는 버튼입니다.

2 각 개체에 일시정지 설정하기

각각의 그림을 클릭하여 [일시정지] 명령을 삽입하는 방법과 개체 목록창의 [일시정지] 명령을 〈복사〉한 후 〈붙여넣기〉를 통해 삽입하는 방법이 있습니다.

3 [일시정지]가 적용된 화면

일시정지의 시간차 진행을 위해 다음과 같이 [일시정지]명령을 삽입해 줍니다.

STEP〉〉 5

배경음악 및 내레이션 삽입하기 Ⅰ

슬라이드가 시작하면 배경음악과 동시에 내레이션이 실행되도록, Intro의 배경음악을 먼저 삽입해 보겠습니다.

… 참고 **[삽입] 탭의 [소리], [동영상] 명령의 차이점 알아보기**

[삽입]탭의 [소리]명령은 각각의 개체가 순차적으로 진행되기 때문에 동시에 음악 파일이 재생되지 않습니다. 반면에 [동영상]명령은 복합적으로 명령이 진행되기 때문에 동시에 두 개 이상의 파일이 재생될 수 있습니다.

1 동영상 명령을 통한 소리 삽입하기

[삽입]탭의 [동영상]명령을 클릭하여 [PART 4] → [bgsound.wav] 개체를 열어줍니다. 이 때 파일 형식을 소리 파일로 변환해 줍니다.

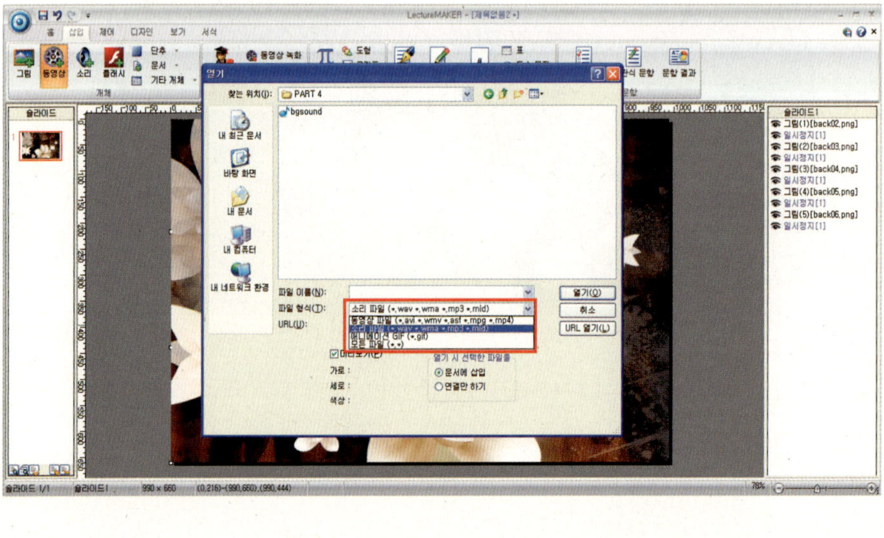

2 개체 순서 지정하기

다음과 같이 삽입된 [소리] 파일의 순서를 개체 목록창의 가장 위로 이동시켜 슬라이드 시작과 동시에 소리가 재생되도록 합니다.

STEP ›› 6 배경음악 및 내레이션 삽입하기 II

내레이션을 직접 녹음하여, 내레이션을 삽입해보겠습니다.

1 소리 녹음하기

[레코딩]그룹의 [소리 녹음]명령을 클릭하면, 다음과 같은 [소리 녹음]창이 나타납니다.

2 녹음될 소리 설정하기

[소리 녹음]창에서 파일명을 지정해주고 채널, BPS, 주파수를 설정한 다음, [녹음] 버튼을 누르고 내레이션을 녹음합니다. 녹음이 끝나면 [정지] 버튼을 누르고, [소리 개체로 삽입] 버튼을 누르면 오른쪽 개체 목록창에 삽입된 모습을 볼 수 있습니다.

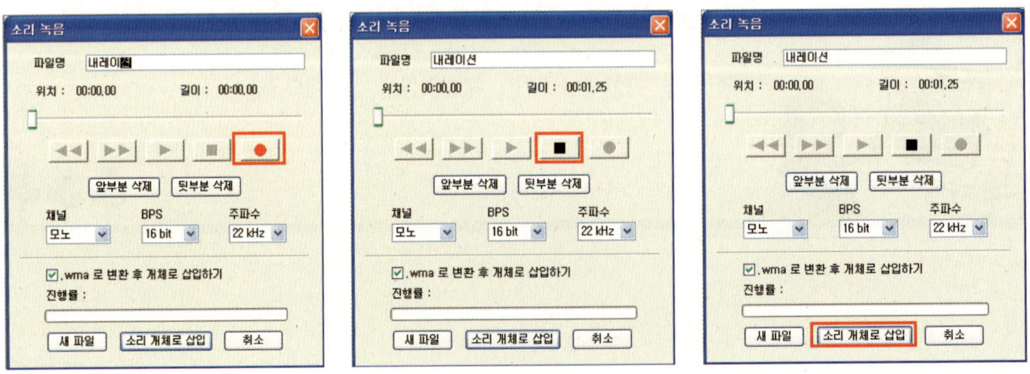

2 개체 순서 지정하기

내레이션 소리개체의 순서를 배경음악 다음으로 위치시킵니다.

STEP›› 7 완성된 콘텐츠 실행 및 저장하기 I

완성된 콘텐츠를 실행해보겠습니다.

1 전체 슬라이드 실행하기

[보기]탭-[전체 슬라이드 실행]을 클릭하면 완성된 Intro가 순차적으로 실행되는 것을 볼 수 있습니다.

... 참고 콘텐츠 실행 단축키

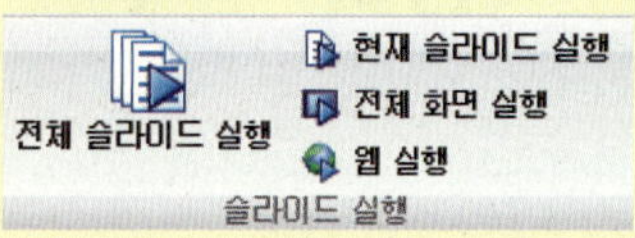

① 전체 슬라이드 실행 : F5
② 현재 슬라이드 실행 : Shift + F5
③ 전체 화면 실행 : Ctrl + F5
④ 웹 실행 : Alt + F5

STEP›› 8 완성된 콘텐츠 실행 및 저장하기 II

완성된 콘텐츠를 저장해보겠습니다.

1 다른 이름으로 저장하기

렉처메이커 단추를 클릭하여 [다른 이름으로 저장]을 클릭하여 원본저장을 합니다.

2 웹 게시용으로 저장하기

렉처메이커 단추를 클릭하여 [다른 이름으로 저장]-[웹 게시용으로 저장]을 클릭하여 html 형식으로 저장합니다. 이 때 파일 형식을 HTML로 지정해 줍니다.

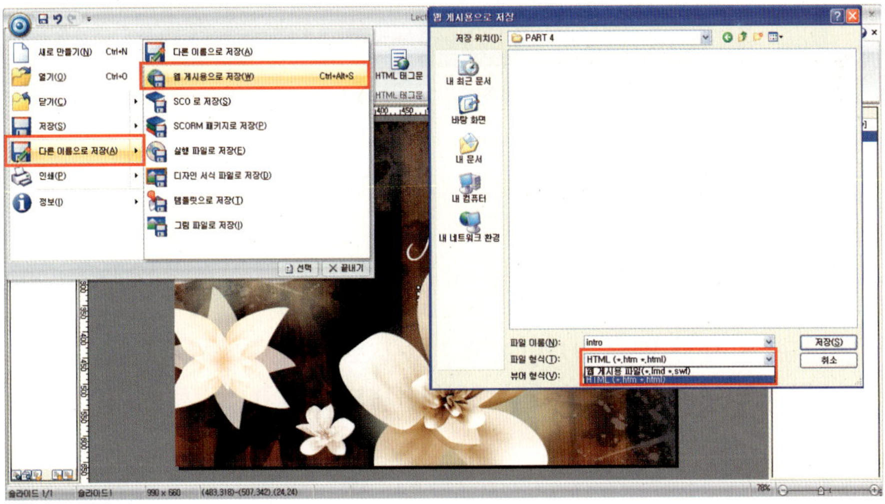

C/H/A/P/T/E/R

05

나만의 슬라이드 만들기

STEP BY STEP

STEP 1. 슬라이드 디자인 만들기
STEP 2. 내가 만든 슬라이드 디자인 저장하기
STEP 3. 나만의 템플릿 만들기 Ⅰ
STEP 4. 나만의 템플릿 만들기 Ⅱ
STEP 5. 내가 만든 템플릿 저장하기
STEP 6. 내가 만든 디자인과 템플릿 내보내기/가져오기 Ⅰ
STEP 7. 내가 만든 디자인과 템플릿 내보내기/가져오기 Ⅱ

SUBJECT

이번 장에서는 렉처메이커에서 사용할 수 있는 디자인 파일과 템플릿 파일을 사용자의 취향에 맞게 독창적으로 만들어서, 활용할 수 있도록 나만의 슬라이드 만들기를 해 보겠습니다.

SUMMARY

1. 나만의 슬라이드 디자인 만들기
2. 나만의 템플릿 만들기
3. 템플릿 내보내기/가져오기

STEP〉〉 1 슬라이드 디자인 만들기

배경을 삽입하여 나만의 슬라이드 디자인을 만들어보도록 하겠습니다.

1 슬라이드 마스터 보기

렉처메이커를 실행시킨 후 슬라이드 디자인을 만들기 위해 슬라이드창의 [슬라이드]를 클릭하여 [슬라이드 마스터 보기]로 전환합니다.

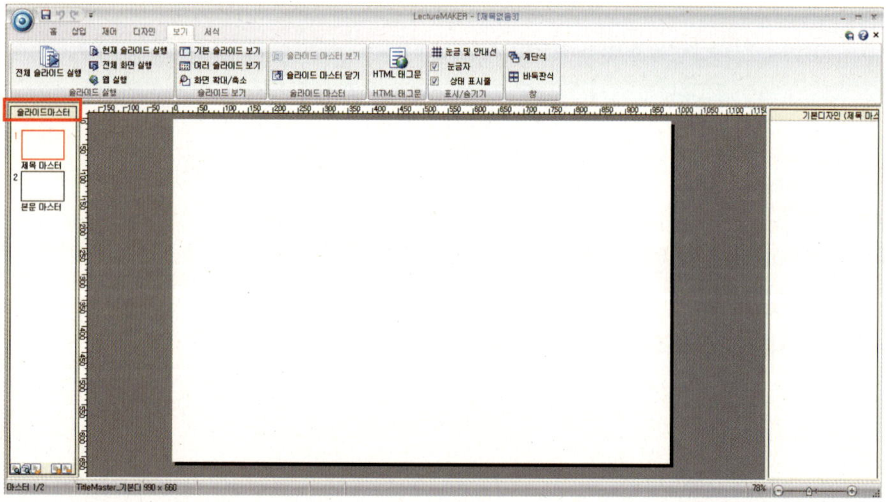

2 제목 마스터 배경 설정하기 1

슬라이드 마스터에서 [제목 마스터]를 선택한 후 마우스 오른쪽 버튼을 클릭하여 [슬라이드 마스터 속성]을 클릭합니다.

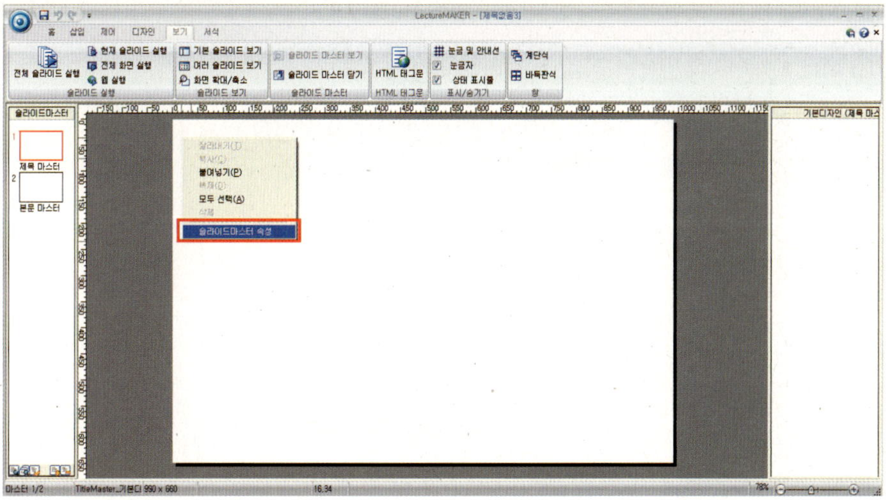

3 제목 마스터 배경 설정하기 2

[마스터 배경]의 [열기] 단추를 클릭하여 [PART5]→[design_sky01.jpg] 파일을 열어줍니다.

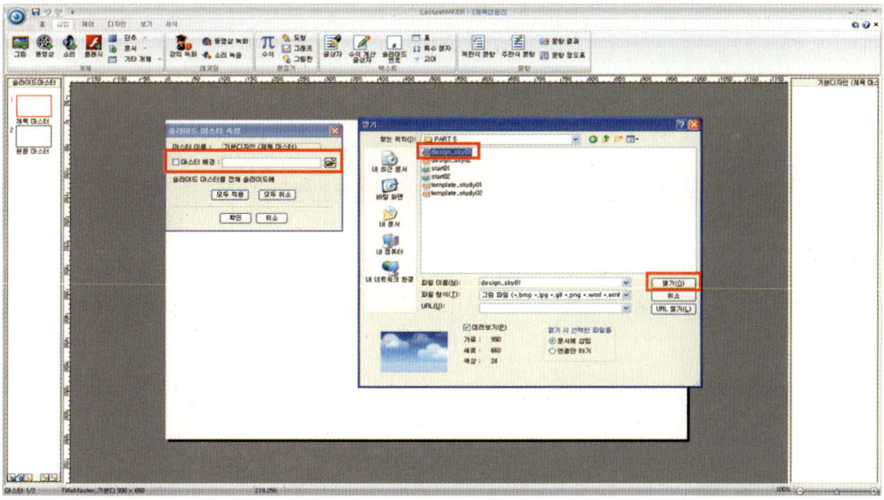

4 본문 마스터 배경 설정하기

[본문 마스터]도 [제목 마스터]와 동일한 방법으로 예제 파일 [PART5] → [design_sky02.jpg]를 적용합니다.

5 슬라이드 디자인 확인하기

[슬라이드 보기]로 전환하여 [새로운 슬라이드 추가]를 하면 2번 슬라이드에 본문 디자인이 적용된 것을 확인할 수 있습니다.

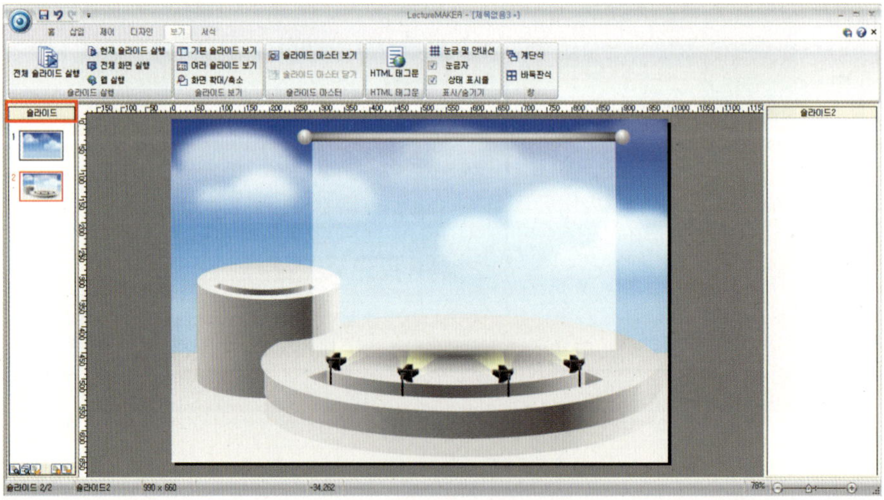

... 참고

디자인은 모든 슬라이드에 공통적으로 적용하기 때문에 슬라이드 마스터에서 제목 마스터와 본문 마스터를 적용해야 합니다.

STEP›› 2 내가 만든 슬라이드 디자인 저장하기

나만의 슬라이드 디자인을 저장해보고 [디자인]탭에서 확인해보도록 하겠습니다.

1 디자인 서식 파일로 저장하기

적용된 디자인을 저장하기 위해 렉처메이커 단추를 클릭하여 [다른 이름으로 저장]-[디자인 서식 파일로 저장]을 클릭하여 저장합니다.

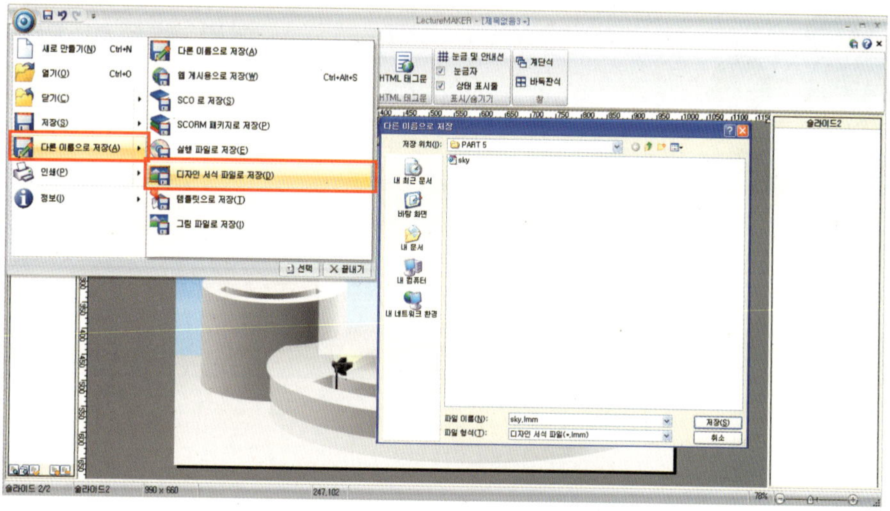

2 저장된 서식 파일 확인하기

저장된 디자인 서식 파일은 [디자인]탭-[디자인]에 맨 하단에 삽입되어 있는 것을 확인할 수 있습니다.

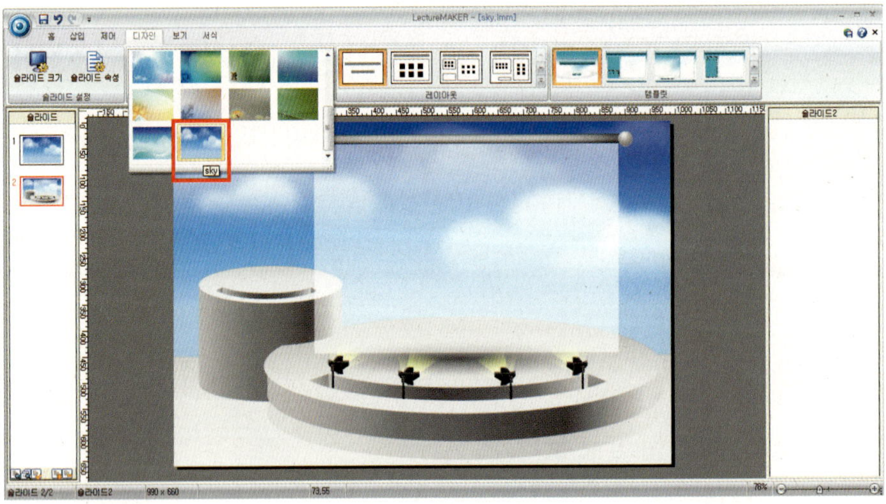

STEP 3 나만의 템플릿 만들기 Ⅰ

– 제목 템플릿 만들기

사용자가 필요한 레이아웃과 단추을 적용하여 나만의 템플릿(제목 템플릿)을 만들어 보도록 하겠습니다.

1 슬라이드 배경 그림 삽입하기 1

슬라이드 화면에서 마우스 오른쪽 버튼은 클릭하여 [슬라이드 속성]을 클릭합니다. 그리고 슬라이드 시작할 때의 배경그림을 [PART5] → [template_study01.jpg] 파일을 열어줍니다.

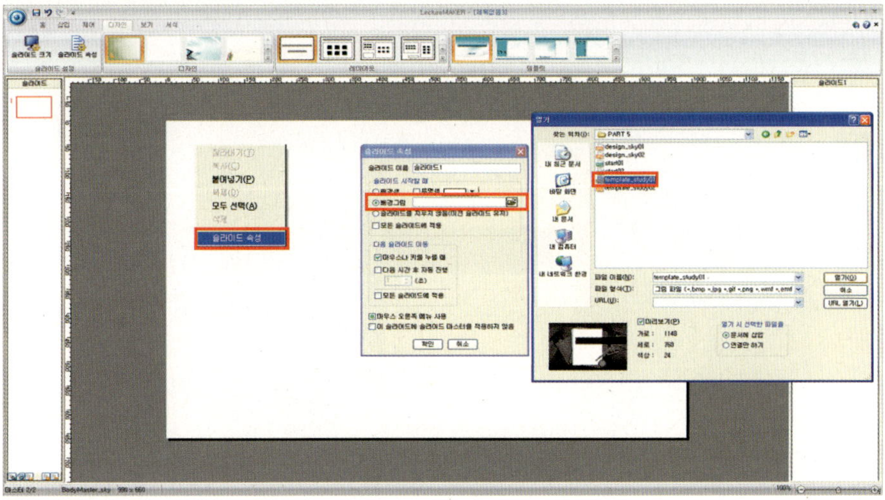

2 슬라이드 배경 그림 삽입하기 2

선택한 배경 그림이 적용되었으면 [확인]을 클릭합니다.

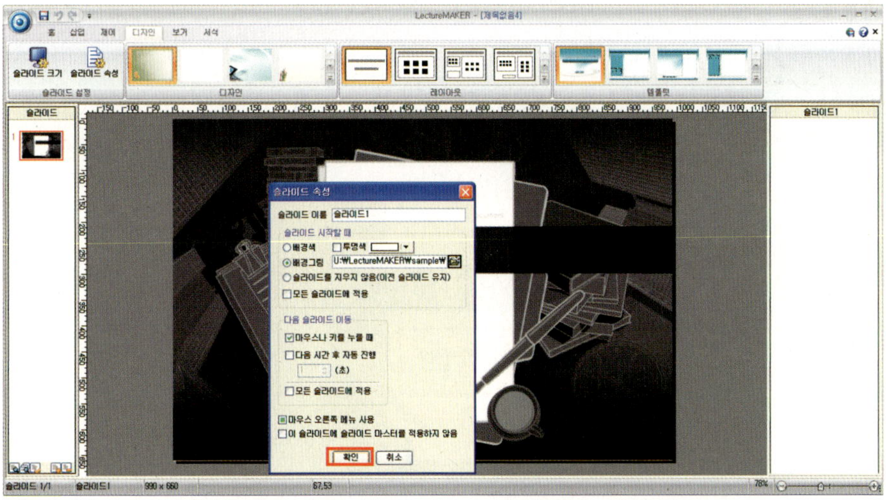

3 레이아웃 적용하기

사용자가 원하는 레이아웃을 적용하기 위해서 [디자인]탭-[레이아웃]그룹에서 [표지]레이아웃을 적용하기 위해 클릭해보겠습니다.

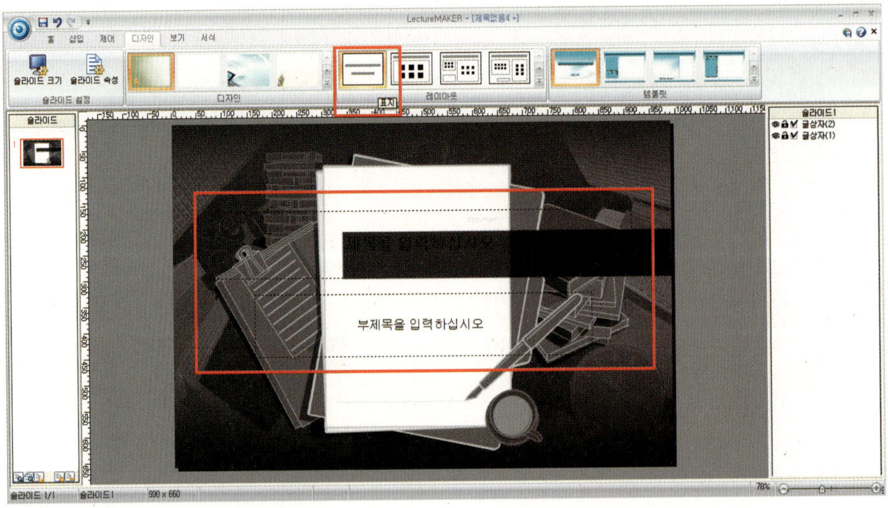

4 레이아웃 속성 변경하기

적용된 레이아웃을 디자인에 맞추어 크기를 조정하고, [홈]탭에서 글꼴 서식 및 정렬을 이용하여 디자인 요소에 맞추어 적용해 줍니다.

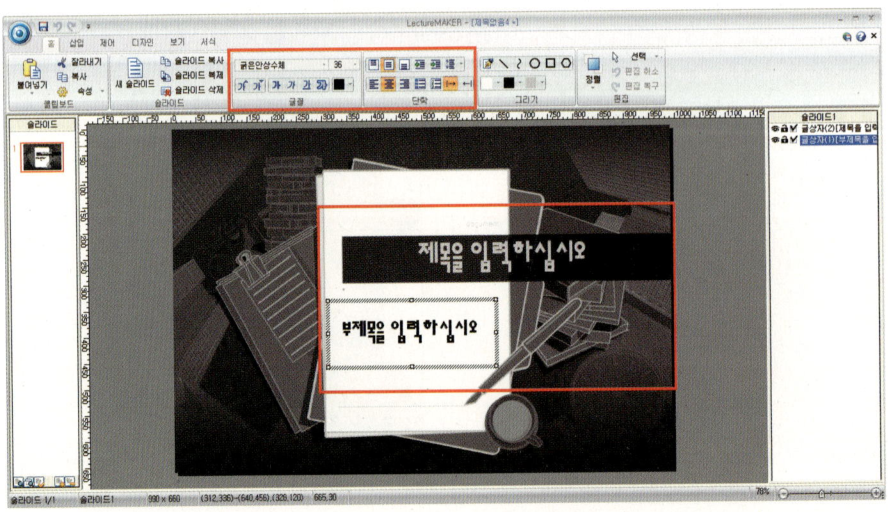

5 시작 단추 삽입하기

시작 단추를 설정하기 위해 [삽입]탭에서 [단추]-[일반 단추]를 클릭하여 단추가 들어갈 부분에 드래그를 하여 영역을 지정합니다.

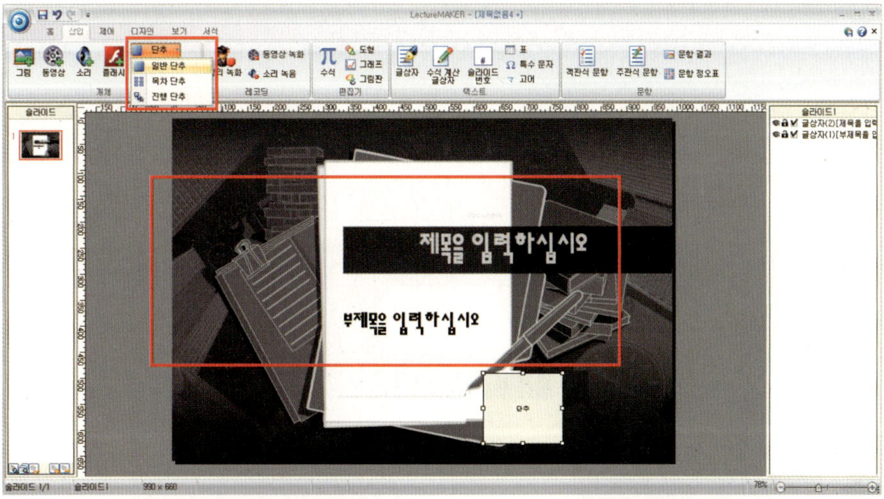

6 단추 개체 속성 변경하기

단추 속성을 변경하기 위해 단추를 클릭한 후 마우스 오른쪽 버튼을 클릭하고 [개체 속성]을 클릭합니다. [개체 속성]에서 다음과 같이 변경해 줍니다.

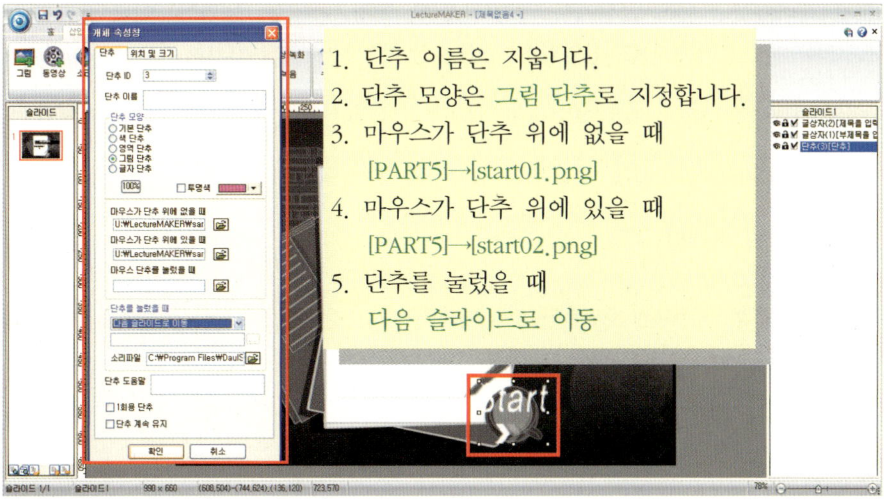

7 시작 단추 크기 조절하기

적용된 단추를 적절한 크기로 드래그하여 조절해 줍니다.

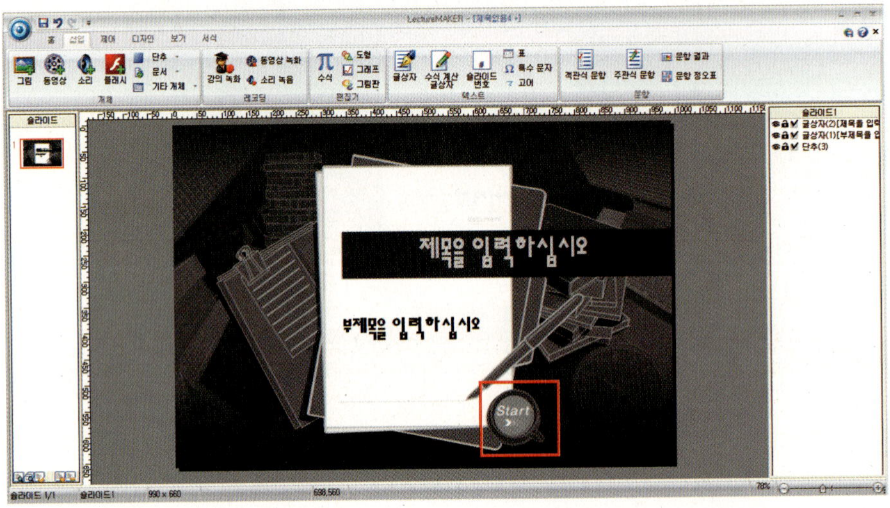

... 참고 레이아웃 종류 알아보기

표지 레이아웃 : 제목 글상자와 부제목을 입력할 수 있는 글상자가 삽입됩니다.

본문 레이아웃 : 제목 글상자와 개체(글상자, 그림, 동영상, 동영상 녹화, 플래쉬, 파워포인트, PDF, 웹 브라우저)를 삽입할 수 있는 상자 1개가 삽입됩니다.

본문(4:3) 레이아웃 : 제목 글상자와 개체상자 2개, 목차 단추 1개가 삽입됩니다.

본문(A4) 레이아웃 : 제목 글상자와 개체상자 2개, 목차 단추 1개가 삽입됩니다.

빈 화면 : 빈 화면입니다.

STEP›› 4

나만의 템플릿 만들기 II

- 본문 템플릿 만들기

사용자가 필요한 레이아웃과 진행 단추을 적용하여 나만의 템플릿(본문 템플릿)을 만들어 보도록 하겠습니다.

1 슬라이드 배경 삽입하기

새로운 슬라이드를 추가한 후, 슬라이드 화면에서 마우스 오른쪽 버튼은 클릭하여 [슬라이드 속성]을 클릭합니다. 그리고 슬라이드 1번과 같은 과정으로, 슬라이드 시작할 때의 배경그림을 [PART5] → [template_study02.jpg] 파일을 열어줍니다.

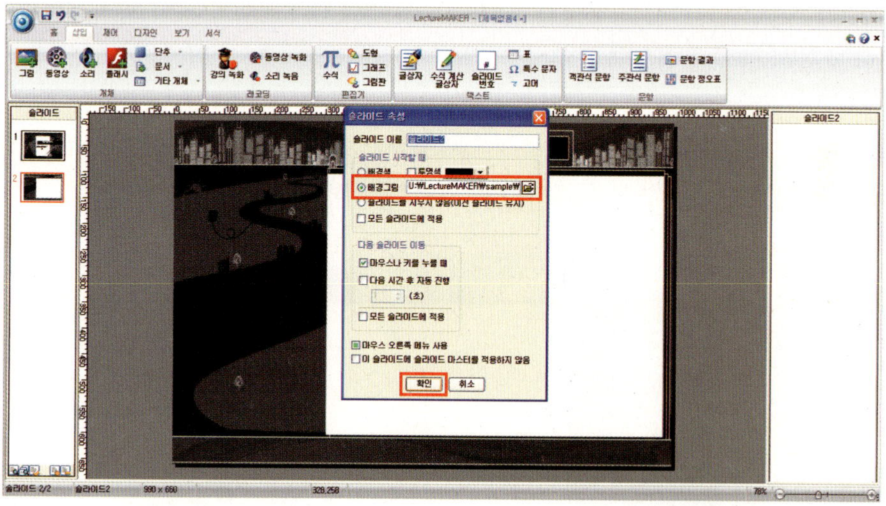

2 레이아웃 적용하기

사용자가 원하는 레이아웃을 적용하기 위해서 [디자인]탭-[레이아웃]그룹에서 [본문 4:3]레이아웃을 적용해보겠습니다.

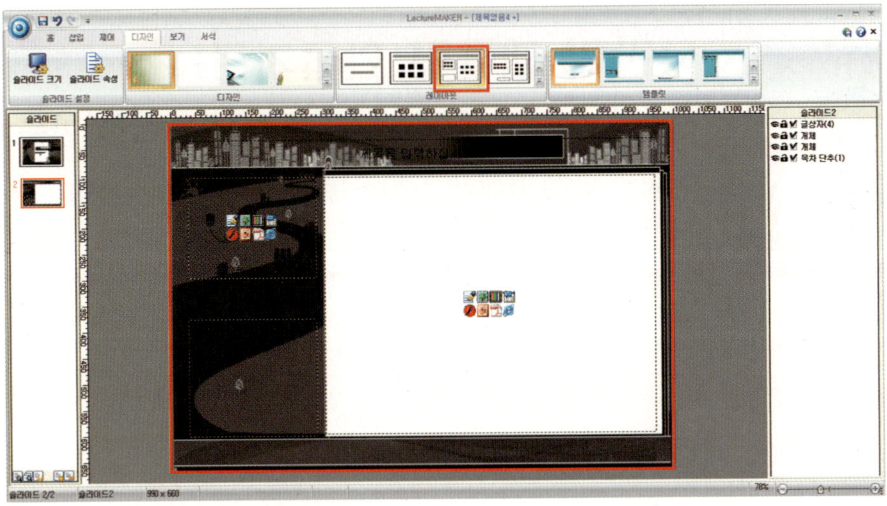

3 레이아웃 속성 변경하기

적용된 레이아웃을 디자인에 맞추어 크기를 조정하고, [홈]탭에서 글꼴 서식 및 정렬을 이용하여 디자인 요소에 맞추어 적용해 줍니다.

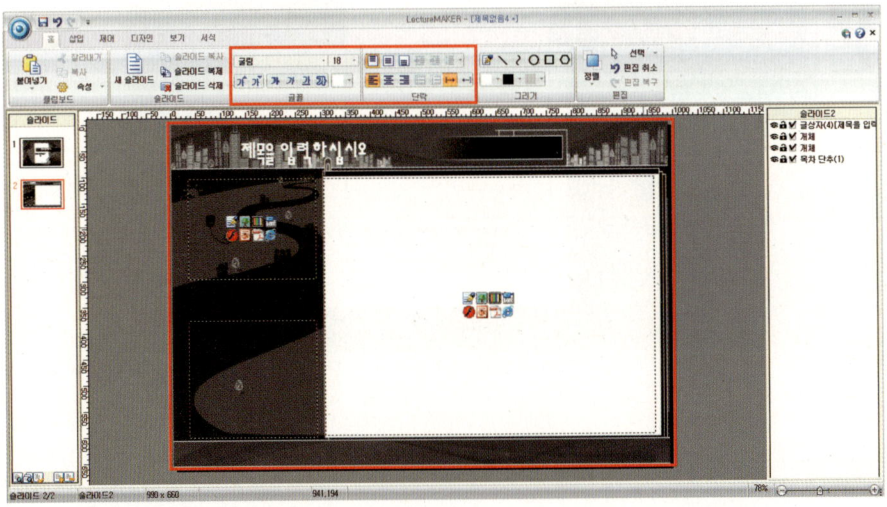

4 진행 단추 삽입하기

콘텐츠의 진행을 통제할 수 있는 진행 단추를 삽입해 보겠습니다. [삽입]탭의 [진행 단추]명령을 클릭하면 진행 단추 삽입창이 나타납니다. 여기에서 사용자가 원하는 진행 단추의 종류를 선택한 후, [확인]을 클릭합니다.

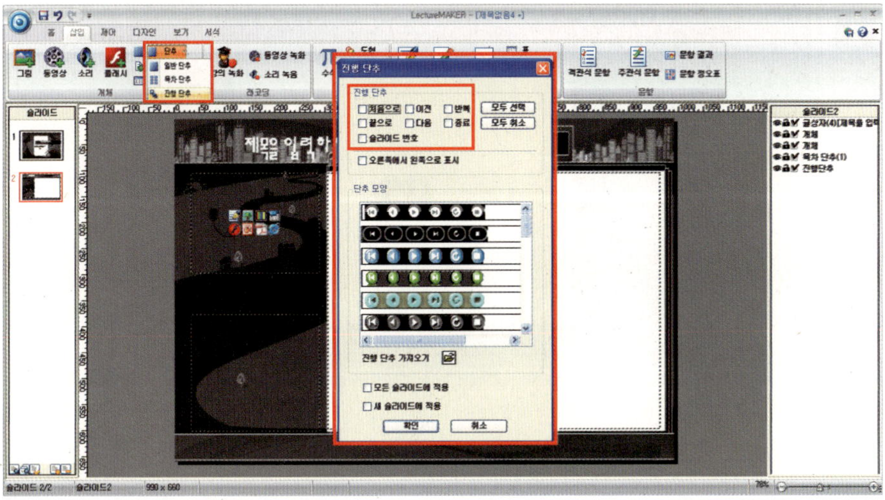

... 참고 진행 단추 알아보기

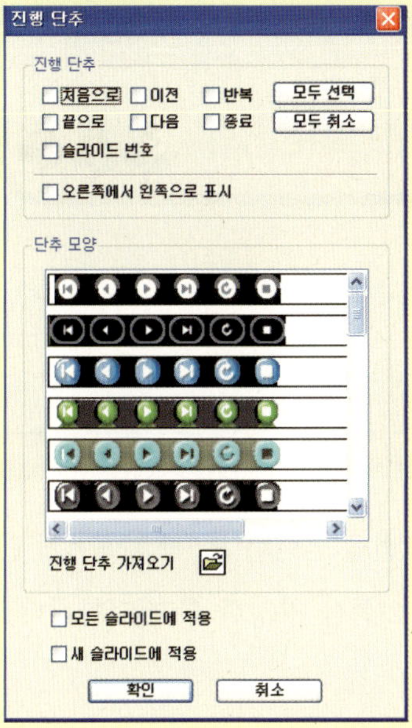

- [진행 단추 가져오기]를 이용하면 새로운 진행 단추 디자인을 가져올 수 있습니다.
- [모든 슬라이드에 적용]을 선택하면, 모든 슬라이드에 적용됩니다.
- [새 슬라이드에 적용]을 선택하면, 새로 삽입되는 슬라이드에 적용됩니다.
- 필요 없는 진행 단추는 삭제할 수 있습니다.

5 진행 단추 크기 조절하기

적용된 진행 단추를 적절한 크기로 드래그하여 조절해 줍니다.

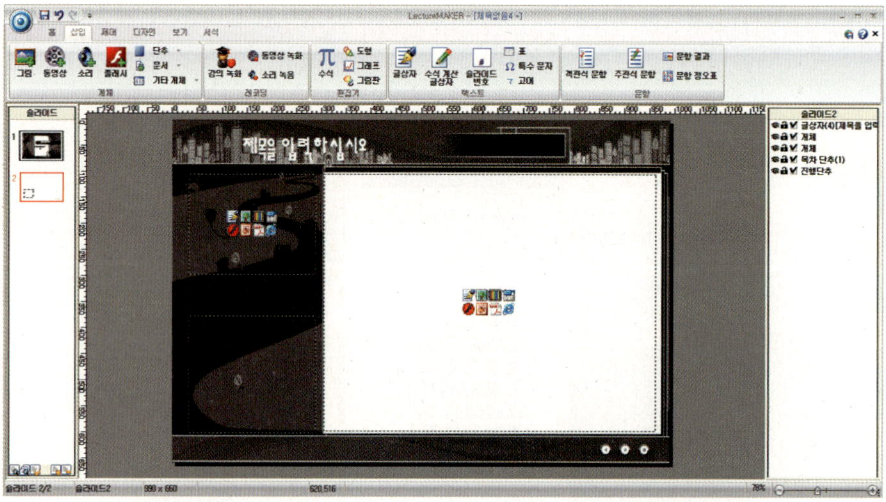

STEP›› 5 내가 만든 템플릿 저장하기

내가 만든 템플릿을 저장해보고 [디자인]탭에서 확인해보도록 하겠습니다.

1 템플릿으로 저장하기(제목 템플릿)

제목 템플릿을 저장하기 위해 제목 템플릿을 적용한 슬라이드 1번을 선택한 후, 렉처메이커 단추를 클릭하여 [다른 이름으로 저장]-[템플릿으로 저장]을 클릭하여 이름을 지정한 후 저장합니다.

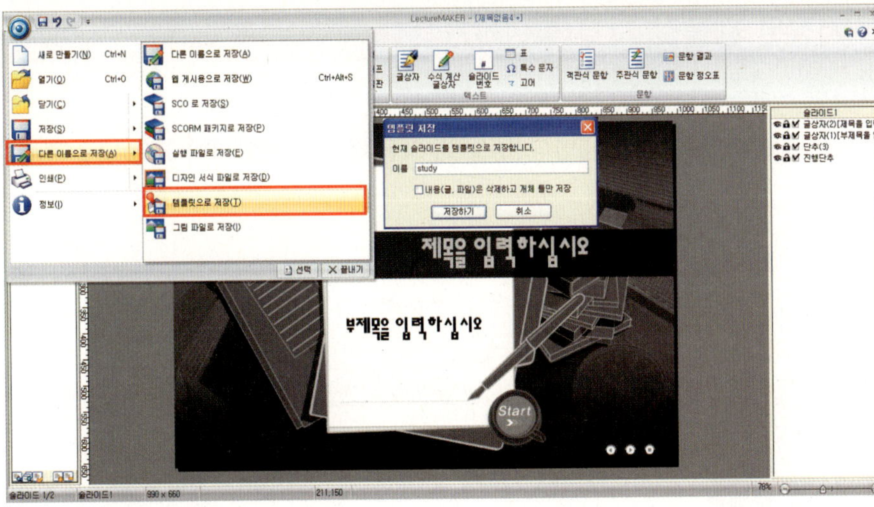

2 템플릿으로 저장하기(본문 템플릿)

본문 템플릿을 저장하기 위해 본문 템플릿을 적용한 슬라이드 2번을 선택한 후, 렉처메이커 단추를 클릭하여 [다른 이름으로 저장]-[템플릿으로 저장]을 클릭하여 이름을 지정한 후 저장합니다.

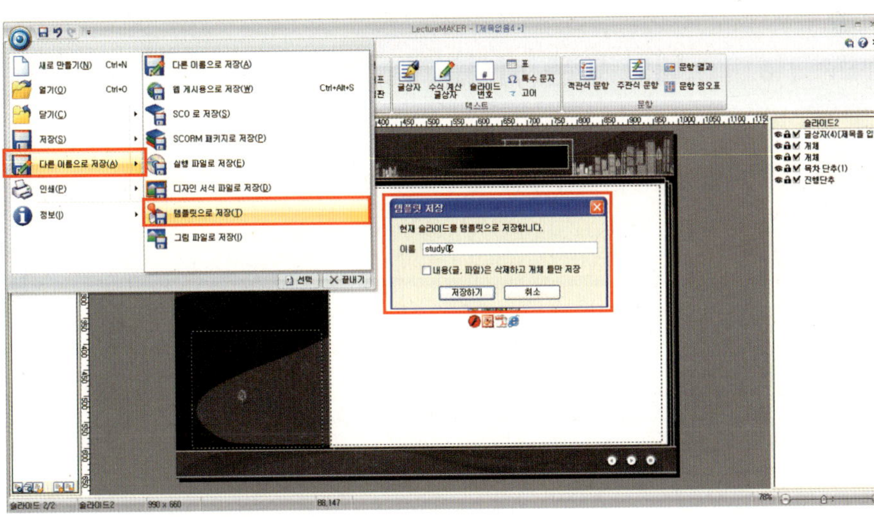

3 저장된 템플릿 파일 확인하기

저장된 템플릿 파일은 [디자인]탭의 [템플릿] 그룹 하단에 삽입되어 있는 것을 확인할 수 있습니다.

STEP›› 6 내가 만든 디자인과 템플릿 내보내기/가져오기 I

내가 만든 디자인과 템플릿을 다른 사람들과 같이 쓸 수 있도록 내보내기를 해 보겠습니다.

1 템플릿 내보내기

렉처메이커를 실행한 후, [디자인]탭의 [템플릿]그룹에서 내보내기를 할 템플릿에서 마우스 오른쪽 버튼을 클릭하여 [템플릿 내보내기]를 클릭합니다. 그 후 파일명을 지정 후 저장을 클릭하면 됩니다.

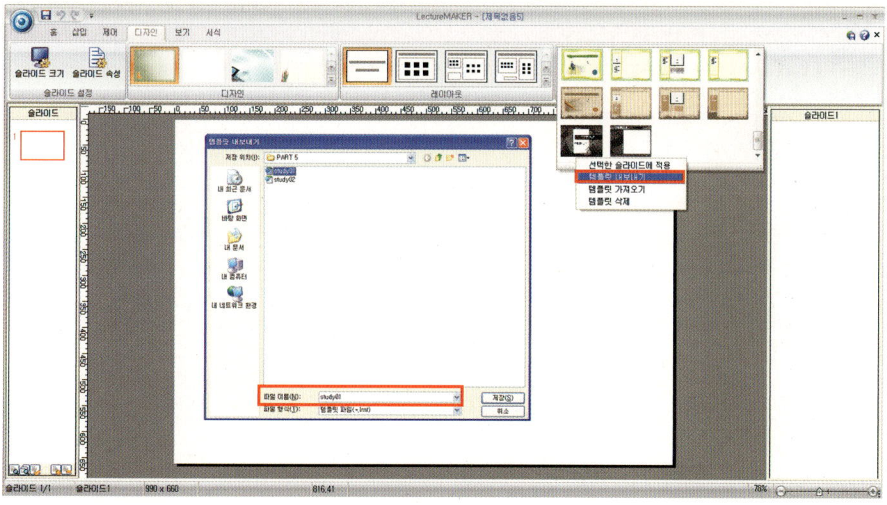

... 참고

내가 만든 디자인은 파일로 저장되지만, 템플릿의 경우에는 파일로 저장되는 것이 아니라 렉처메이커 내에 저장된 것이기 때문에, 다른 사람과 공유하기 위해서는 내보내기를 이용해야 합니다.

STEP›› 7 내가 만든 디자인과 템플릿 내보내기/가져오기 II

다른 사람들이 만든 템플릿과 디자인을 쓸 수 있도록 가져오기를 해 보겠습니다.

1 디자인 서식 파일 가져오기 1

렉처메이커를 실행한 후, [디자인]탭의 [디자인]그룹에서 마우스 오른쪽 버튼을 클릭하여 [디자인 서식 파일 가져오기]를 클릭합니다.

2 디자인 서식 파일 가져오기 2

가져올 파일을 선택한 후 열기를 클릭하면 맨 하단에 디자인이 삽입된 것을 확인할 수 있습니다. 템플릿을 가져올 때도 동일한 방법으로 하면 됩니다.

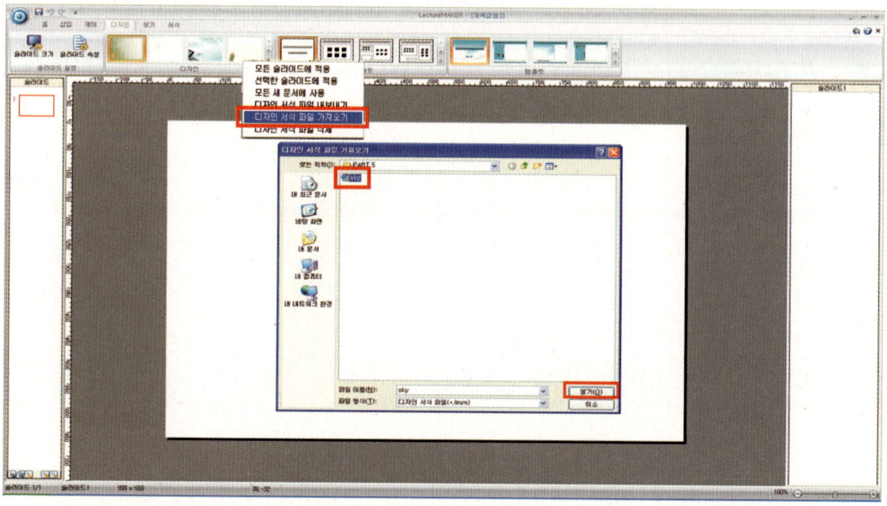

나만의 템플릿을 수정해 봅시다.

| 한걸음 더 |

각각의 슬라이드 번호를 알아볼 수 있도록 [슬라이드 번호]를 본문 마스터에 삽입해 봅시다.

슬라이드가 전환될 때마다 소리가 나도록 본문 마스터에 [소리 파일을 삽입]하여 봅시다.

제목 슬라이드에서 제목과 부제목이 차례대로 등장할 수 있도록 [시간제어]를 해 봅시다.

C/H/A/P/T/E/R

06

숫자 1의 탄생

STEP BY STEP

STEP 1. 슬라이드 마스터에 템플릿 적용하기
STEP 2. 파워포인트 문서 삽입하기
STEP 3. 동영상 삽입하기
STEP 4. 동영상 동기화 설정하기
STEP 5. 완성된 콘텐츠 실행 및 저장하기 I
STEP 6. 완성된 콘텐츠 실행 및 저장하기 II

SUBJECT

이번 장에서는 슬라이드 마스터에 템플릿을 적용하고, 파워포인트 문서와 동영상을 삽입하여 숫자 1의 탄생 콘텐츠를 작성해 보도록 하겠습니다. 또한 삽입한 파워포인트 문서와 동영상을 동기화하여 학습자들이 동영상을 시청함과 동시에 중요한 내용을 정리할 수 있게 도와줄 수 있습니다.

SUMMARY

1. 슬라이드 마스터에 템플릿 적용하기
2. 파워포인트 문서 삽입하기
3. 동영상 삽입하기
4. 동영상 동기화 설정하기

STEP›› 7 슬라이드 마스터에 템플릿 적용하기

슬라이드 마스터에서 [제목 마스터]와 [본문 마스터]에 템플릿을 적용해 보겠습니다.

1 슬라이드 마스터 보기

슬라이드창의 [슬라이드]를 클릭하여 [슬라이드 마스터 보기]로 전환합니다.

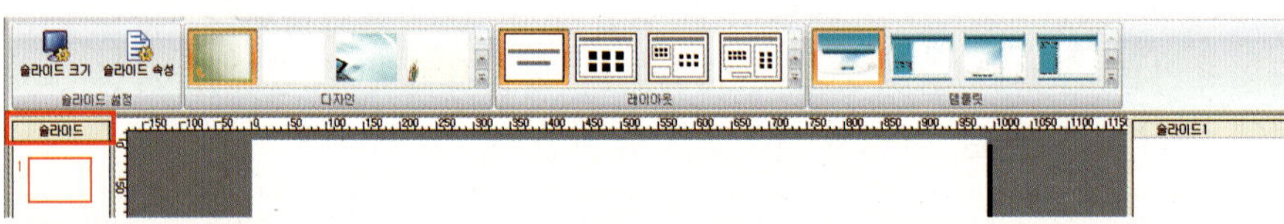

··· 참고 **슬라이드 마스터를 활용하는 이유는 무엇인가요?**

슬라이드 마스터란 같은 유형의 슬라이드에 사용되는 기본골격이라 할 수 있습니다. 제목 마스터는 제목 슬라이드의 밑바탕이 되고, 본문 마스터는 제목 마스터를 제외한 나머지 슬라이드의 밑바탕이므로 슬라이드 마스터에 템플릿이 적용되어 있다면 삽입되는 슬라이드마다 템플릿이 적용되어 나타납니다.
작성하는 콘텐츠의 매 슬라이드마다 동일한 템플릿을 사용할 때 슬라이드 마스터를 활용하는 것이 효율적입니다.

2 제목 마스터 템플릿 적용하기

[제목 마스터]를 클릭한 후 [디자인]탭의 [템플릿]그룹에서 제목템플릿을 적용하고, 글 상자 내용을 입력합니다.

3 본문 마스터 템플릿 적용하기

[본문 마스터]에도 동일하게 템플릿을 지정해줍니다. 이번 콘텐츠의 본문 마스터에는 동영상과 파워포인트 문서만 삽입할 것이므로, 다음과 같은 템플릿을 지정 해 줍니다.

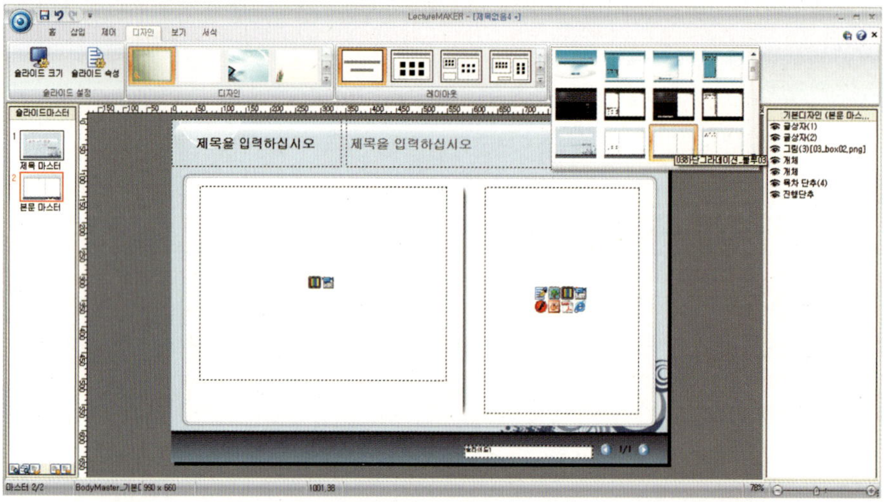

STEP〉〉 2 파워포인트 문서 삽입하기

슬라이드에 파워포인트 문서를 삽입해보겠습니다.

1 슬라이드 추가하기

슬라이드창에서 [슬라이드]를 클릭하여 슬라이드 보기로 전환합니다. 그 후 보기 단추의 슬라이드 추가를 클릭하거나, Ctrl+M 혹은 Enter 키를 눌러 2번 슬라이드를 추가해 줍니다.

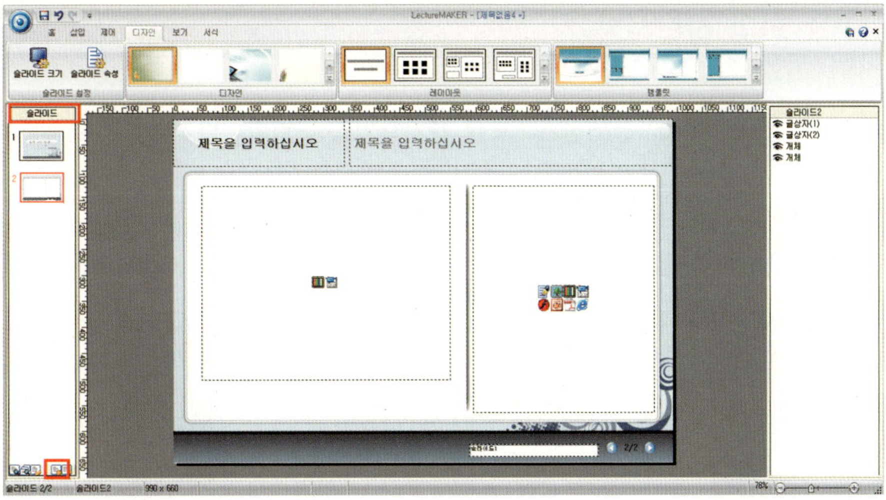

2 PPT 파일 삽입하기 1

2번 슬라이드에서 오른쪽 영역 아이콘 중 파워포인트 삽입 아이콘을 클릭하면 열기 대화상자가 나옵니다. 이 대화상자에서 예제 파일 [part 6]→[숫자 1의 이야기.ppt]를 클릭합니다.

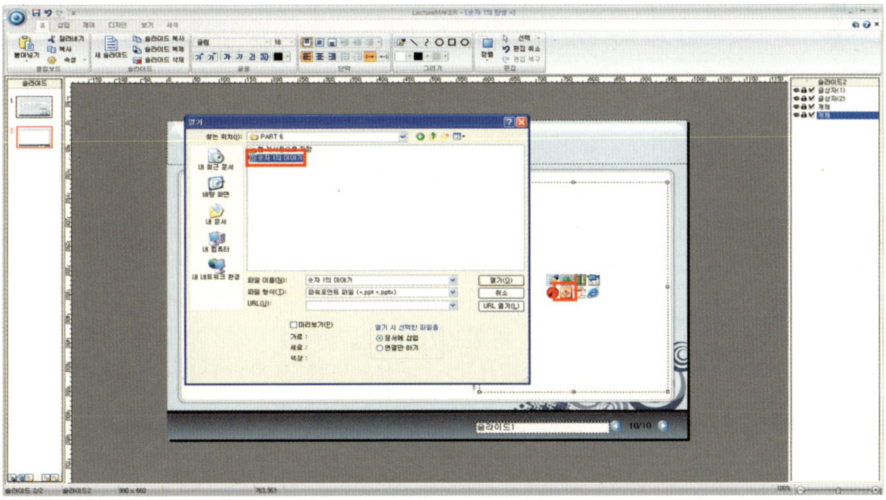

3 PPT 파일 삽입하기 2

삽입 종류는 [그림으로]로 선택한 후, 모두 가져오기를 클릭합니다.

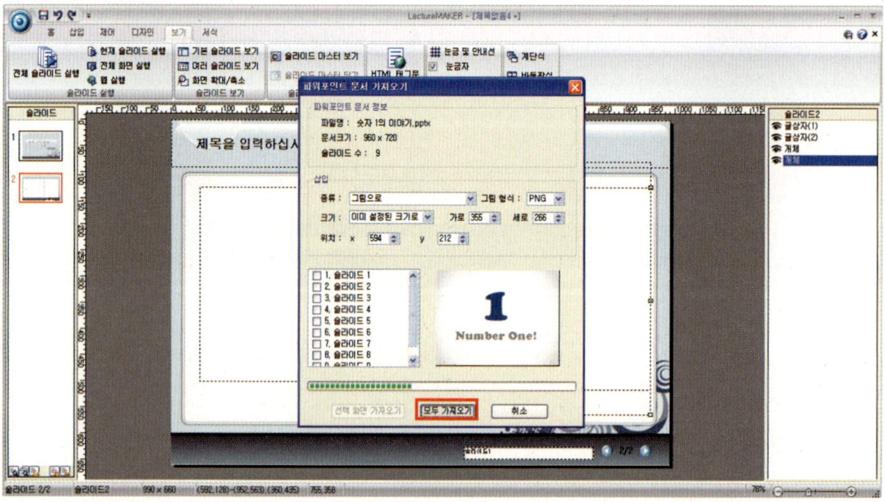

참고 [파워포인트 문서 가져오기] 개체 속성창 알아보기

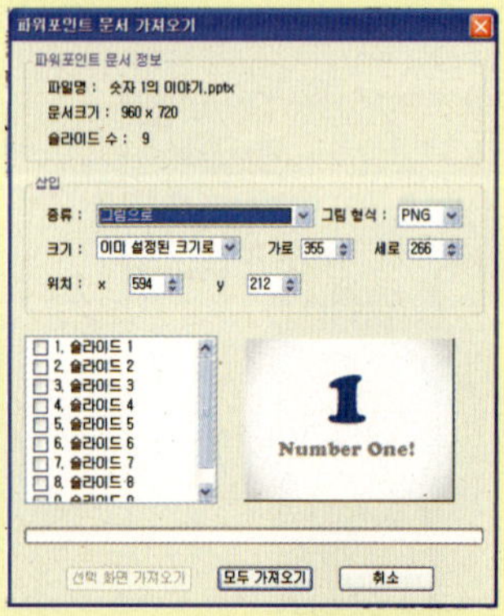

[삽입] 종류

① 그림으로 : 파워포인트 문서가 그림형식으로 삽입되는 것으로 크기와 위치, 삽입하고자 하는 슬라이드를 선택할 수 있습니다.

② 슬라이드 배경 그림으로 : 파워포인트 문서가 렉처메이커 슬라이드에 배경형식으로 삽입됩니다.

③ 파워포인트 문서 그대로 : 파워포인트에 삽입되어 있는 애니메이션 형식을 사용하고자 할 때 삽입하는 종류입니다. 여기에서는 파워포인트에서 설정된 애니메이션 효과를 모두 사용할 수 있습니다. 파워포인트 문서 전체를 작업 중인 슬라이드로 가져오기 때문에 슬라이드를 선택할 수 없으며, 동기화를 할 수 없습니다.

④ 파워포인트 슬라이드 그대로 : 파워포인트에 삽입되어 있는 애니메이션 형식을 사용하며 동기화가 가능하도록 개별 슬라이드로 가져옵니다.

4 가져온 PPT 파일 확인하기

파워포인트 슬라이드 수 만큼 렉처메이커 슬라이드 수가 생성된 것을 볼 수 있습니다.

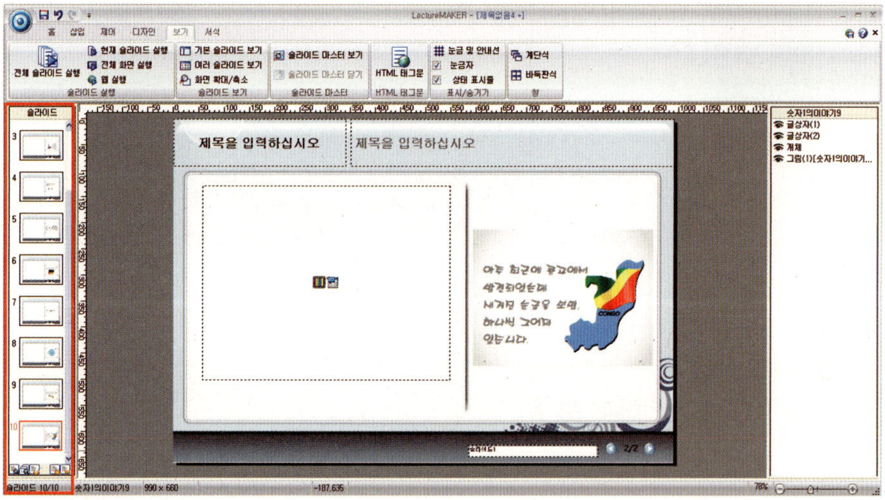

STEP›› 3 동영상 삽입하기

슬라이드에 동영상을 삽입해 보겠습니다.

1 동영상 삽입하기

2번 슬라이드에서 동영상을 더블 클릭하면, 동영상 열기창이 나타납니다. 예제 파일 [part6]→[Number One.wmv]을 클릭합니다.

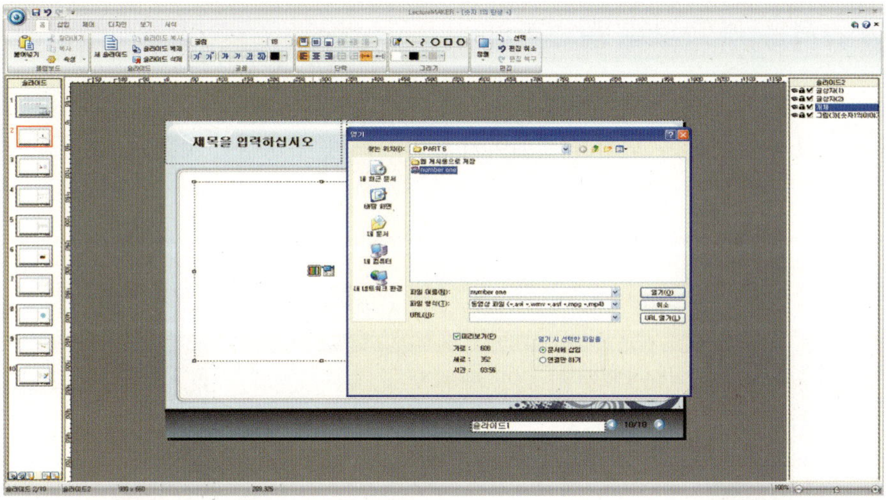

2 삽입된 동영상 확인하기

동영상이 삽입되었다는 것을 동영상 삽입창의 '동영상 이름 명'으로 확인할 수 있습니다.

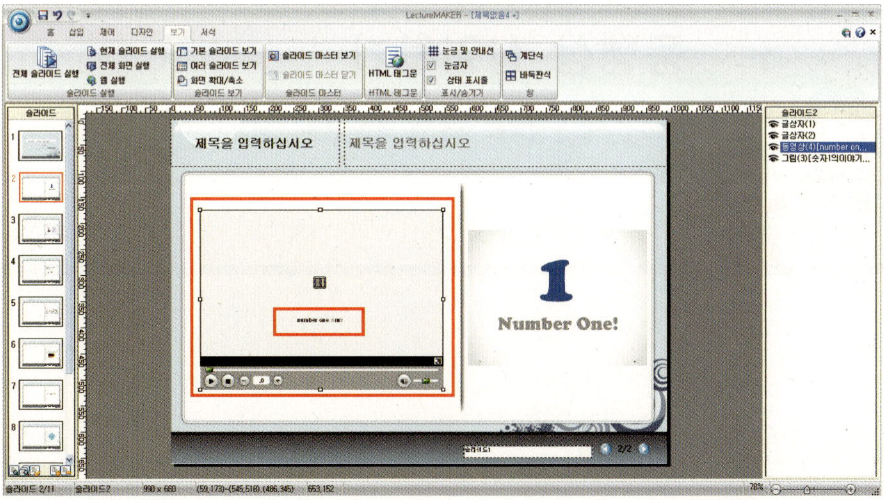

STEP›› 4 동영상 동기화 설정하기

동영상의 동기화를 설정해줍니다.

1 동영상 동기화창 열기

삽입된 동영상을 더블 클릭하여 [서식]탭이 나타나면 [동영상 옵션]그룹의 [동기화]버튼을 클릭합니다.

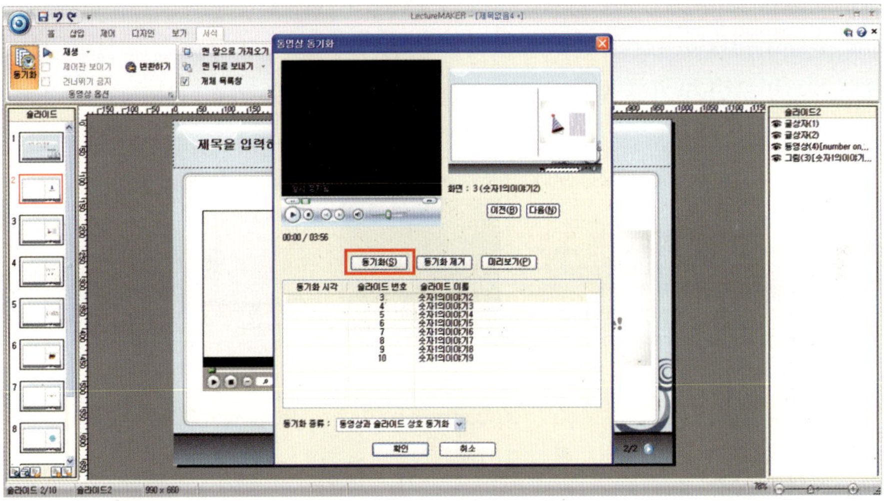

...참고 [동영상 동기화]창 알아보기

- 동기화란? 동기화란 프레임에 삽입된 소리나 동영상을 각각의 슬라이드 또는 개체에 맞추는 작업입니다.
- 이전, 다음 버튼을 이용해서 각각의 슬라이드 마다 동기화 시각을 지정할 수 있습니다.
- 동영상 동기화 시간을 맞춘 후 동기화 버튼을 클릭합니다. 클릭한 시간이 동기화 시각에 나타나게 됩니다.

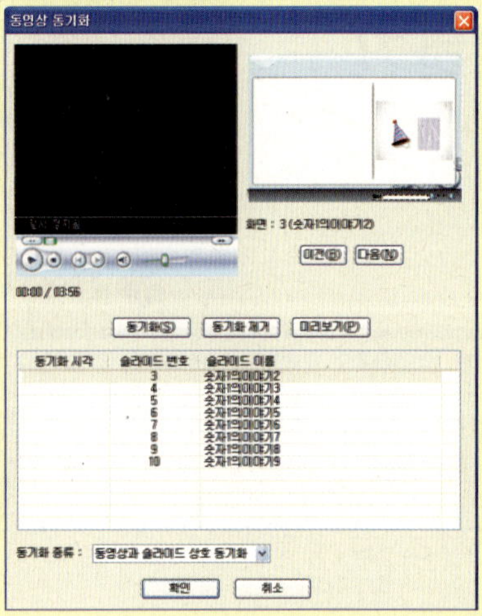

- 동기화 제거를 클릭하면 동기화 되었던 슬라이드와 동기화가 제거됩니다.
- 동기화 종류

① 동영상과 슬라이드 상호 동기화
② 동영상에 슬라이드를 동기화
③ 슬라이드에 동영상을 동기화

2 동영상 동기화 하기

동영상 동기화 대화상자가 나타나면 동영상을 재생시킨 후, 동기화 시킬 슬라이드 번호에서 동기화 버튼을 클릭하면 동기화 시각이 적용되는 것을 확인할 수 있습니다.

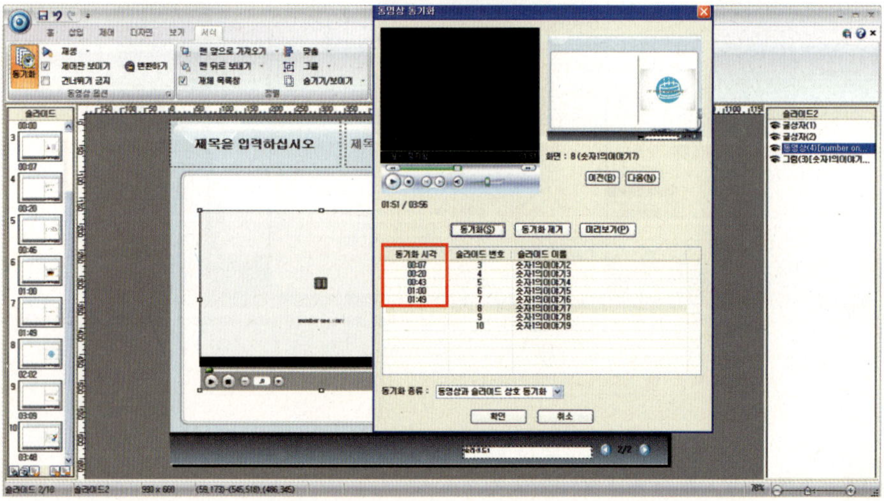

3 동영상 동기화 확인하기

슬라이드 하단에 동기화 시각이 나타나는 것을 확인할 수 있습니다.

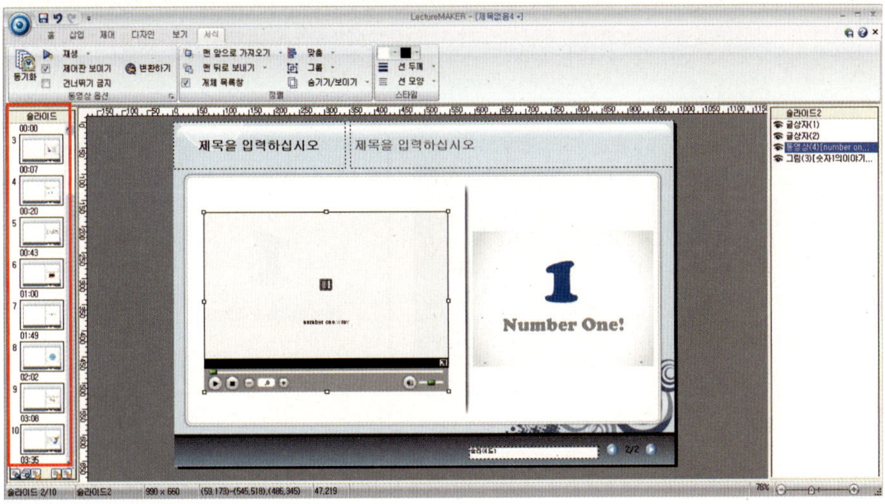

STEP〉〉5 완성된 콘텐츠 실행 및 저장하기 Ⅰ

완성된 콘텐츠를 실행해보겠습니다.

1 전체 슬라이드 실행하기

[보기]탭-[전체 슬라이드 실행]을 클릭하면 완성된 콘텐츠가 동기화 시각에 맞추어서 슬라이드가 진행되는 것을 확인할 수 있습니다.

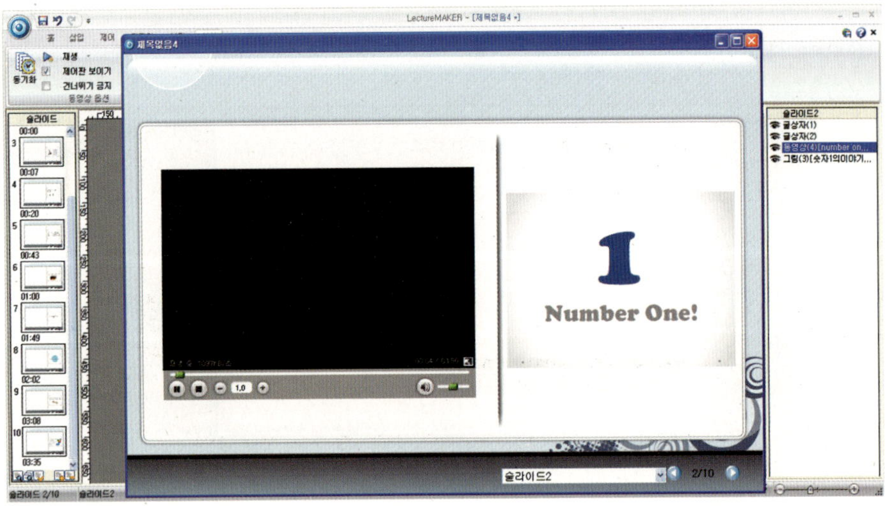

참고 콘텐츠 실행 단축키

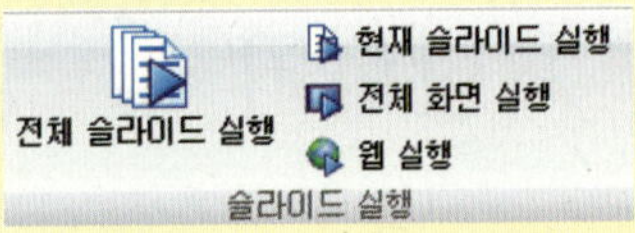

① 전체 슬라이드 실행 : F5
② 현재 슬라이드 실행 : Shift + F5
③ 전체 화면 실행 : Ctrl + F5
④ 웹 실행 : Alt + F5

STEP›› 6 완성된 콘텐츠 실행 및 저장하기 II

완성된 콘텐츠를 저장해보겠습니다.

1 다른 이름으로 저장하기

렉처메이커 단추를 클릭하여 [다른 이름으로 저장]을 클릭하여 원본저장을 합니다.

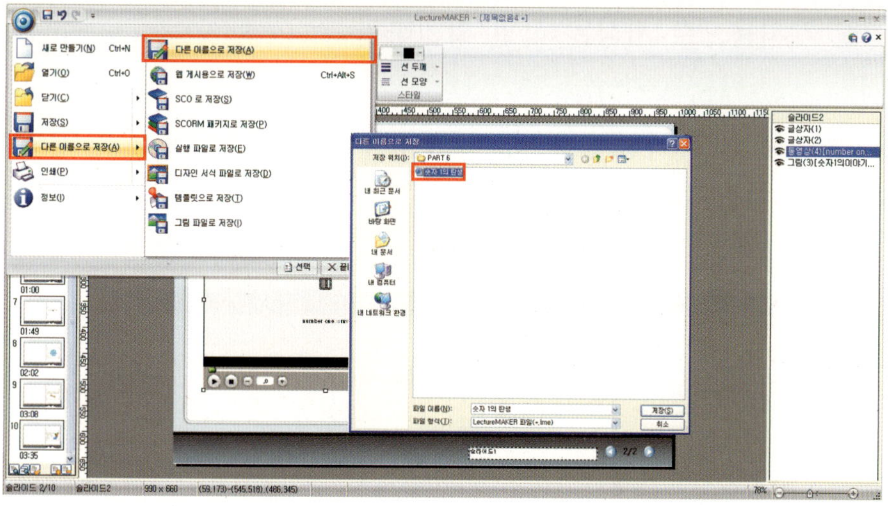

2 웹 게시용으로 저장하기

렉처메이커 단추를 클릭하여 [다른 이름으로 저장]-[웹 게시용으로 저장]을 클릭하여 html 형식으로 저장합니다. 이 때 파일 형식을 HTML로 지정해 줍니다.

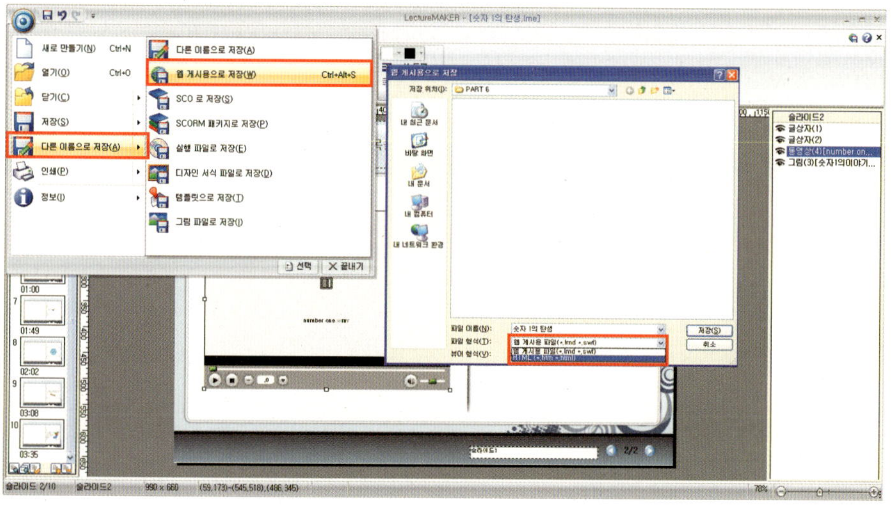

3 웹 게시용으로 저장된 파일 확인하기

웹 게시용(html)로 저장하면, 관련 파일이 3개가 생성됩니다. 웹 게시 시에는 생성된 파일을 웹 서버에 동일한 경로로 업로드 합니다.

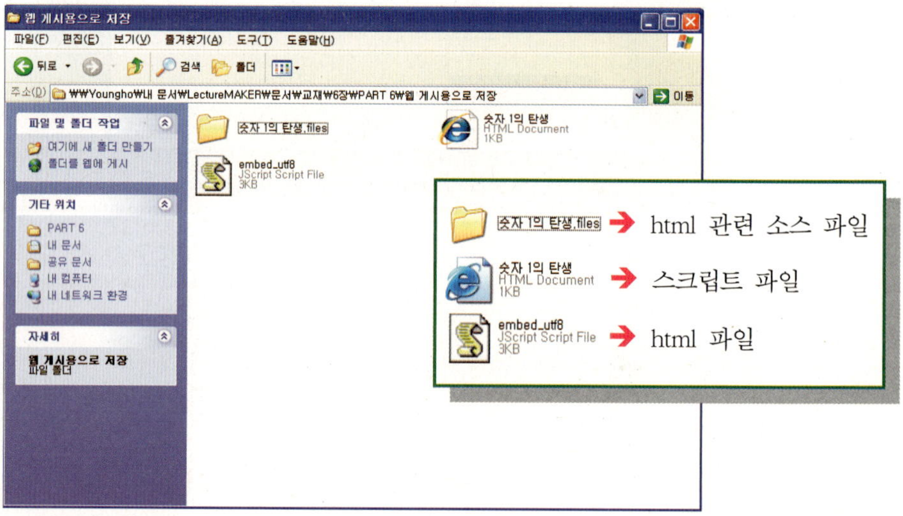

LECTURE MAKER ...

C/H/A/P/T/E/R

07

고대 7대 불가사의

STEP BY STEP

STEP 1. 슬라이드 마스터에 배경그림 삽입하기
STEP 2. 제목 슬라이드 완성하기 I
STEP 3. 제목 슬라이드 완성하기 II
STEP 4. 파워포인트 문서 삽입하기
STEP 5. 소리 삽입하기
STEP 6. 소리 동기화 설정하기
STEP 7. 목차 단추 삽입하기
STEP 8. 완성된 콘텐츠 실행 및 저장하기

SUBJECT

이번 장에서는 파워포인트 문서와 소리를 삽입하여 고대 7대 불가사의 콘텐츠를 작성해 보도록 하겠습니다. 삽입한 파워포인트 문서와 소리를 동기화하고, 목차단추 삽입을 통해 손쉽게 목차를 알아보고 이동할 수 있도록 만들어 보겠습니다.

SUMMARY

1. 슬라이드 마스터에 배경그림 삽입하기
2. 파워포인트 문서 삽입하기
3. 소리 삽입하기
4. 소리 동기화 설정하기
5. 목차 단추 삽입하기

STEP›› 1 슬라이드 마스터에 배경그림 삽입하기

슬라이드 마스터에서 [제목 마스터]와 [본문 마스터]에 배경그림을 삽입해 보겠습니다.

1 슬라이드 마스터 보기

슬라이드창의 [슬라이드]를 클릭하여 [슬라이드 마스터] 보기로 전환합니다.

2 제목 마스터 배경 설정하기 1

[제목 마스터]를 클릭한 후 슬라이드 화면에서 마우스 오른쪽을 클릭한 후 [슬라이드 마스터 속성]을 클릭합니다. 다음 마스터 배경을 [PART7] → [back01.jpg]로 지정합니다.

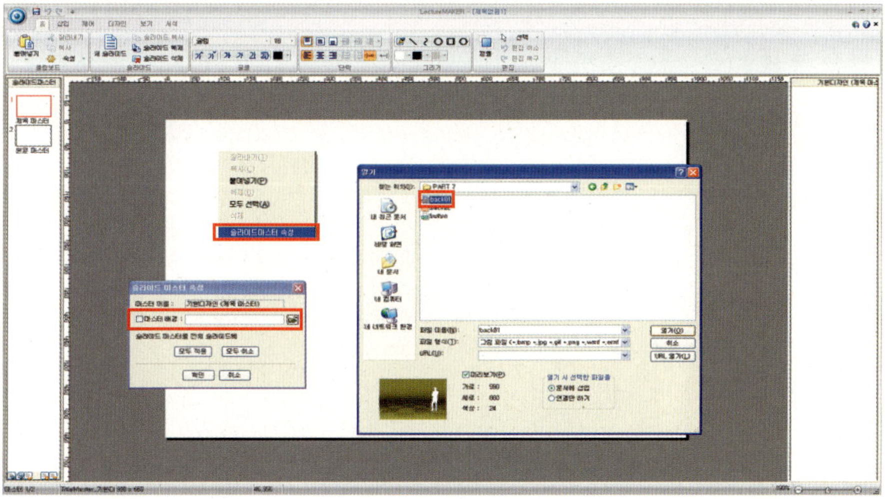

3 제목 마스터 배경 설정하기 2

제목 마스터 배경을 삽입한 상태입니다. [확인]을 클릭하면 배경으로 지정됩니다.

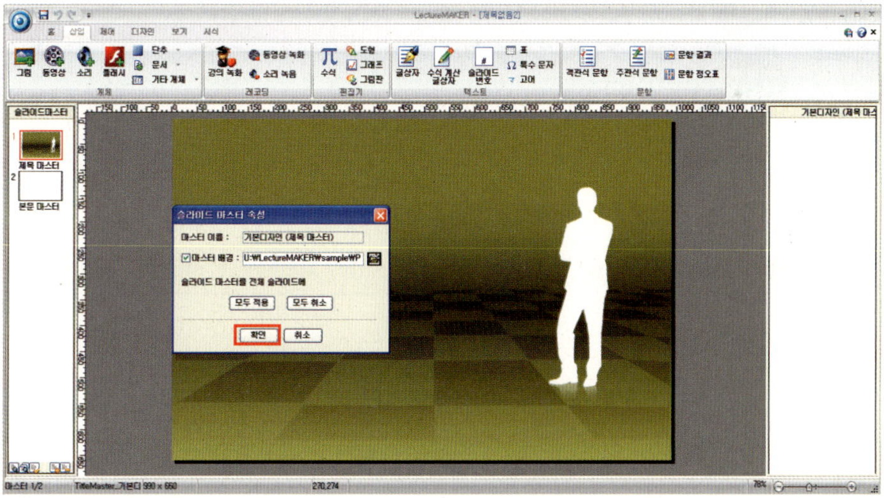

4 본문 마스터 배경 설정하기

[본문 마스터]에도 동일하게 배경을 지정해줍니다. 다음은 본문 마스터에 [PART7] → [back02.jpg]를 지정한 모습입니다.

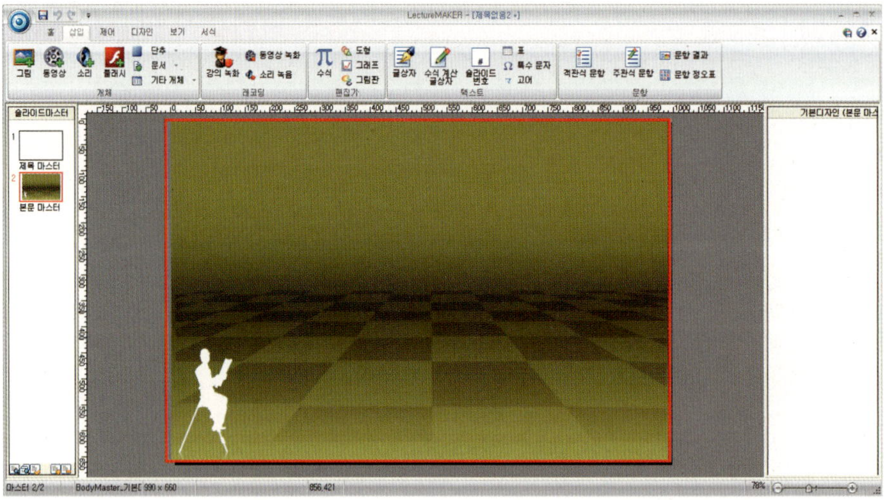

STEP›› 2 제목 슬라이드 완성하기 I

제목 슬라이드에 글상자를 삽입해 보겠습니다.

1 글상자 삽입하기

[삽입]탭에서 [글상자]명령을 클릭하여, 원하는 크기만큼 드래그하여 글 상자를 생성 한 후 글자를 입력합니다.

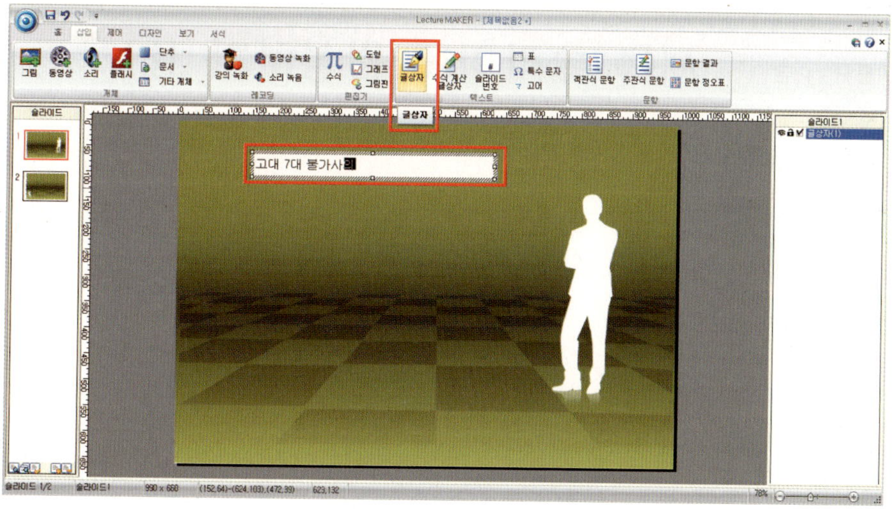

2 글상자 세부 속성 수정하기

작성된 글상자는 [홈]탭에서 글자 모양, 크기 및 정렬 등을 수정할 수 있습니다. 글상자 내의 글자를 드래그 한 후 사용자가 원하는 모양으로 수정합니다.

STEP›› 3 제목 슬라이드 완성하기 II

제목 슬라이드에 그림 단추를 삽입해 보겠습니다.

1 단추 개체 속성창 열기

[삽입] 탭에서 [단추]-[일반 단추]명령을 클릭하여, 드래그하여 일반 단추를 생성시킨 후 단추의 오른쪽 버튼을 클릭하여 [개체 속성]창을 열어줍니다.

2 단추 개체 속성 변경하기

개체 속성창에서 단추 이름은 빈칸으로 두고, 단추 모양은 그림 단추로 선택합니다. 마우스가 단추 위에 없을 때 그림은 [PART7] → [button.png] 파일로 지정해준 후, 단추를 눌렀을 때는 '다음 슬라이드로 이동'을 설정한 후 확인을 클릭합니다.

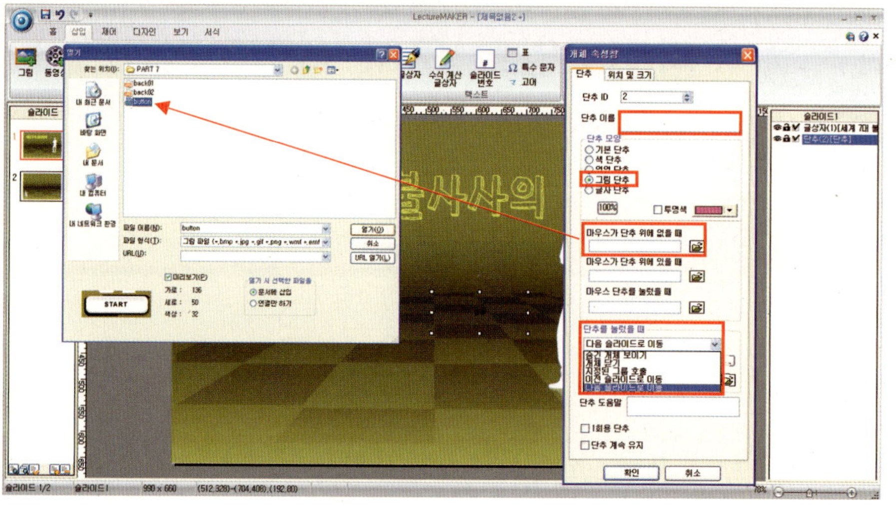

3 그림 단추 위치 수정하기

제목 슬라이드에서 그림 단추를 적정한 곳으로 드래그하여 위치시킵니다.

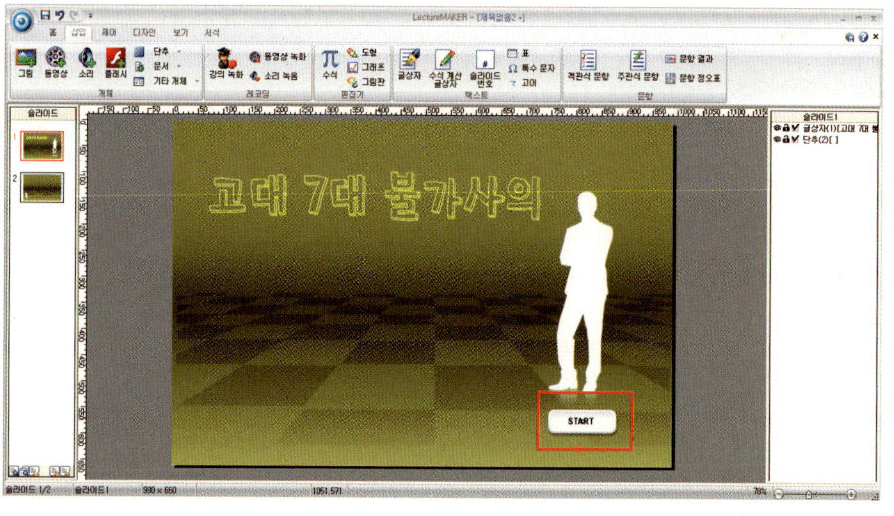

STEP〉〉 4

파워포인트 문서 삽입하기

제목 슬라이드에 그림 단추를 삽입해 보겠습니다.

1 PPT 문서 열기

[삽입] 탭에서 [문서]-[파워포인트] 명령을 클릭한 후, 파워포인트 문서가 위치할 영역을 드래그를 통해서 설정해 줍니다. 설정해준 후 [PART7] → [고대 7대 불가사의.ppt]를 선택하여 열기를 클릭합니다.

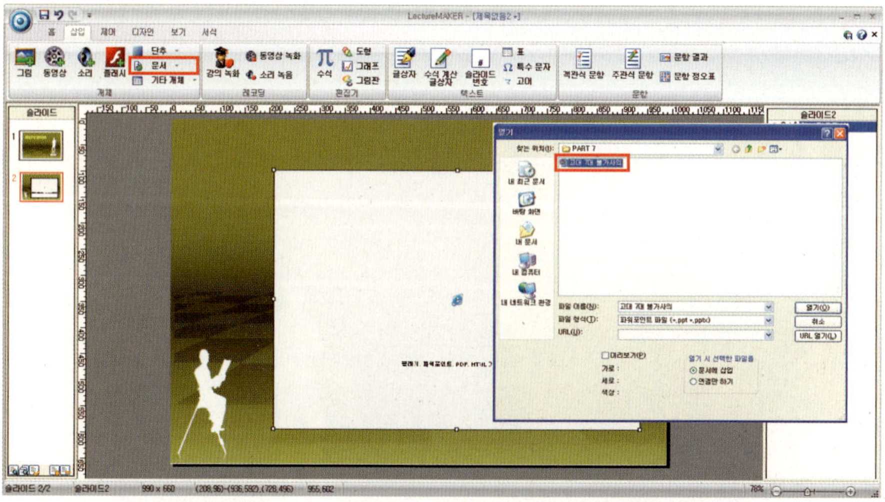

2 PPT 문서 가져오기

파워포인트 문서 가져오기창에서 삽입 종류를 [그림으로] 한 후 모두 가져오기를 클릭합니다.

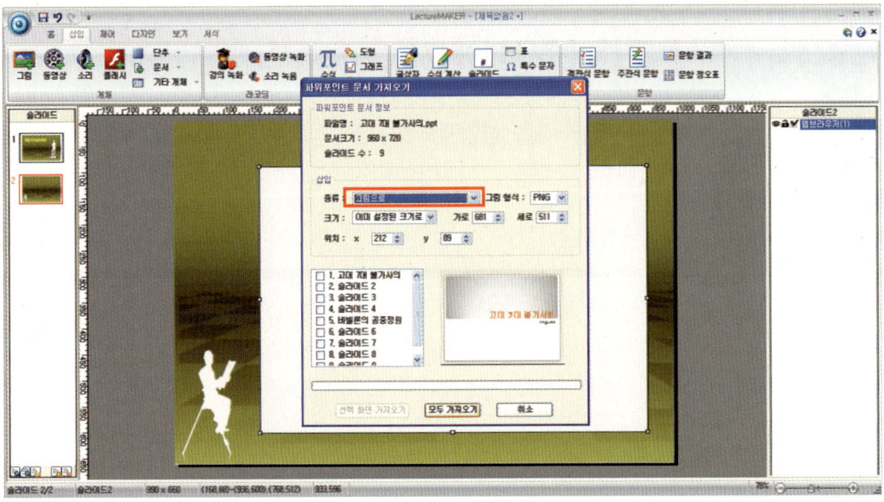

3 가져온 PPT 확인하기

파워포인트 슬라이드 수 만큼 렉처메이커 슬라이드 수가 생성된 것을 볼 수 있습니다.

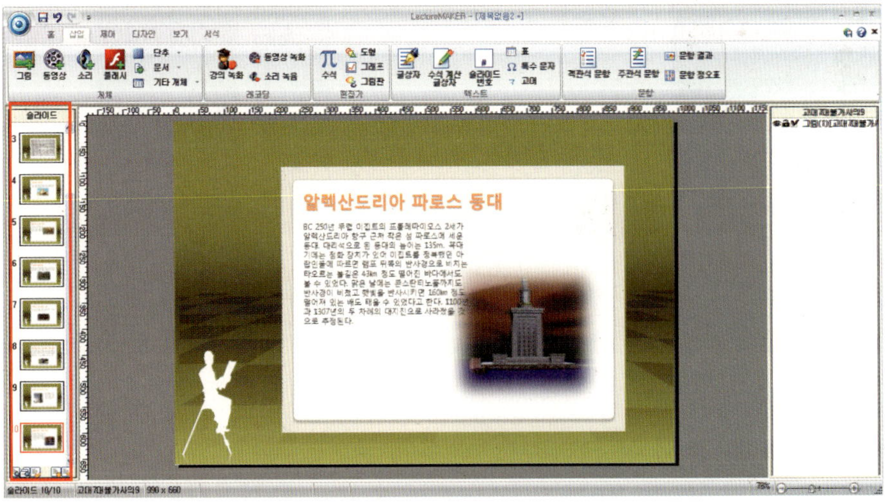

STEP›› 5

소리 삽입하기

슬라이드에 소리를 삽입해보겠습니다.

1 소리 파일 삽입하기

2번 슬라이드에서 [삽입]-[소리]를 클릭하여 [PART7] → [나래이션.wma] 파일을 선택하여 열어줍니다.

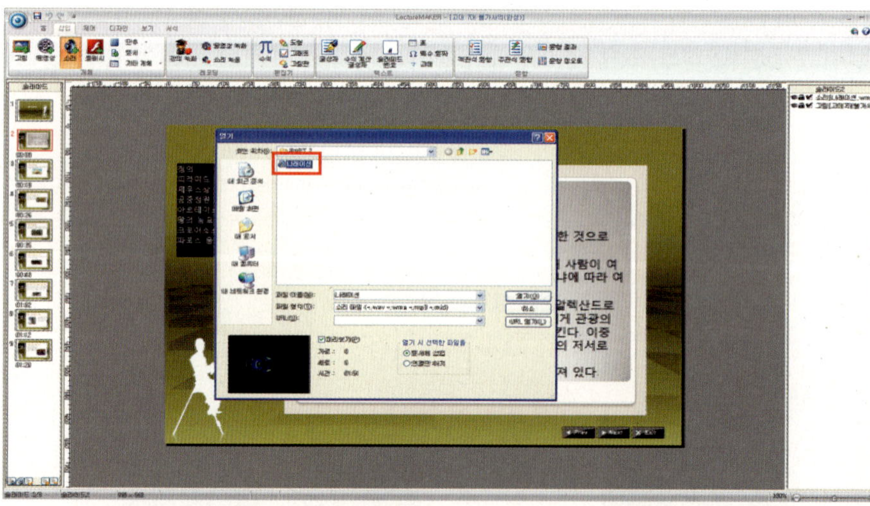

2 소리 개체 순서 변경하기

2번 슬라이드에 소리가 삽입된 것을 확인할 수 있습니다. 소리 재생을 가장 먼저 실행시키기 위해, 개체 목록창에서 소리를 드래그하여 가장 맨 위로 올립니다.

STEP ›› 6 소리 동기화 설정하기

소리의 동기화를 설정해줍니다.

1 동기화 설정창 열기

삽입된 소리 파일에서 마우스 오른쪽 버튼을 클릭하여 [개체 속성]을 클릭합니다. 개체 속성 창에서 [동기화 설정]을 클릭합니다.

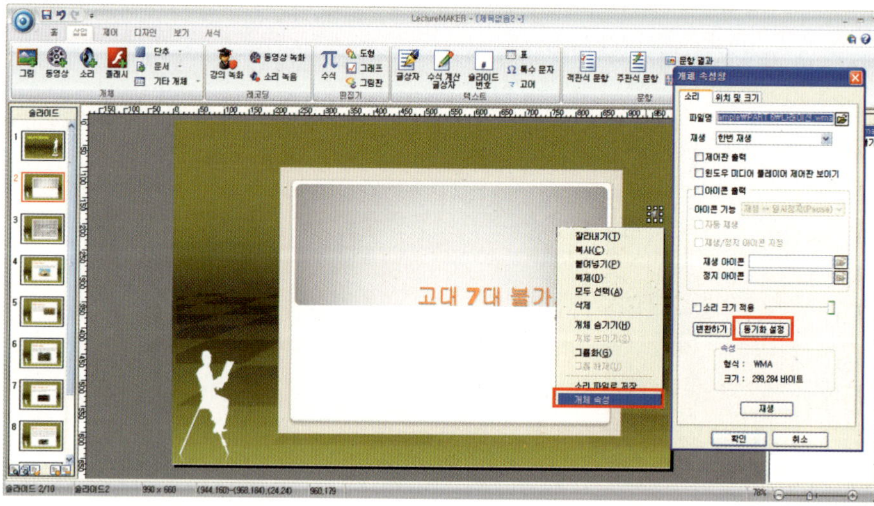

2 동기화 설정하기

동영상 동기화창이 나타나면, 소리 재생 버튼을 클릭한 후, 음성에 맞추어 동기화 시킬 슬라이드 번호에서 동기화 버튼을 클릭하면 왼쪽에 동기화 시각이 나타납니다. 동기화 시각을 파워포인트 슬라이드와 모두 맞추었으면 확인을 클릭합니다.

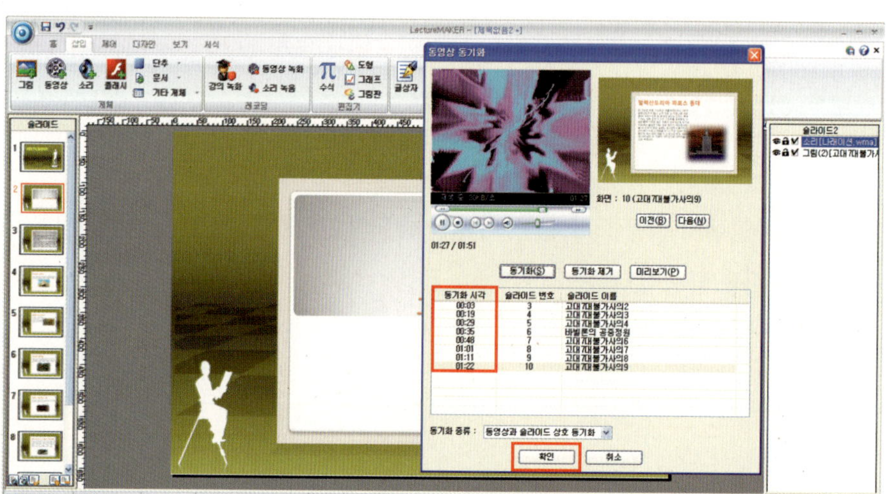

3 소리 개체 속성창 변경하기

슬라이드 하단에 동기화 시각이 나타나며, 개체 속성창이 나옵니다. [제어판 보이기] 박스에 체크를 해제한 후 확인을 클릭합니다.

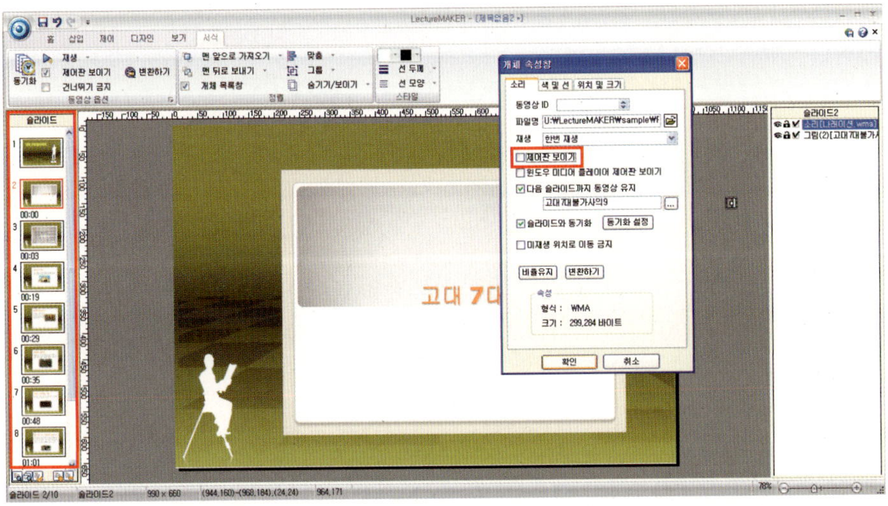

… 참고 동기화 개체 속성창을 알아봅시다.

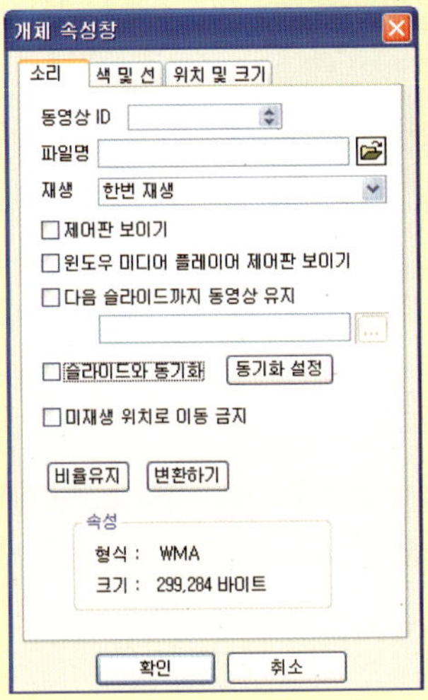

① 제어판 보이기 : 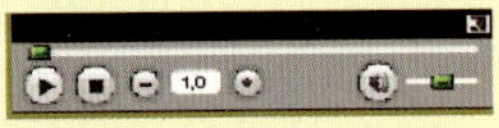 그림과 같이 기본적인 재생을 할 수 있는 제어판이 화면에 나타납니다.

② 윈도우 미디어 플레이어 제어판 보이기 :

 그림과 같이 윈도우 미디어 플레이어의 제어판이 화면에 나타납니다.

③ 다음 슬라이드까지 동영상 유지 : 동영상 및 소리의 재생이 끝나는 시점을 제어해 줍니다.

④ 슬라이드와 동기화 : 동기화 설정을 할 수 있는 창으로 이동합니다.

⑤ 미재생 위치로 이동 금지 : 제어판의 검색바를 임의의 위치로 드래그하여 동영상 보기를 빨리 끝내는 것을 막게 합니다.

STEP›› 7 목차 단추 삽입하기

현재 학습 위치를 알 수 있고, 학습자가 원하는 위치로 손쉬운 이동이 가능한 목차 단추를 삽입하여 보겠습니다.

1 슬라이드 마스터 보기

반복되는 목차 단추를 삽입하기 위해 슬라이드창의 [슬라이드]를 클릭하여 슬라이드 마스터 보기로 전환합니다.

2 목차 단추 삽입하기

[삽입]탭의 [단추]-[목차 단추]를 클릭하여 삽입될 목록 단추 크기만큼 슬라이드에 드래그해 줍니다. 드래그 할 때 삽입될 목록이 표시되므로 모두 나타날 수 있는 크기로 설정해줍니다.

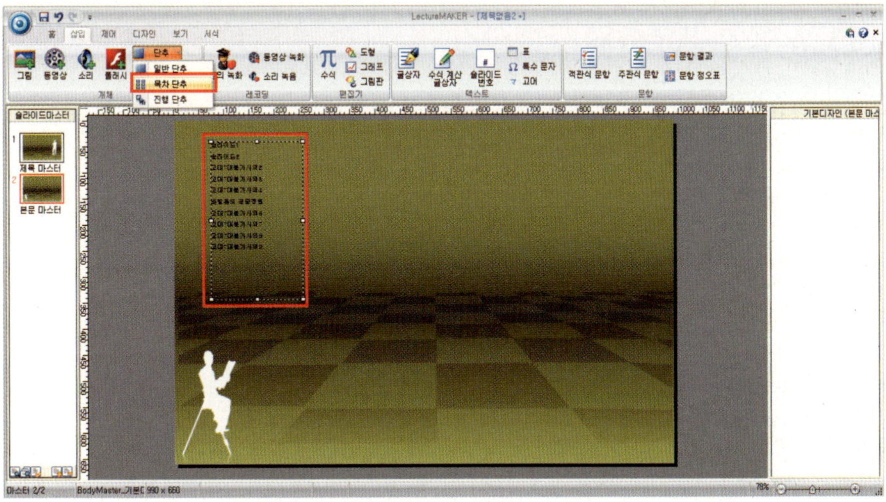

3 목차의 종류 및 이름 수정하기

삽입된 목차 단추에서 마우스 오른쪽 버튼을 클릭하여 [개체 속성]을 클릭합니다. [목차 단추] 창에서 목차의 종류 및 이름을 수정한 후 확인을 클릭합니다. 목차의 이름을 수정할 때에는 수정하고자 하는 목차 이름을 클릭하여 수정하면 됩니다.

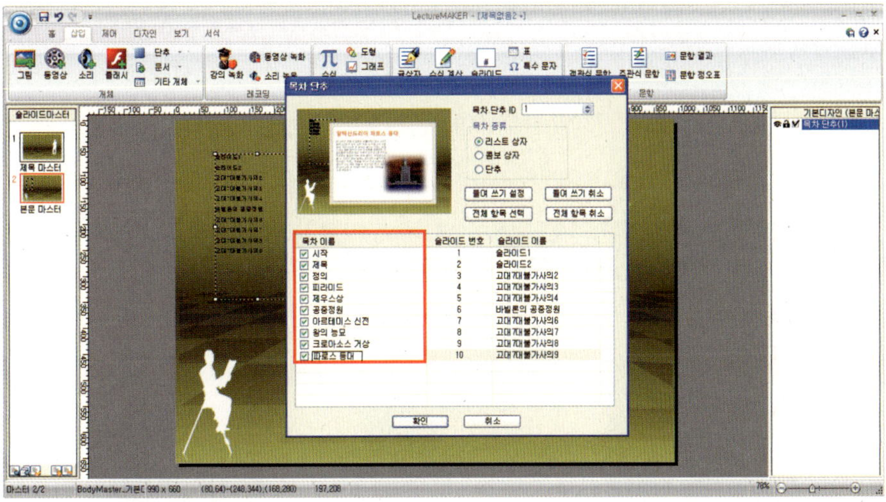

4 목차 단추 세부사항 수정하기

삽입된 목차 단추의 글꼴 및 색상, 배경색 등은 [홈]탭의 [글꼴], [단락], [그리기] 그룹에서 수정 가능합니다.

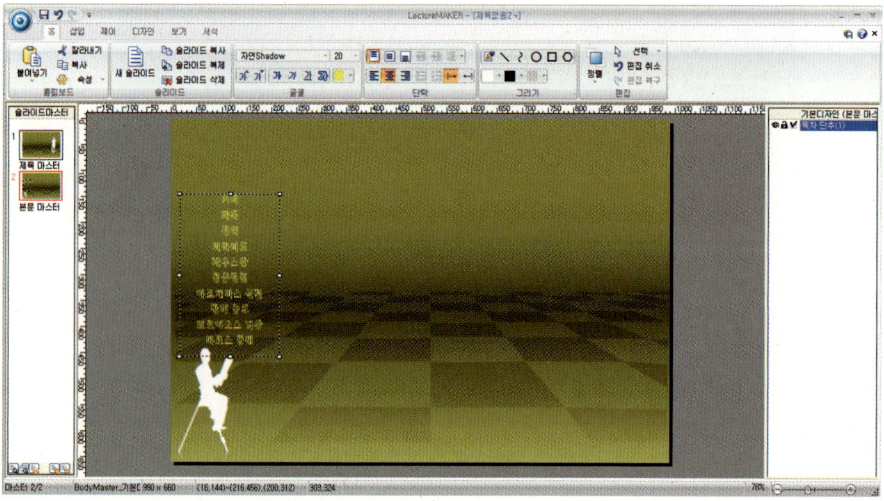

5 삽입된 목차 단추 확인하기

슬라이드 마스터를 클릭하여 기본 슬라이드 보기로 설정하면 1번을 제외한 2~9번 슬라이드에 목차 단추가 삽입된 것을 확인할 수 있습니다.

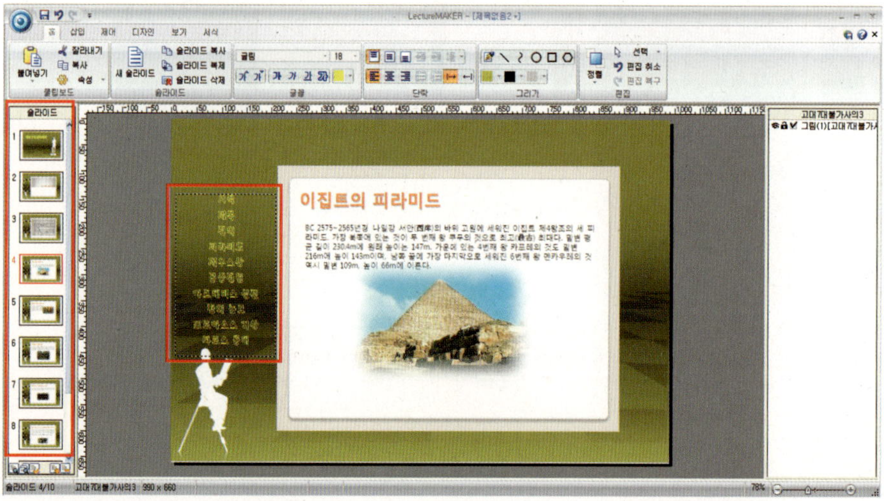

참고 목차 단추 개체 속성창 알아보기

- 들여 쓰기 설정 : 하위 목차를 나타내고자 할 때 사용합니다.
- 들여 쓰기 취소 : 들여 쓰기 설정한 부분을 취소합니다.
- 전체 항목 선택 : 목차 단추에 넣을 항목을 전체 선택합니다.
- 전체 항목 취소 : 목차 단추에 넣을 항목을 전체 선택 취소합니다.

리스트 상자	[실행 화면]
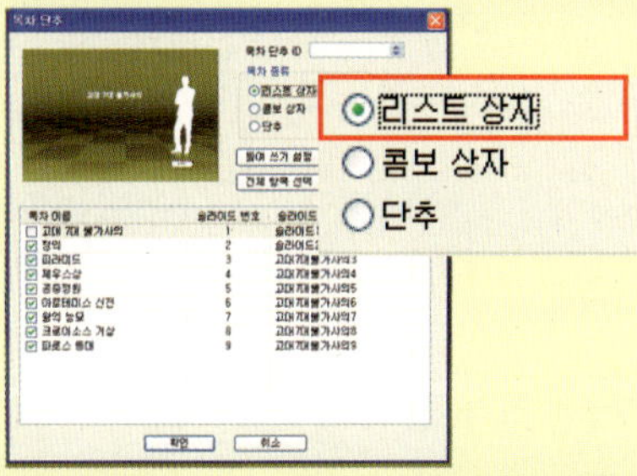	

콤보 상자	[실행 화면]
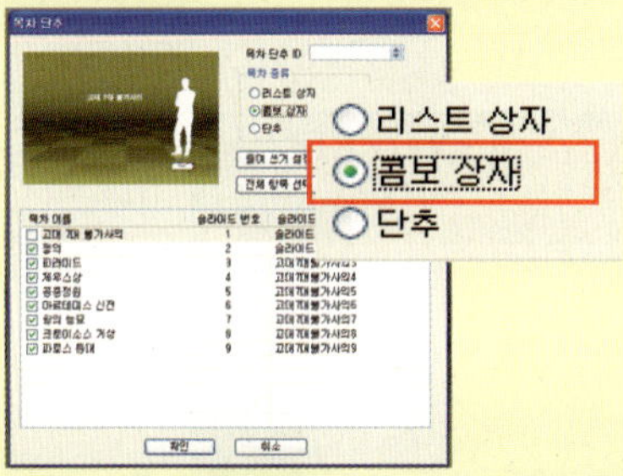	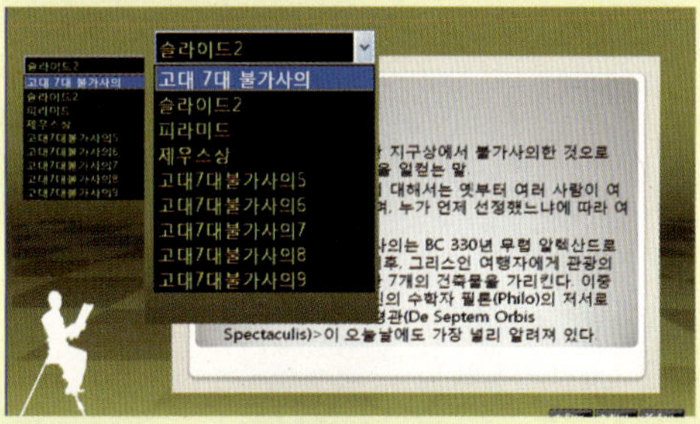

단추	[실행 화면]
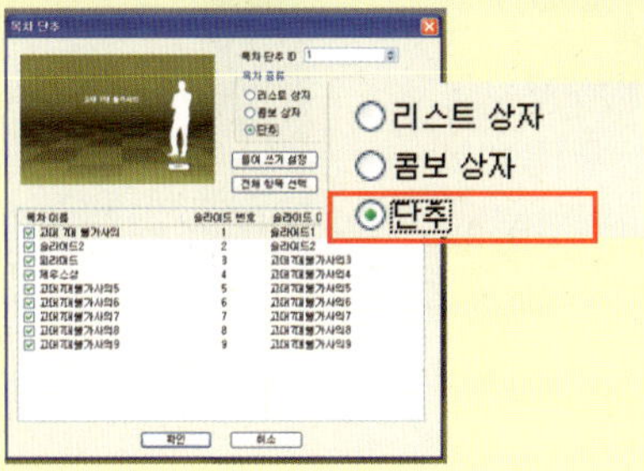	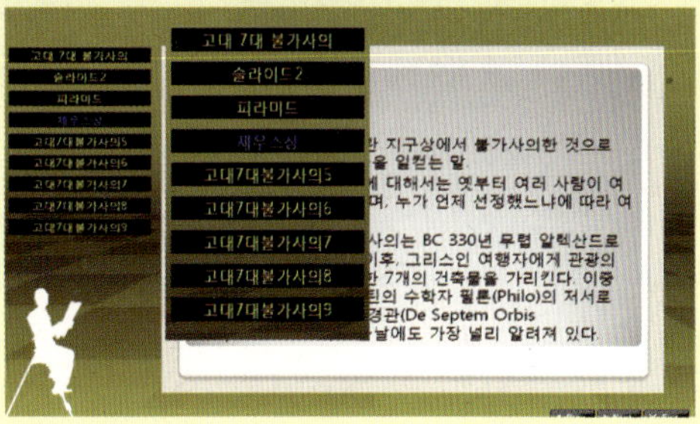

STEP›› 8 완성된 콘텐츠 실행 및 저장하기

완성된 콘텐츠를 실행 및 저장해보겠습니다.

1 전체 슬라이드 실행하기

[보기]탭-[전체 슬라이드 실행]을 클릭하면 완성된 콘텐츠가 동기화 시각에 맞추어서 슬라이드가 진행되는 것을 확인할 수 있습니다.

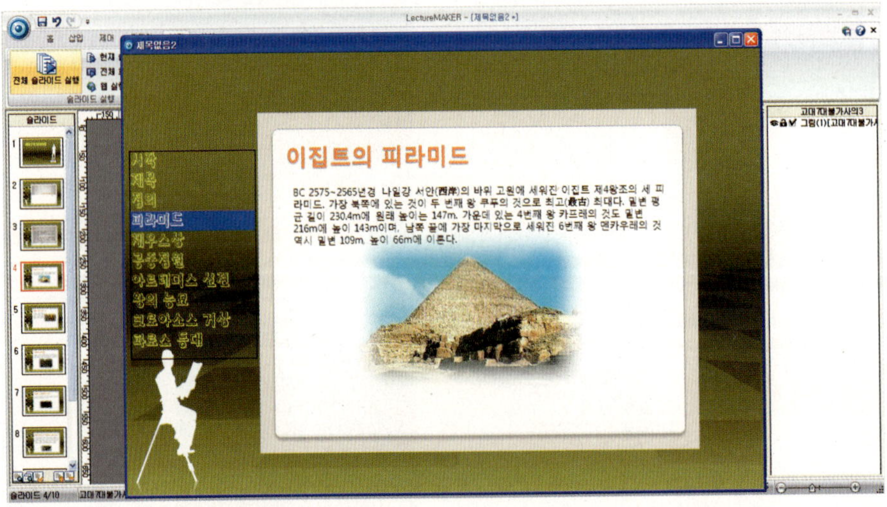

2 다른 이름으로 저장하기

렉처메이커 단추를 클릭하여 [다른 이름으로 저장]을 클릭하여 원본저장을 한 후, 웹 게시용으로 저장합니다.

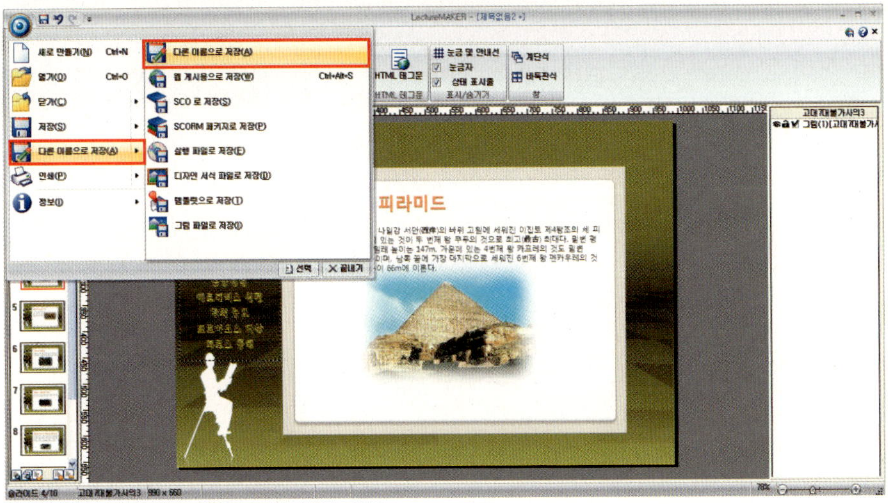
새로 만들기(N)
열기(O)
닫기(C)
저장(S)
다른 이름으로 저장(A)
인쇄(P)
정보(I)
다른 이름으로 저장(A)
웹 게시용으로 저장(W)
SCO 로 저장(S)
SCORM 패키지로 저장(P)
실행 파일로 저장(E)
디자인 서식 파일로 저장(D)
템플릿으로 저장(T)
그림 파일로 저장(I)
피라미드

C/H/A/P/T/E/R

08

배워보자! 인터넷검색!

STEP BY STEP

STEP 1. 슬라이드 마스터를 이용하여 배경 지정하기
STEP 2. 제목 슬라이드 완성하기 I
STEP 3. 제목 슬라이드 완성하기 II
STEP 4. 본문 슬라이드 완성하기 I
STEP 5. 본문 슬라이드 완성하기 II
STEP 6. 본문 슬라이드 완성하기 III
STEP 7. 본문 슬라이드 완성하기 IV
STEP 8. 완성된 콘텐츠 저장 및 실행하기

SUBJECT

이번 장에서는 그림 삽입 및 제어하기와 각종 단추 삽입하기를 이용하여 배워보자! 인터넷 검색!을 만들어 보겠습니다. 각종 단추 삽입과 단추의 여러 동작을 실행하여 효과적인 콘텐츠를 구성하여 보겠습니다.

SUMMARY

1. 그림 삽입 및 제어하기
2. 애니메이션 효과 적용하기
3. 각종 단추 삽입하기
   - 영역 단추
   - 그림 단추
   - 글자 단추

STEP>> 1

슬라이드 마스터를 이용하여 배경 지정하기

슬라이드 마스터를 이용하여 제목 마스터와 본문 마스터에 배경을 지정해 보겠습니다.

1 제목 마스터 배경 삽입하기

[슬라이드 마스터]를 클릭하여 [슬라이드 마스터 보기]로 전환한 후, [제목 마스터]에서 [슬라이드 속성]을 클릭하여 [마스터 배경]을 [PART8]→[back01.jpg]로 지정해 줍니다.

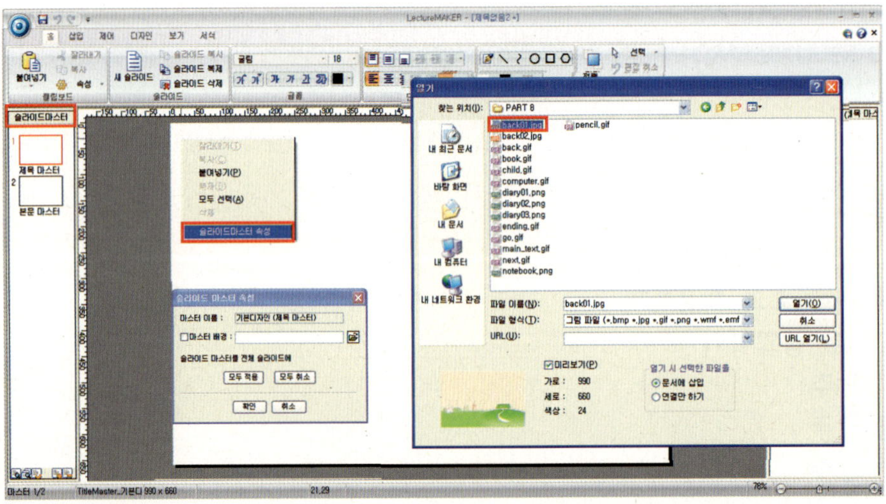

2 본문 마스터 배경 삽입하기

[본문 마스터]의 배경도 [제목 마스터]와 같은 방식으로 [배경그림]을 [PART8]→[back02.jpg]로 설정해 줍니다.

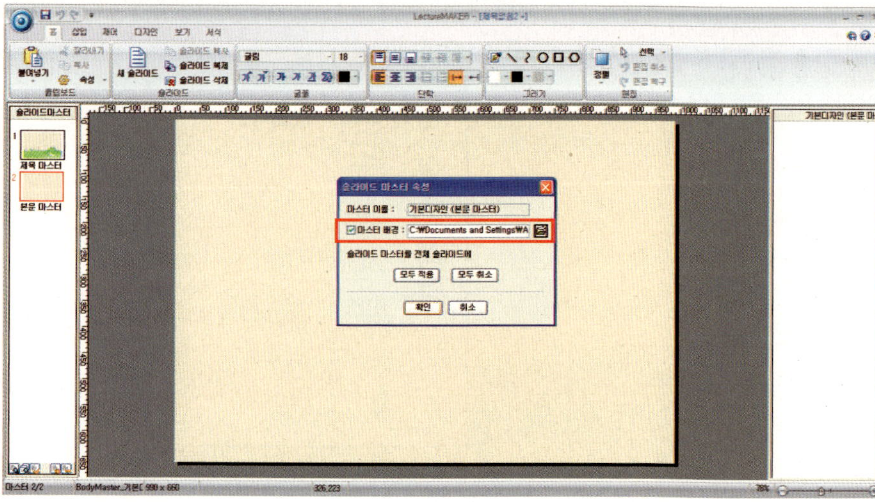

STEP›› 2 제목 슬라이드 완성하기 Ⅰ

제목 슬라이드에 그림을 삽입하고 애니메이션 효과와 그림 제어를 해보겠습니다.

1 1번 슬라이드에 그림 삽입하기

[슬라이드 보기]로 전환하고 4번 슬라이드까지 추가해줍니다. 1번 슬라이드를 선택하고 [삽입]탭의 [그림] 명령을 클릭하여, [PART8] → [pencil.gif] 파일을 열어줍니다.

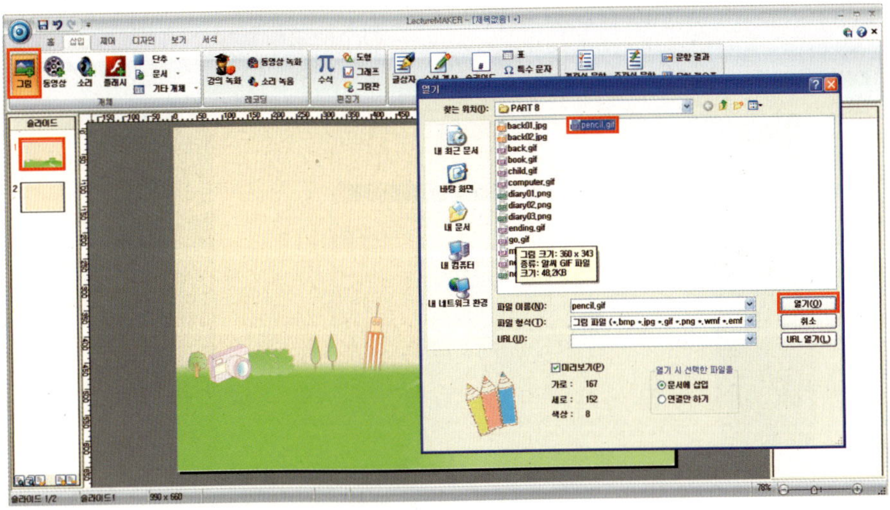

2 그림 파일 삽입하기

다음 화면과 같이 제목 슬라이드 완성을 위해 예제 폴더에서 객체 목록창에 나타난 그림 파일을 찾아 순서대로 삽입합니다.

3 애니메이션 효과 삽입하기

그림에 각각의 애니메이션 효과를 삽입하기 위해서 해당 그림을 선택한 후 [서식]탭의 [애니메이션]그룹에서 적절한 애니메이션을 삽입해 줍니다.

··· 참고 슬라이드 전환 효과/애니메이션 효과 알아보기

효과	내용	효과	내용	효과	내용
	일정한 방향으로 닦아내기		줄무늬로 짜기		불규칙 격자로 나타내기
	일정한 방향의 계단 모양으로 개체 나타내기		개체 감기		바둑판 무늬로 나타내기
	줄무늬로 개체 나타내기		개체 펼치기		파동모양으로 나타내기
	밖에서 안으로 들어오기		확대하기		원모양으로 나타내기
	회전하기		떨어지기		레이더 모양으로 나타내기
	리본 모양으로 나타내기		블라인드로 나타내기		마주보며 파동 모양으로 겹치기
	일정한 방향으로 개체 내밀기		체크 블럭 무늬로 나타내기		RANDOM
	일정한 방향으로 개체 날아오기		불규칙 계단 무늬로 나타내기		효과 적용 없음

※ 각각의 효과는 방향( ), 속도( ), 간격( ) 의 세부 명령을 통해서 조절할 수 있습니다.

4 시간 제어 설정하기 1

각 그림에서 애니메이션 효과가 잘 드러날 수 있도록 각각의 그림에 '시간 제어'를 해보겠습니다. [제어]탭에서 [일시정지]명령 버튼을 클릭합니다. 각각 그림의 애니메이션과 조화를 이루기 위해서 [시간 대기 1초 후 진행] 버튼을 클릭합니다.

5 시간 제어 설정하기 2

일시정지 명령을 각각의 그림 하단에 삽입해 줍니다. 이 때 일시정지 명령을 복사(Ctrl + C) / 붙여넣기 (Ctrl + V)로 삽입해 줄 수 있습니다.

STEP›› 3

제목 슬라이드 완성하기 II

만들어진 제목 슬라이드에 그림 단추 및 배경음악을 삽입해 보겠습니다.

1 그림 단추 삽입하기

제목 슬라이드에서 '다음 슬라이드로 이동'을 하기 위한 [단추]를 삽입해 보겠습니다. [삽입] 탭에 [단추]-[일반 단추]를 선택하여, [그림 단추]로 삽입해 줍니다.

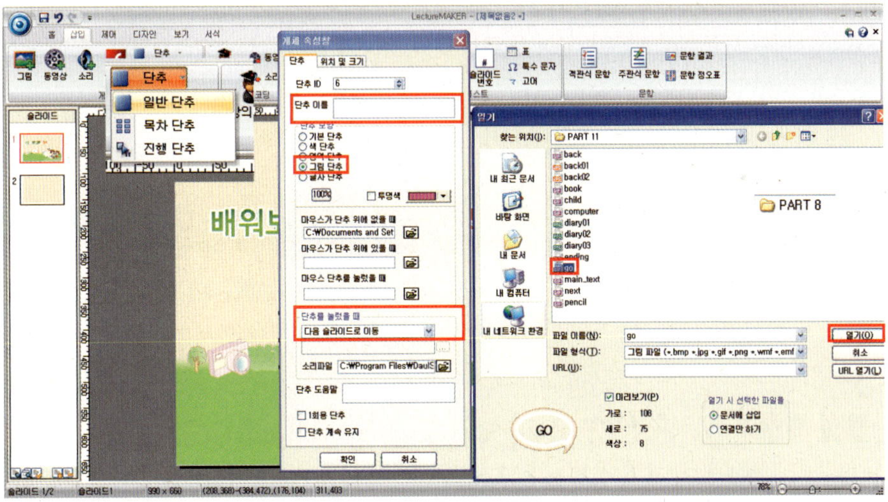

2 배경음악 삽입하기

배경음악 삽입을 위해 [삽입]탭 [소리]명령을 클릭하여 예제 파일 [PART8] → [intro.MID]을 삽입합니다.

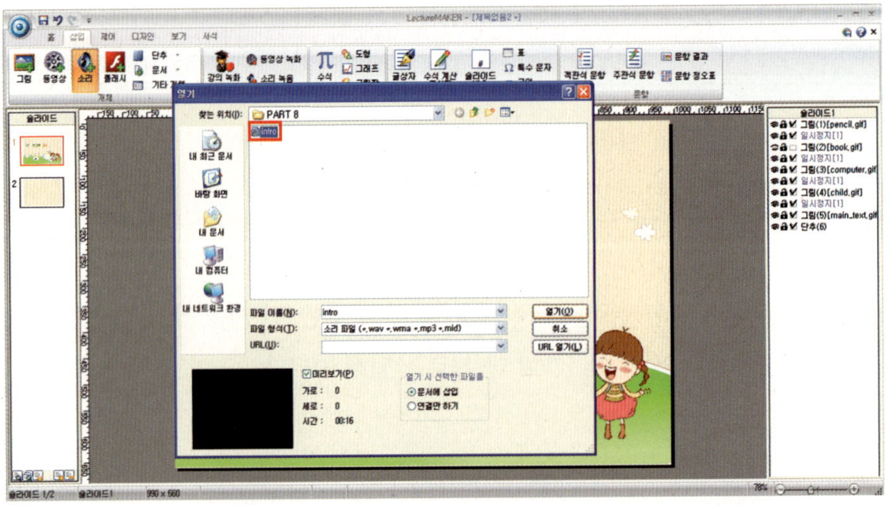

3 개체들 간의 순서 수정하기

배경음악이 먼저 실행되면서 각 개체들이 실행될 수 있도록, 소리 파일의 위치를 맨 위로 옮겨줍니다.

STEP›› 4 본문 슬라이드 완성하기 I

본문 슬라이드에 영역 단추를 삽입해 보겠습니다.

1 그림 파일 삽입하기

2번 슬라이드에 [삽입]탭 [그림]명령을 클릭하여, 그림 파일 [PART 8] → [diary01.png]를 삽입합니다.

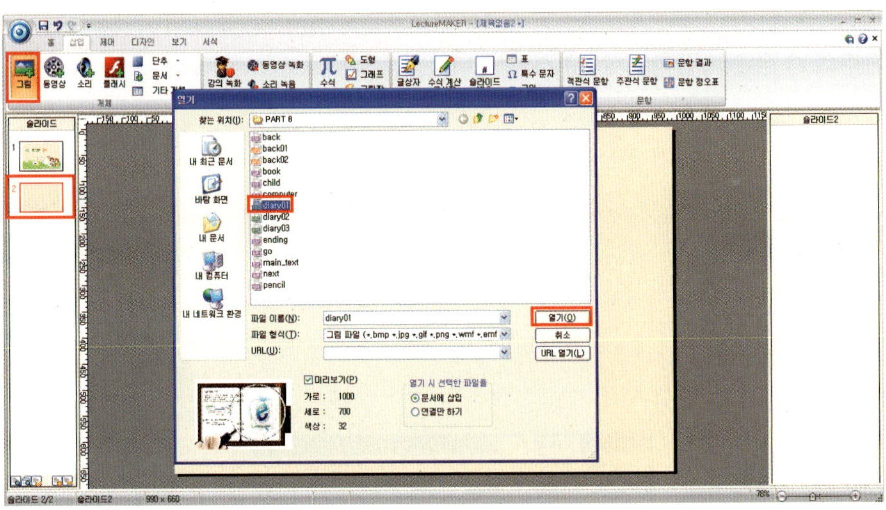

2 영역 단추 삽입하기

각 영역을 클릭하여 새로운 활동이 진행될 수 있도록, 영역 단추를 설정해 줍니다. 먼저 [삽입]탭의 [단추]-[일반 단추]명령을 클릭하여 영역 단추로 지정해 줄 영역을 설정해 줍니다.

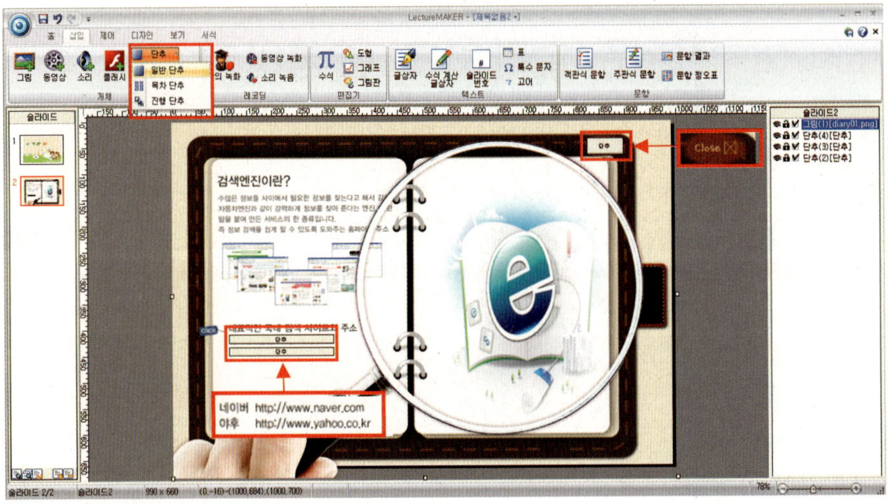

3 단추의 개체 속성 변경하기

각 단추의 속성을 다음과 같이 변경해 줍니다.

네이버 http://www.naver.com
야후 http://www.yahoo.co.kr

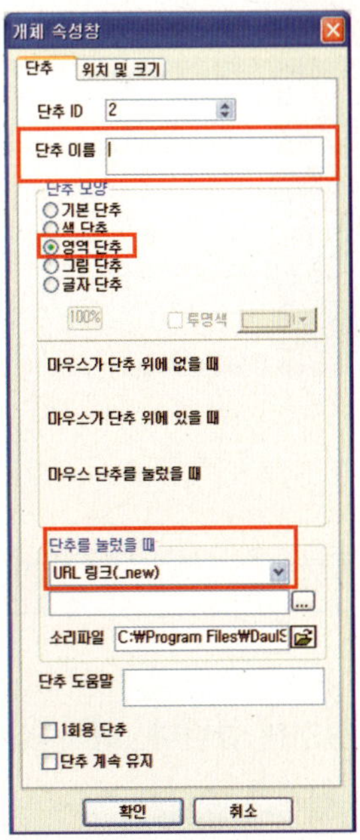

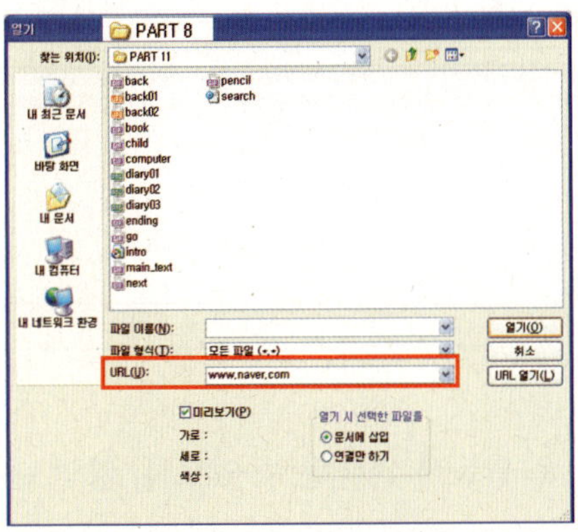

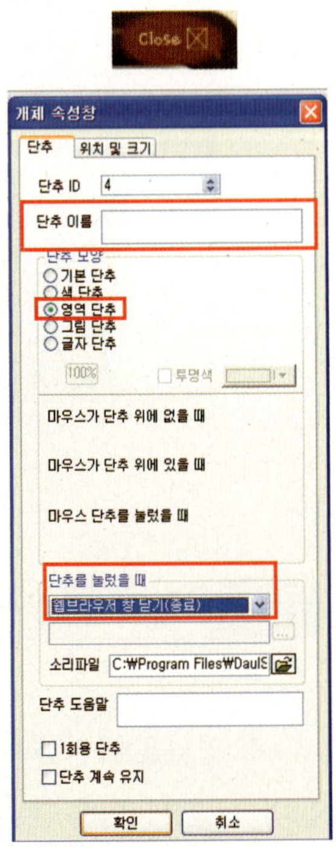

... 참고 각 단추 속성 알아보기

Ⅰ. 단추의 종류

1. 기본 단추 : 단추의 모양이 드래그한 상태 그대로 나타나는 단추입니다.
2. 색 단추 : 마우스가 단추 위에 있을 때, 없을 때, 눌렀을 때 각각 단추의 색이 변하는 단추입니다.
3. 영역 단추 : 단추가 투명한 상태이며, 단추 영역이 지정된 곳을 눌렀을 때 동작이 실행되는 단추입니다.
4. 그림 단추 : 단추의 모양을 사용자가 원하는 그림으로 변경시킬 수 있는 단추입니다.
5. 글자 단추 : 마우스가 단추 위에 있을 때, 없을 때, 눌렀을 때 글자의 색이 변하는 단추입니다.

Ⅱ. 단추를 활성화 했을 때 실행되는 동작

1. 숨긴 개체 보이기 : 개체를 숨기기 설정한 후, 숨긴 개체를 나타나게 하는 동작
2. 개체 닫기 : 슬라이드에 삽입된 개체를 닫는 동작
3. 지정된 그룹 호출 : 그룹화 된 개체들을 호출하는 동작
4. 이전 슬라이드로 이동/다음 슬라이드로 이동 : 슬라이드를 이동하게 하는 동작
5. 지정된 슬라이드로 이동/현재 슬라이드로 이동 : 슬라이드를 이동하게 하는 동작
6. 마지막으로 본 슬라이드로 이동/다른 슬라이드 연결 실행 : 슬라이드를 이동하게 하는 동작
7. 다른 파일(*.exe, *.html...) : 메모장, 계산기 등 다른 파일을 호출하게 하는 동작
8. URL링크(_new)/URL링크(_self) : 링크된 주소를 나타나게 하는 동작(새 창/현재 창)
9. 웹 브라우저에서 파일 다운로드 : 파일 다운로드 경로를 지정한 후 다운받게 하는 동작
10. 파일 직접 다운로드 : 파일 삽입 후 렉처메이커에서 직접 다운받게 하는 동작
11. 프로그램 종료 : 렉처메이커 프로그램을 exe형식에서 종료시키는 동작
12. 프로그램 일시정지/프로그램 재생 : 렉처메이커 프로그램 일시정지/재생하게 하는 동작
13. 웹 브라우저 창 닫기(종료) : 웹게시용 렉처메이커 프로그램 종료하게 하는 동작

STEP›› 5

본문 슬라이드 완성하기 II

본문 슬라이드에 그림 단추를 삽입해 보겠습니다.

1 그림 단추 삽입하기

단추를 이용하여 슬라이드를 이동할 수 있도록 그림 단추를 삽입하여 보겠습니다. [삽입]탭의 [단추]-[일반 단추]를 클릭하여 슬라이드 우측 하단에 다음과 같이 삽입합니다.

2 그림 단추 개체 속성 변경하기

삽입된 단추는 그림 단추로 설정하고 다음과 같이 설정합니다.

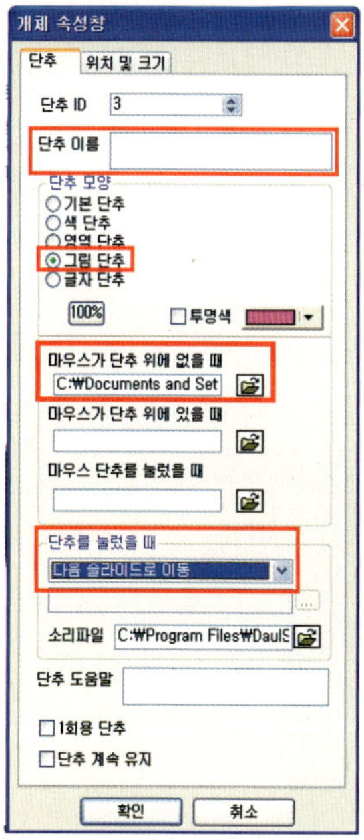

그림 파일 :
[PART8]→[back.gif]

단추를 눌렀을 때 :
이전 슬라이드로 가기

그림 파일 :
[PART8]→[next.gif]

단추를 눌렀을 때 :
다음 슬라이드로 가기

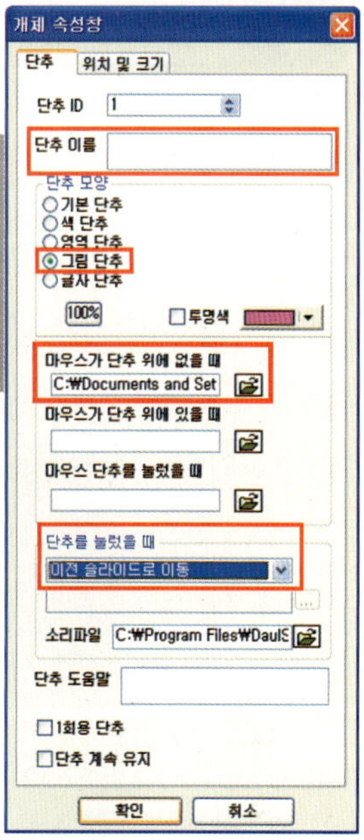

3 슬라이드 번호 삽입하기

각 슬라이드의 페이지 번호를 자동으로 계산해 주는 슬라이드 번호를 삽입하기 위해, [삽입] 탭의 [슬라이드 번호]명령을 클릭하여 단추 사이에 삽입합니다.

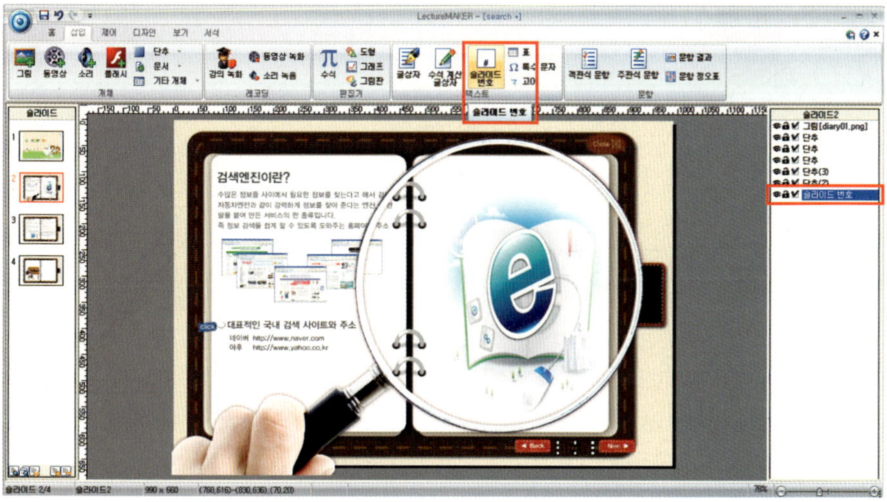

4 슬라이드 번호 서식 변경하기

슬라이드 번호 서식은 [홈]탭의 [글꼴], [단락], [그리기] 그룹에서 변경할 수 있습니다.

STEP〉〉6 본문 슬라이드 완성하기 Ⅲ

3번 슬라이드에 '다른 파일'을 실행 시킬 수 있는 단추를 삽입하고, 나머지 단추를 삽입하여 슬라이드를 완성해 보겠습니다.

1 3번 슬라이드 설정하기

그림 파일[PART8] → [diary02.png]과 단추를 삽입하여 3번 슬라이드를 만들겠습니다. 영역 단추와 그림 단추, 슬라이드 번호를 삽입합니다.

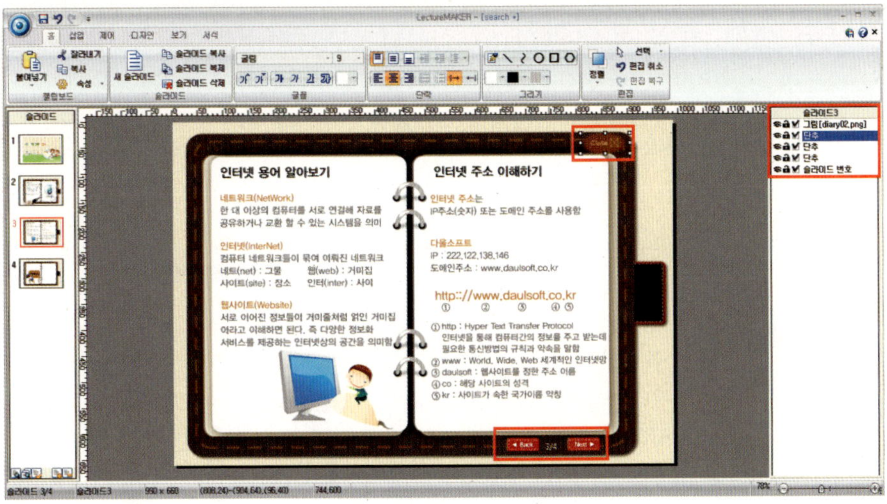

2 메모장 실행 단추 삽입하기

웹사이트와 관련된 내용을 학습자가 '메모장'에 저장할 수 있도록, 버튼을 클릭하면 '메모장'이 실행될 수 있도록 버튼을 삽입하겠습니다. [삽입]탭의 [단추]-[일반 단추]를 클릭하여 '단추 개체'를 삽입합니다.

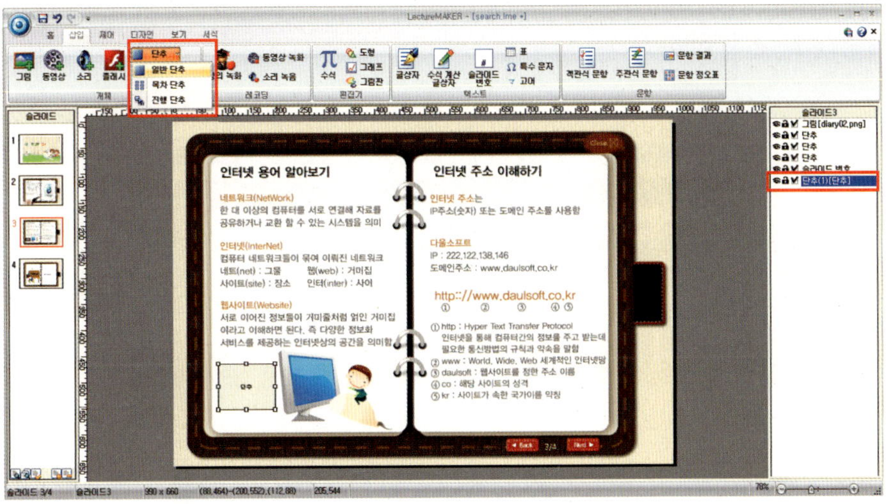

3 단추 개체 속성 변경하기

단추의 [개체 속성]을 다음과 같이 지정합니다.

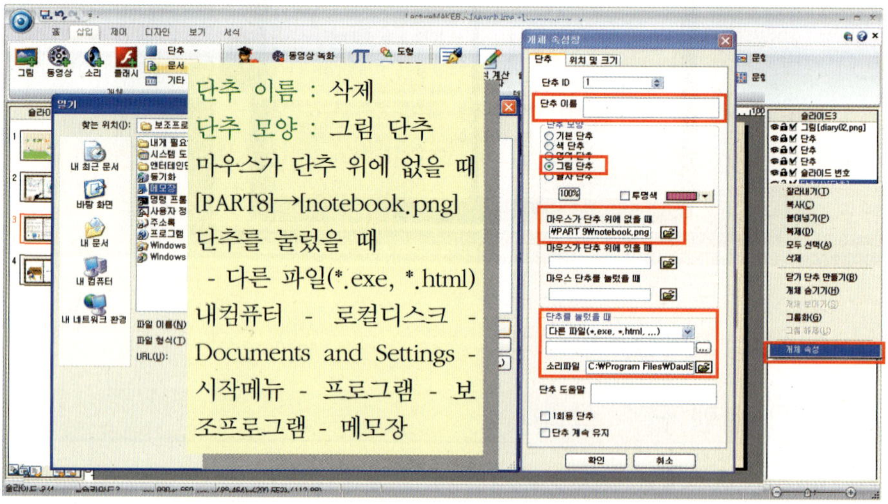

4 메모장 실행 단추 확인하기

다음과 같이 삽입된 모습을 볼 수 있으며, [현재 슬라이드부터 실행]을 통해서 메모장이 실행되는 것을 확인할 수 있습니다.

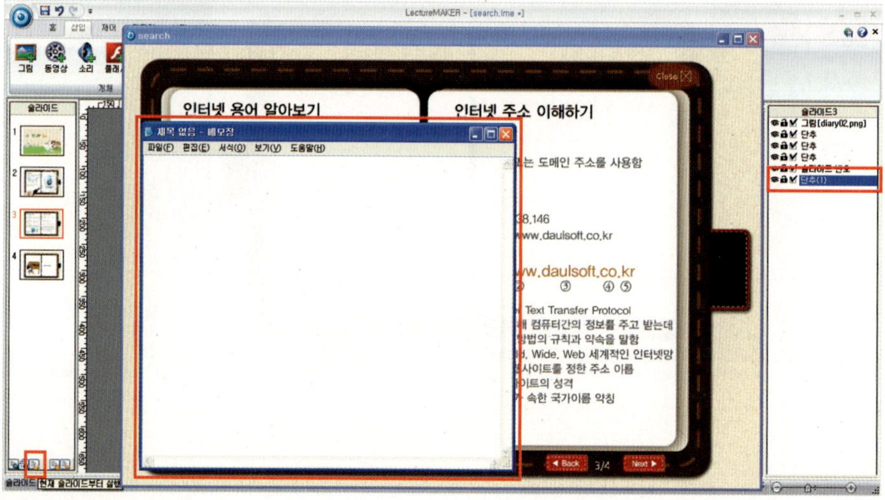

STEP›› 7 본문 슬라이드 완성하기 Ⅳ

4번 슬라이드에 그림을 삽입하고, '웹'상에서 '렉처메이커 매뉴얼'을 다운 받을 수 있는 단추를 삽입해 보겠습니다.

1 그림 파일 및 영역 단추 삽입하기

그림 파일[PART8] → [ending.gif]과 영역 단추를 삽입하여 4번 슬라이드를 만들겠습니다.

2 일반 단추 삽입하기

웹 상에서 매뉴얼을 다운받을 수 있는 버튼을 만들고, 클릭하면 '메모장'이 실행될 수 있도록 하겠습니다. [삽입]탭의 [단추]-[일반 단추]를 클릭하여 단추 개체를 삽입합니다.

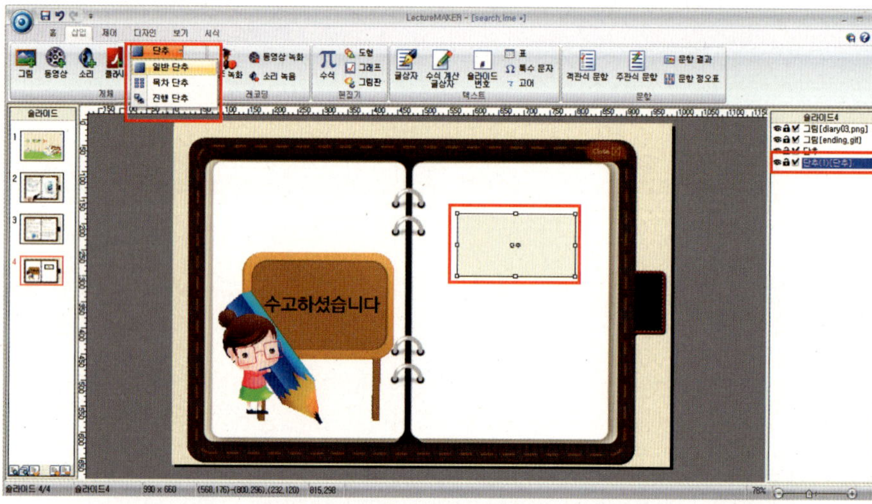

3 단추 개체 속성 변경하기

단추의 [개체 속성]을 다음과 같이 지정합니다.

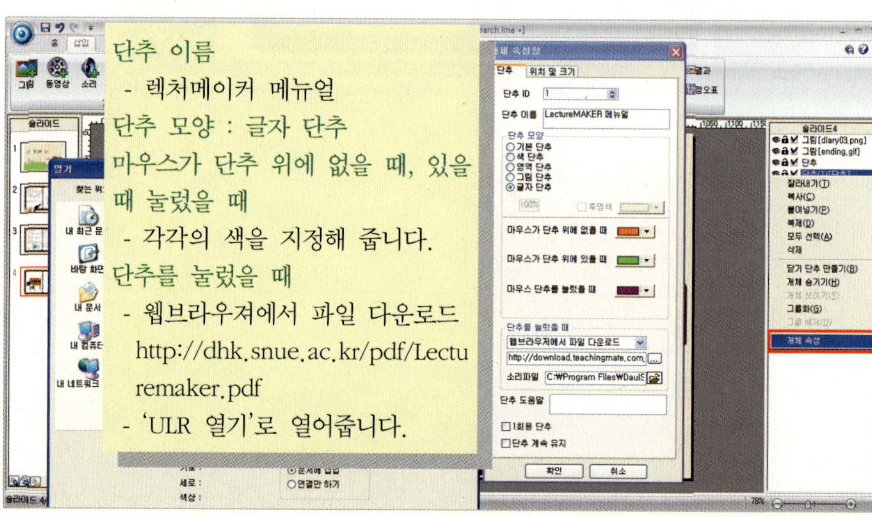

4 단추 서식 변경하기

다음과 같이 삽입된 모습을 볼 수 있으며, 글자 모양은 [홈]탭의 [글꼴], [단락]에서 수정할 수 있습니다.

STEP›› 8 완성된 콘텐츠 저장하기

완성된 콘텐츠를 저장하고 실행해보겠습니다.

1 다른 이름으로 저장하기

완성된 콘텐츠를 [다른 이름으로 저장]하여 원본을 저장합니다.

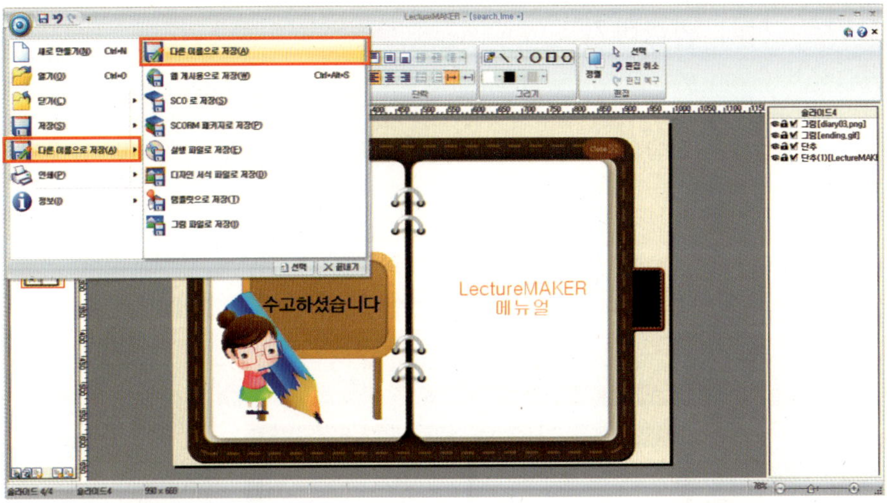

2 웹 게시용으로 저장하기

웹에 게시하기 위해서 [다른 이름으로 저장]-[웹 게시용으로 저장]을 클릭하여 html 웹 게시용으로 저장합니다.

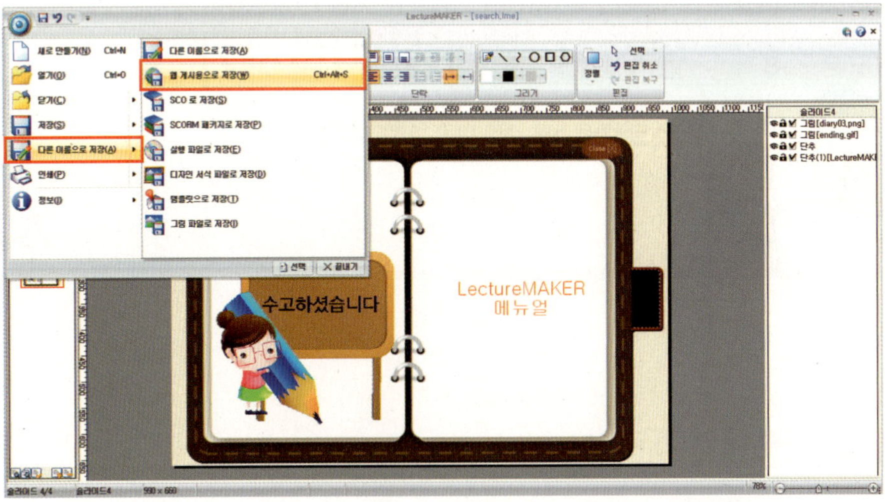

LECTURE MAKER ...

C/H/A/P/T/E/R

09

이것은 몇 개 입니까?

STEP BY STEP

STEP 1. 슬라이드 전환 효과 주기
STEP 2. 애니메이션 효과 주기
STEP 3. 강의 녹화를 이용하여 수학 강의 만들기 Ⅰ
STEP 4. 강의 녹화를 이용하여 수학 강의 만들기 Ⅱ-Ⅰ
STEP 5. 강의 녹화를 이용하여 수학 강의 만들기 Ⅱ-Ⅱ
STEP 6. 강의 녹화를 이용하여 수학 강의 만들기 Ⅱ-Ⅲ

8 SUBJECT

이번 장에서는 슬라이드 전환 효과 및 애니메이션 효과를 삽입하고, 강의 녹화를 이용하여 이것은 몇 개 입니까?를 만들어 보도록 하겠습니다. 강의 녹화를 사용하여 학습자가 언제 어디서나 교사의 설명을 들으며 학습을 할 수 있게끔 콘텐츠를 구성하여 보겠습니다.

8 SUMMARY

1. 슬라이드 전환 효과 삽입하기
2. 애니메이션 효과 삽입하기
3. 강의 녹화 사용하기
4. 템플릿을 이용한 강의 녹화하기

STEP›› 1

슬라이드 전환 효과 주기

각각의 슬라이드에 슬라이드 전환 효과를 주어 효과적인 콘텐츠를 만들어 봅시다.

1 예제 파일 열기

렉처메이커를 실행시킨 후 예제 파일 [PART9]→[초등수학.lme]를 열어줍니다.

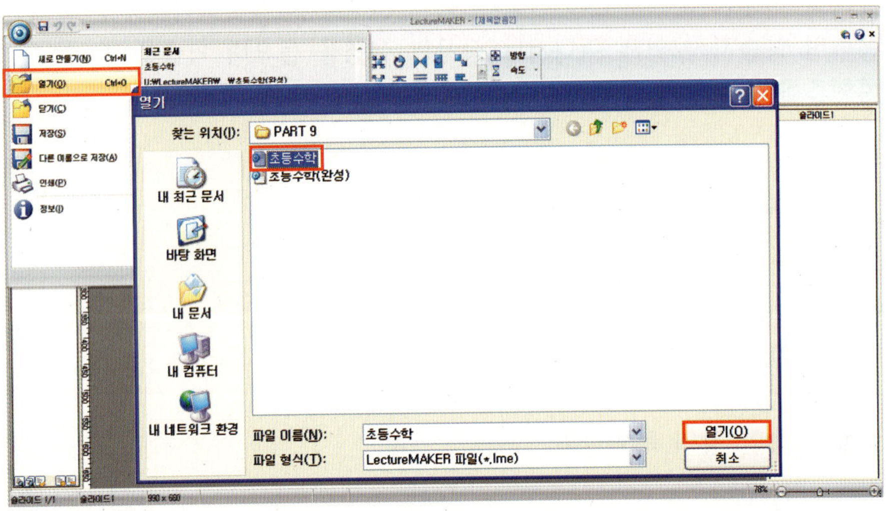

2 슬라이드 전화 효과 설정하기

[제어]탭의 [슬라이드 전환 효과]그룹에서 각각의 슬라이드에 맞는 전환 효과를 설정해 줍니다.

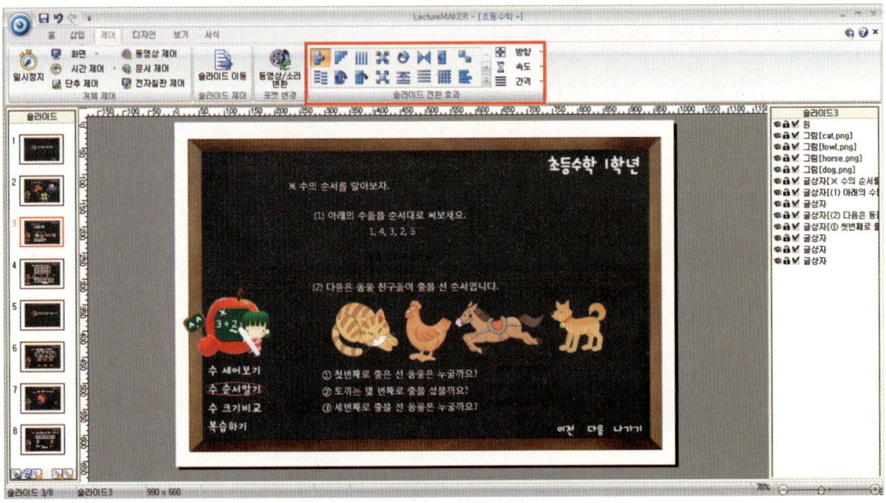

STEP〉〉 2

애니메이션 효과 주기

슬라이드를 구성하고 있는 각각의 개체에 애니메이션 효과를 삽입하여 보겠습니다.

1 애니메이션 효과 삽입하기

[서식]탭의 [애니메이션]그룹에서 적절한 애니메이션 효과를 클릭하여 삽입하여 줍니다.

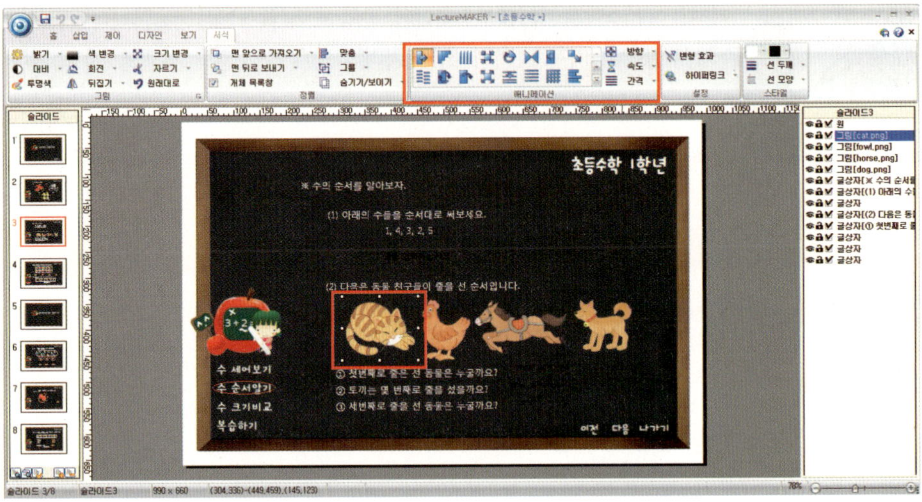

2 일시정지 명령 삽입하기

애니메이션 효과를 시간차를 두어서 실행해주기 위해서는 [제어]탭의 [일시정지]명령을 개체 사이에 삽입해줍니다. 이전 애니메이션이 종료되고 난 후 다음 애니메이션을 1초 후에 진행하기 위해 다음과 같이 라디오 버튼을 클릭하고 [확인]을 클릭합니다.

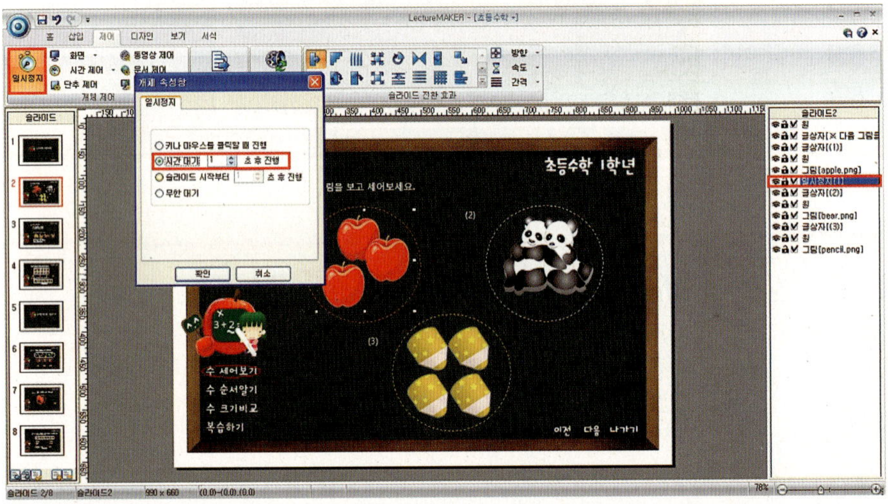

STEP›› 3 강의 녹화를 이용하여 수학 강의 만들기 Ⅰ

만들어진 수학을 강의하기 위하여 강의 녹화(음성)를 이용합니다. 강의 녹화 수정을 편리하게 하기 위해 각각의 슬라이드 별로 녹화를 해 줍니다.

1 강의 녹화 시작하기

[삽입]탭의 [강의 녹화]명령을 클릭합니다. (단축키 : Ctrl+E)

참고 강의 녹화창 알아보기

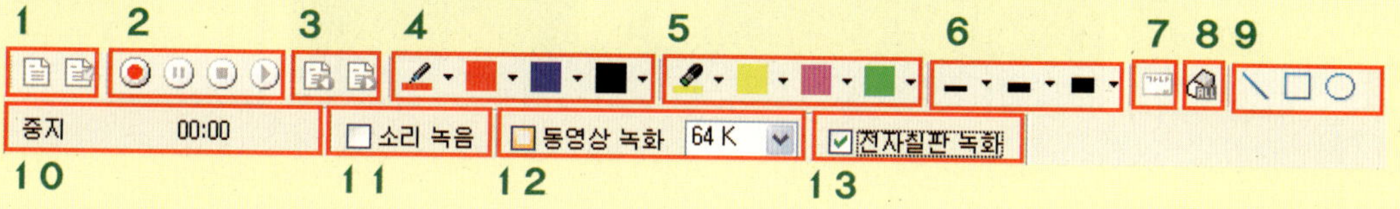

1. [새 녹화]와 [녹화 내용 저장] 버튼입니다.
2. 강의 녹화를 제어할 수 있는 [녹화], [일시정지], [정지], [재생] 버튼입니다.
3. [이전 슬라이드], [다음 슬라이드] 버튼으로 슬라이드를 이동할 수 있는 버튼입니다.
4. [펜] 버튼으로 세 가지 색을 미리 지정해 둘 수 있습니다.
5. [형광펜] 버튼으로 세 가지 색을 미리 지정해 둘 수 있습니다.
6. 펜과 형광펜의 [두께 지정] 버튼입니다.
7. [화이트보드] 버튼으로 빈 화면이 나타납니다.
8. [전체 삭제] 버튼으로 화면상에서 사용자가 나타낸 모든 효과가 사라집니다.
9. [도형그리기] 버튼으로 도형을 그릴 수 있습니다.
10. [화면 표시창] 으로 현재 강의 녹화 진행 상태를 알 수 있습니다.
11. [소리 녹음] 버튼으로 소리를 녹음할 수 있습니다.
12. [동영상 녹화] 버튼으로 카메라가 연결된 컴퓨터를 통해 동영상을 녹화할 수 있습니다.
13. [전자칠판 녹화] 버튼으로 현재 슬라이드에서 제작자가 나타내는 효과를 녹화하는 버튼입니다.

2 강의 녹화창 설정하기

강의 녹화창이 나타나면 [소리 녹음]을 클릭하여 체크합니다. 사용하고자 하는 펜의 종류와 색깔도 선택한 다음에 [녹화]버튼을 클릭하여 강의 녹화를 시작합니다.

3 강의 녹화 중지하기

강의 녹화가 끝나면 [중지]를 클릭합니다.

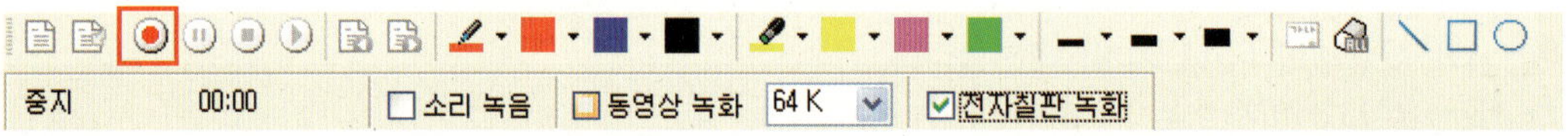

4 강의 녹화 삽입하기

강의녹화를 삽입하기 위해 [저장]을 클릭하면 개체 삽입창이 나타나며 [확인] 단추를 클릭한 후, 강의 녹화창을 닫습니다.

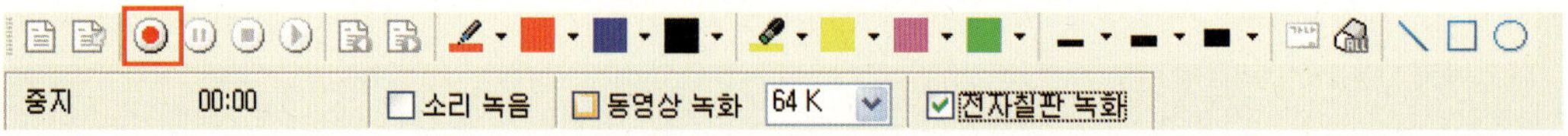

5 전자칠판 개체 순서 변경하기

2번 슬라이드에 전자칠판 개체가 삽입됩니다. 개체 목록창에서 전자칠판 개체를 드래그하여 맨 상단에 위치시킵니다.

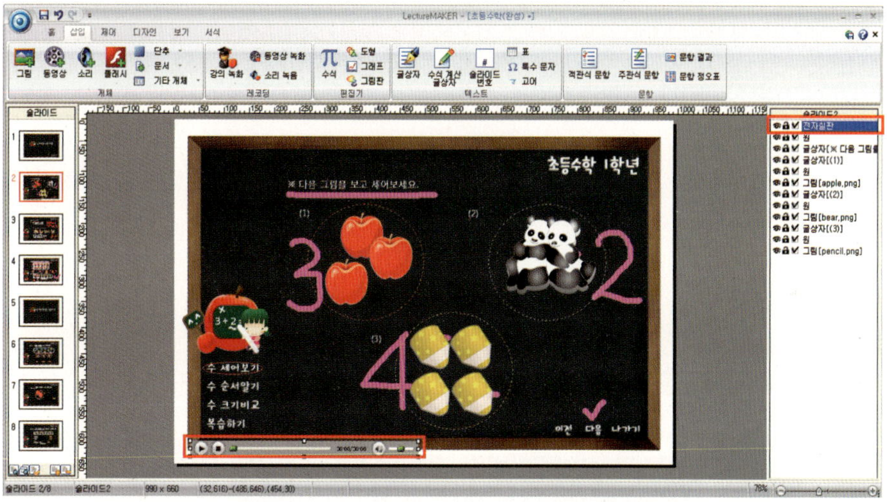

6 전자칠판 제어판 없애기

전자칠판 제어판을 없애기 위해서 전자칠판 개체 속성창에서 [전자칠판 제어판 보이기]를 해제합니다.

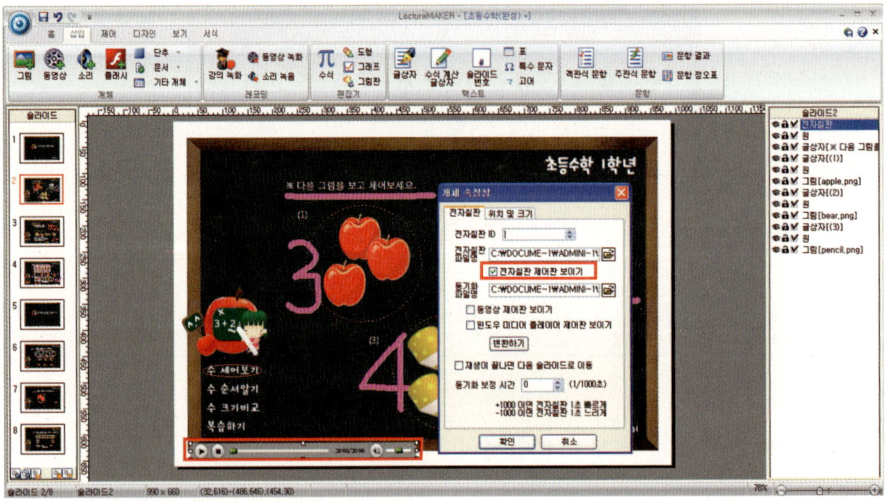

7 모든 슬라이드 전자칠판 개체 위치 수정하기

모든 슬라이드를 각각 강의 녹화한 후 [전자칠판]개체가 가장 위로 오게끔 개체 목록 위치를 수정합니다.

8 전체 슬라이드 실행하기

[보기]탭-[전체 슬라이드 실행] 명령이나 F5번을 눌러 1번 슬라이드부터 8번 슬라이드까지 콘텐츠가 실행되는 것을 확인합니다.

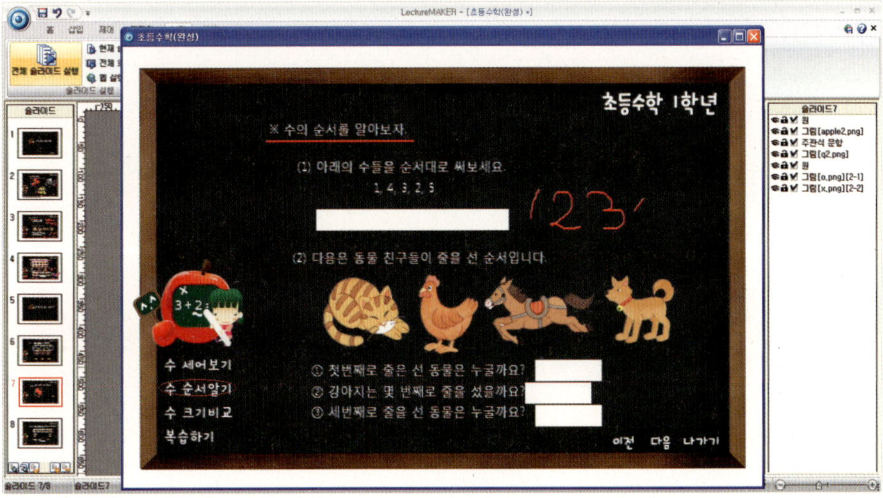

STEP›› 4

강의 녹화를 이용하여 수학 강의 만들기 II-I

템플릿을 이용하여 파워포인트 문서를 삽입해 보겠습니다.

1 새로 만들기

아이콘을 클릭하여 [새로 만들기]를 클릭합니다.

2 제목 마스터 템플릿 적용하기

제목 마스터와 본문 마스터에 템플릿을 지정하기 위해서 [슬라이드 마스터 보기]로 전환합니다. 제목 마스터에 [제목 템플릿]을 지정해 줍니다.

3 제목 마스터 변경하기

[제목 마스터]를 다음과 같이 변경해줍니다. 제목 마스터의 [글상자] 속성은 [홈]탭에서 변경 가능합니다.

4 본문 마스터 템플릿 적용하기

본문 마스터에는 동영상 녹화창이 삽입될 공간이 있는 [본문 템플릿]을 지정해 줍니다.

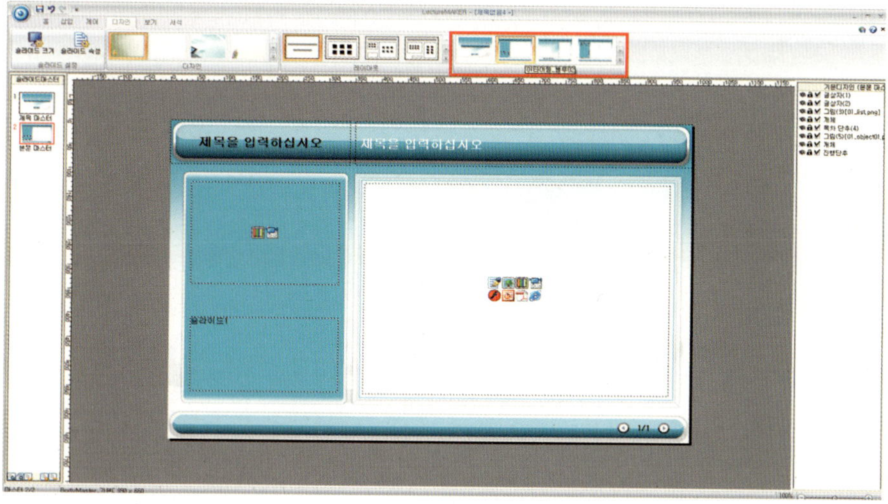

5 본문 마스터 레이아웃 변경하기

본문 마스터의 레이아웃을 다음과 같이 변경합니다. [글상자]의 속성은 [홈]탭에서 변경 가능합니다.

6 새로운 슬라이드 삽입하기

슬라이드에 문서(파워포인트)를 삽입하기 위해서 [슬라이드 보기]로 전환합니다. 본문 슬라이드가 추가 되도록 새로운 슬라이드를 삽입합니다.

7 파워포인트 문서 삽입하기

오른쪽의 화면에 문서(파워포인트)를 삽입하겠습니다. 문서 삽입을 위해서 를 클릭하여 [PART9] → [신비로운 수학여행.ppt] 파일을 열어서 다음과 같이 삽입합니다. [파워포인트 문서 가져오기]에서 종류는 그림으로 [모두 가져오기]를 클릭합니다.

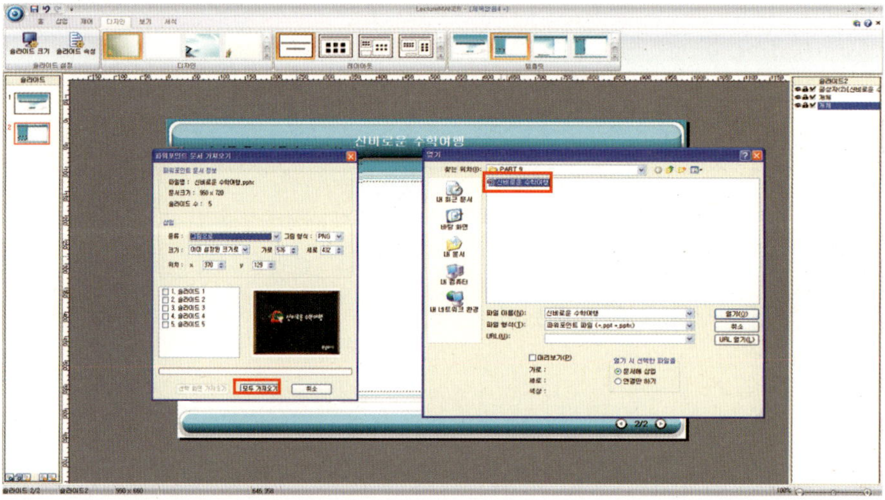

8 삽입된 파워포인트 문서 확인하기

다음과 같이 슬라이드가 추가된 것을 확인할 수 있습니다.

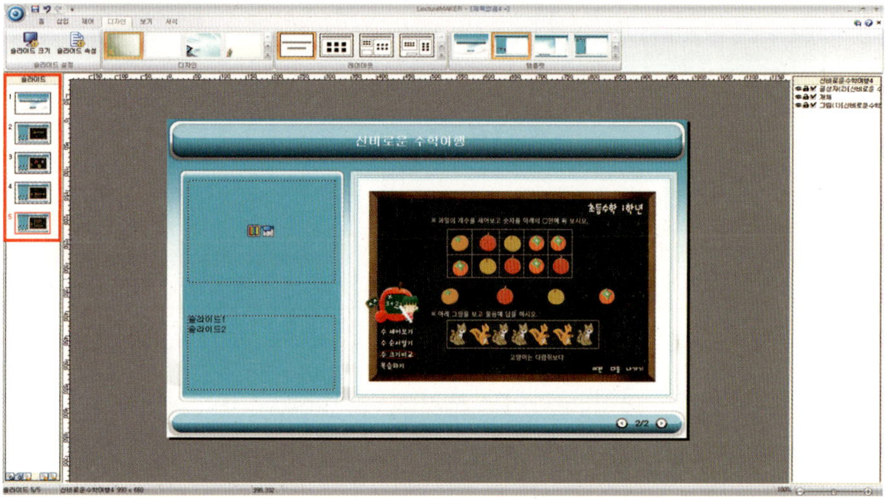

STEP〉〉5 강의 녹화를 이용하여 수학 강의 만들기 II-II

만들어진 콘텐츠에 동영상 강의녹화를 하여 삽입해보겠습니다.

1 목차 단추 수정하기

목차 단추를 수정하기 위해서 슬라이드 마스터 보기로 전환하겠습니다. 목차이름 변경은 글자를 두 번 클릭하면 변경할 수 있게 됩니다.

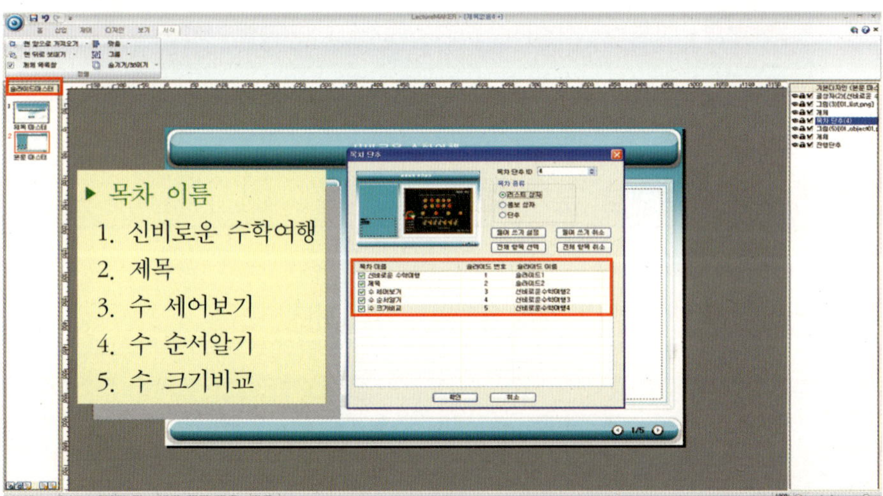

2 강의 녹화하기

강의 녹화를 하기 위해서 다시 [슬라이드 보기]로 전환하겠습니다. 강의를 2번 슬라이드부터 진행하기 위해서 2번 슬라이드를 선택한 후 [삽입]탭의 [레코딩]-[강의 녹화]를 클릭합니다.

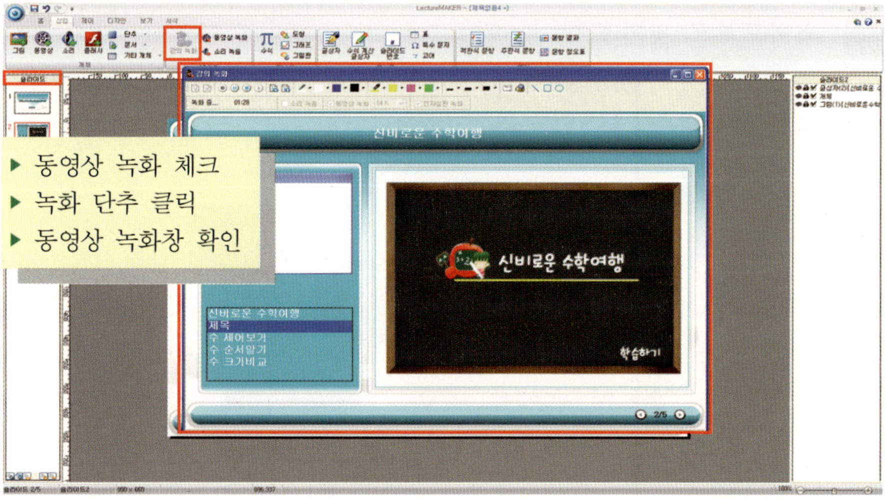

3 전자칠판 녹화하기

[동영상 녹화]와 [전자칠판 녹화]가 동시에 진행되므로 자동으로 동기화가 이루어지게 됩니다. 교수자가 녹화 도중 사용한 슬라이드 이동 및 펜, 도형 등은 동영상과 동시에 녹화가 이루어집니다.

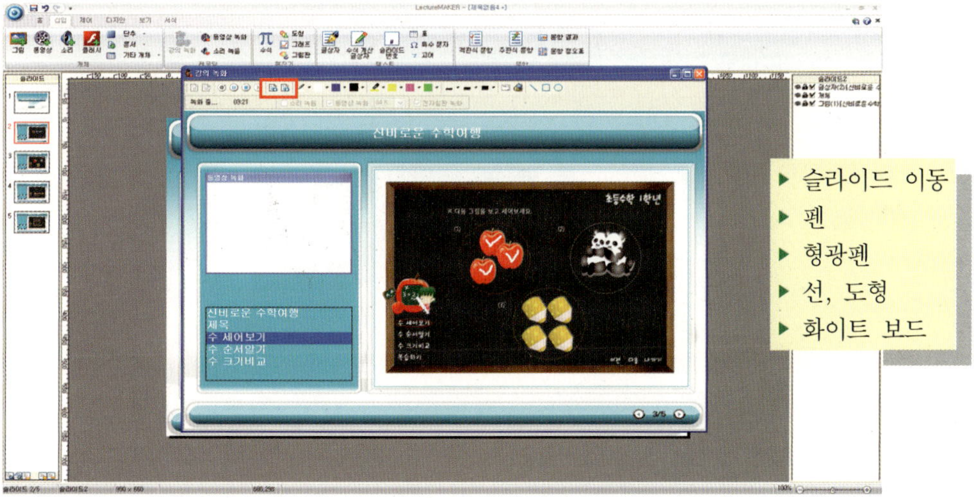

··· 참고 화이트보드 알아보기

렉처메이커에서는 화이트보드 기능을 제공하여 교수자가 판서를 통해 콘텐츠를 제작할 수 있도록 지원하고 있습니다. 화이트보드 기능 사용 시 작성된 슬라이드를 배경으로 사용할 수 있으며 판서와 동시에 카메라와 마이크를 통한 Audio, Video의 동시 녹화가 가능합니다. 화이트보드 기능 사용 시에는 사용자가 삽입한 단추와 이미지는 화면에 나타나게 됩니다.

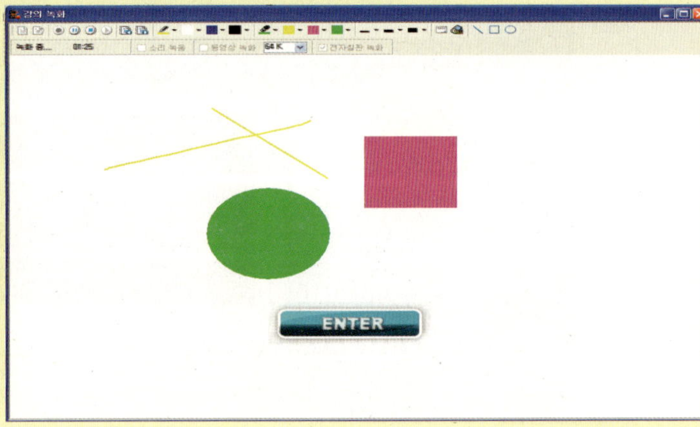

4 강의 삽입하기

강의가 끝나면 녹화 중지( ) 단추를 클릭 후 저장( ) 단추를 클릭하면 다음과 같이 [현재 슬라이드에 전자칠판 개체로 삽입되었습니다.]라는 메시지창이 나타납니다.

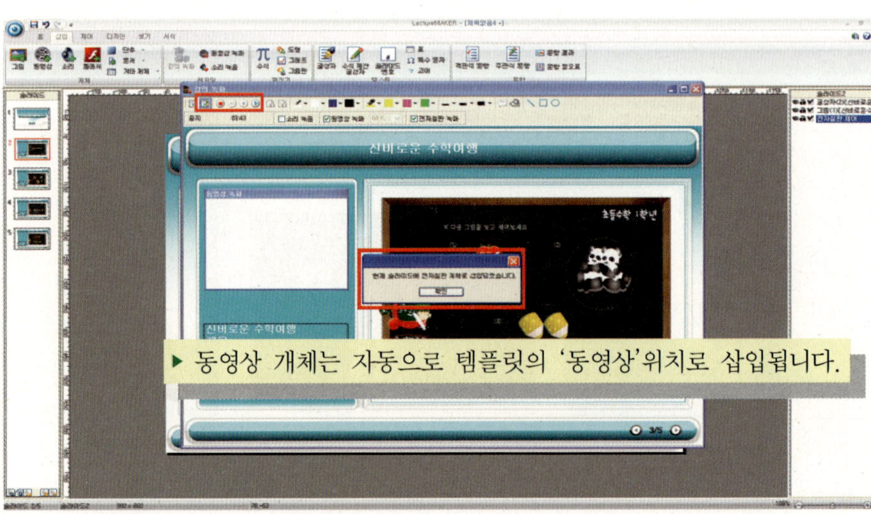

▶ 동영상 개체는 자동으로 템플릿의 '동영상'위치로 삽입됩니다.

5 전자칠판 개체 속성 변경하기

개체 목록창에서 [전자칠판]의 [개체 속성]에서 [전자칠판 제어판 보이기 해제]하여 줍니다.

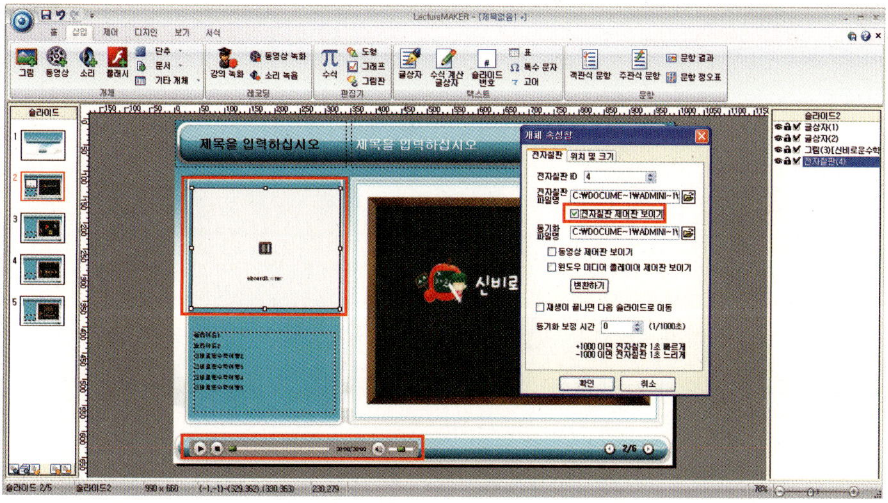

STEP›› 6

강의 녹화를 이용하여 수학 강의 만들기 II-III

완성된 콘텐츠 저장하기

1 다른 이름으로 저장하기

완성된 콘텐츠를 저장해 봅시다. 아이콘을 클릭한 후 [다른 이름으로 저장]을 클릭합니다. 파일명을 작성 한 후 저장을 클릭합니다. 원본 파일 형식은 *.lme입니다.

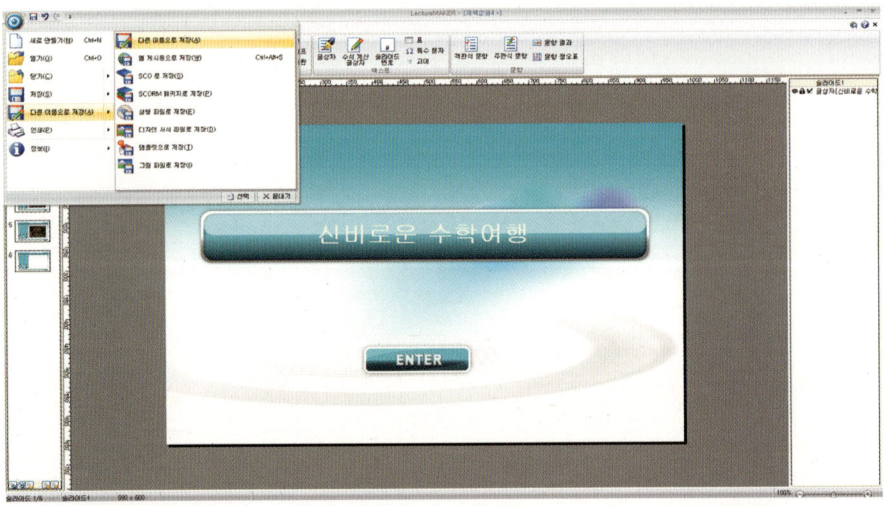

다음의 콘텐츠를 만들어봅시다.

| 한걸음 더 |

5장에서 만든 나만의 슬라이드 디자인과 템플릿을 이용하여 강의 녹화를 해 봅시다.

강의 녹화에 [화이트 보드]를 이용하여 봅시다. [강의 녹화]-[화이트 보드](Alt + W)

웹페이지, 플래시, PDF 파일 등을 이용하여, 강의 녹화를 해 봅시다.

C/H/A/P/T/E/R

10

인터넷 검색을 통한 문제 해결

STEP BY STEP

STEP 1. 슬라이드 마스터를 이용하여 배경 지정하기
STEP 2. 제목 슬라이드 완성하기
STEP 3. 본문 슬라이드 완성하기 Ⅰ
STEP 4. 본문 슬라이드 완성하기 Ⅱ
STEP 5. 본문 슬라이드 완성하기 Ⅲ
STEP 6. 본문 슬라이드 완성하기 Ⅳ
STEP 7. 본문 슬라이드 완성하기 Ⅴ
STEP 8. 본문 슬라이드 완성하기 Ⅵ
STEP 9. 본문 슬라이드 완성하기 Ⅶ
STEP 10. 본문 슬라이드 완성하기 Ⅷ
STEP 11. 완성된 콘텐츠 저장 및 실행하기

SUBJECT

이번 장에서는 객관식 문항 만들기와 주관식 문항 만들기를 이용하여 인터넷 검색을 통한 문제 해결을 만들어 보도록 하겠습니다. 또한 문항 결과와 문항 정오표를 삽입하여 학습자가 자신의 실력을 확인 할 수 있도록 하겠습니다. 렉처메이커의 문항 삽입을 통해 학습자와 효과적인 상호작용이 이루어질 수 있게끔 콘텐츠를 구성하여 보겠습니다.

SUMMARY

1. 객관식 문항 만들기
2. 주관식 문항 만들기
3. 그림 단추 삽입하기
4. 문항결과와 문항 정오표 만들기

STEP》 1 슬라이드 마스터를 이용하여 배경 지정하기

슬라이드 마스터를 이용하여 제목 마스터와 본문 마스터에 배경을 지정해 보겠습니다.

1 제목 마스터 배경 설정하기

[슬라이드 마스터]를 클릭하여 [슬라이드 마스터 보기]로 전환한 후, [제목 마스터]에서 [슬라이드 속성]을 클릭하여 [마스터 배경]을 [PART10] → [back01.jpg]로 지정해 줍니다.

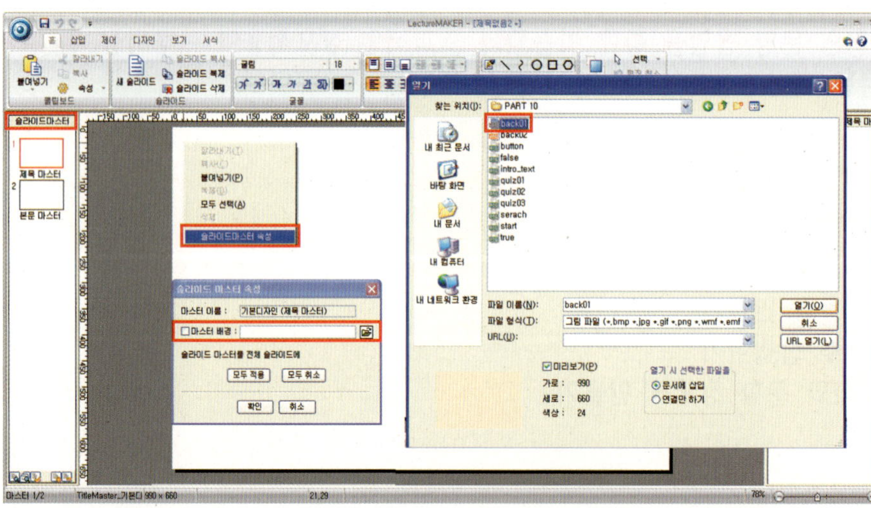

2 본문 마스터 배경 설정하기

[본문 마스터]의 배경도 [제목 마스터]와 같은 방식으로 [배경그림]을 [PART10] → [back02.jpg]로 설정해 줍니다.

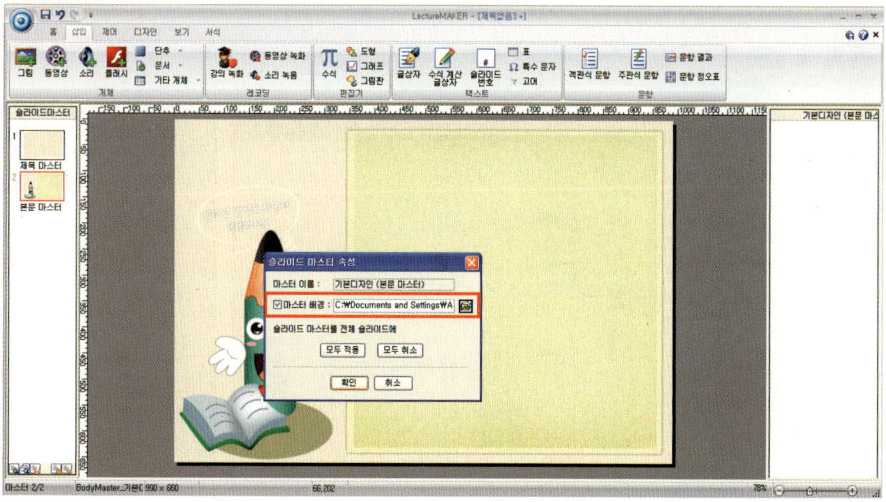

STEP〉〉 2

제목 슬라이드 완성하기

제목 슬라이드에 그림을 삽입하고 그림 단추를 삽입하여 보겠습니다.

1 그림 파일 삽입하기

[슬라이드 보기]로 전환하고 5번 슬라이드까지 추가해줍니다. 1번 슬라이드를 선택하고 [삽입]탭의 [그림] 명령을 클릭하여, [PART10] → [intro_text.png] 파일을 열어줍니다.

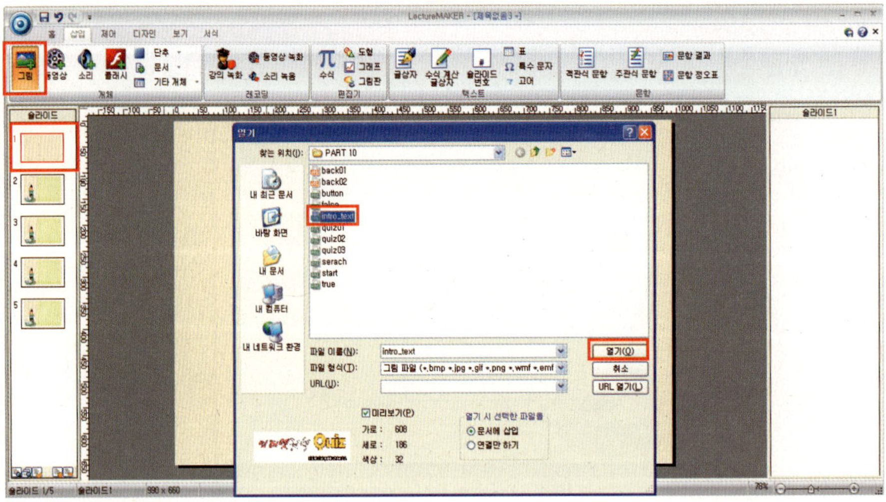

2 애니메이션 효과 적용하기

아래와 같이 삽입이 되었으면, 애니메이션 효과를 주기 위해 그림을 더블클릭한 다음 [서식]탭의 [애니메이션]그룹에서 적절한 애니메이션 효과를 클릭하여 적용해 줍니다.

3 시작 단추 삽입하기

시작 단추를 삽입하기 위하여, [삽입]탭의 [단추]-[일반 단추]를 클릭하여 그림 단추로 설정하여 적당한 크기로 화면에 삽입합니다.

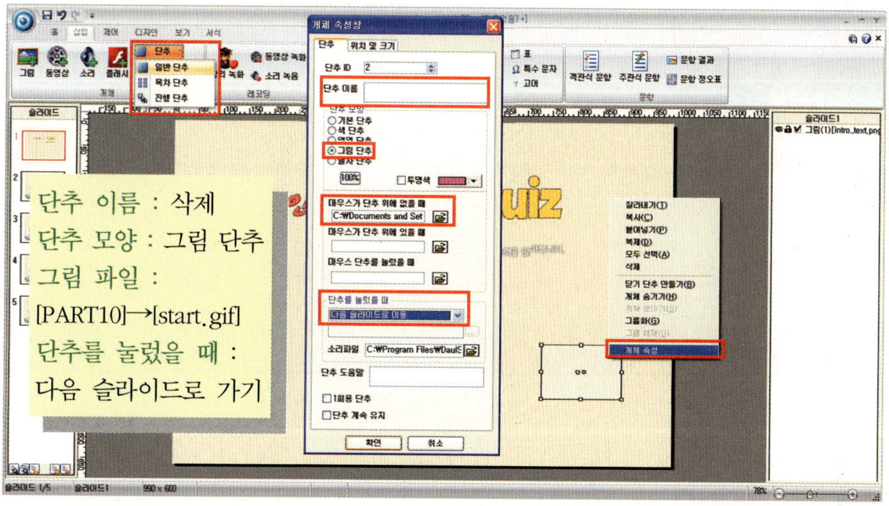

4 제목 슬라이드 확인하기

완성된 제목 슬라이드의 모습입니다.

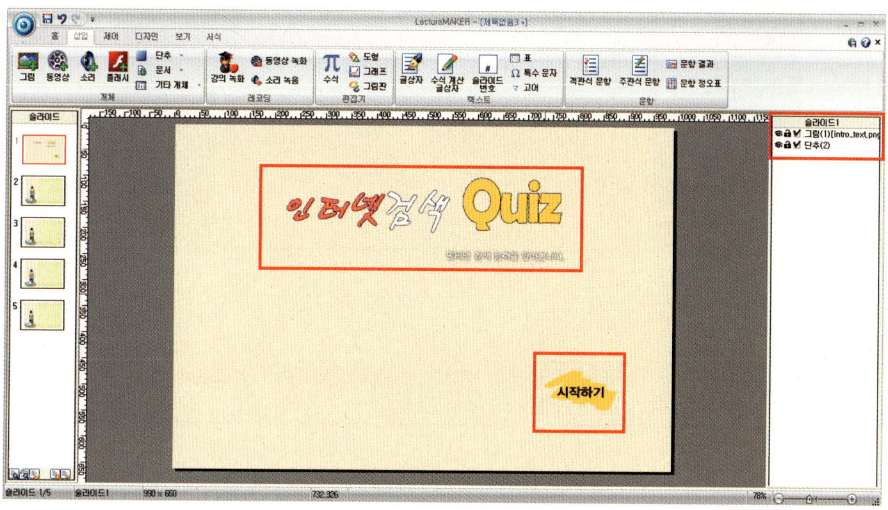

STEP〉〉 3

본문 슬라이드 완성하기 Ⅰ

본문 슬라이드에 그림을 삽입하여 보겠습니다.

1 2번 슬라이드 그림 파일 삽입하기

2번 슬라이드에 [삽입]탭 [그림]명령을 클릭하여, 그림 파일 [PART 10] → [quiz01.png]를 삽입합니다.

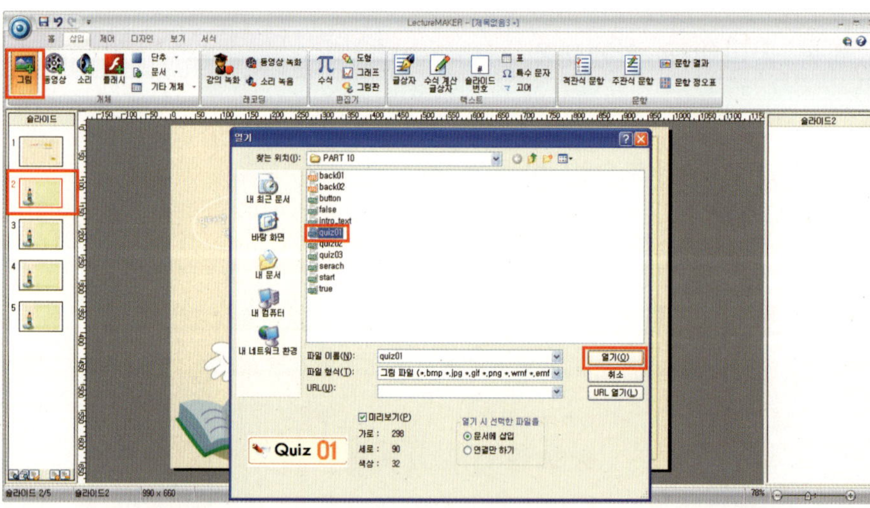

2 3, 4번 슬라이드 그림 파일 삽입하기

위와 같은 방법으로 4번 슬라이드까지 [quiz02, 03] 파일을 삽입하여 줍니다.

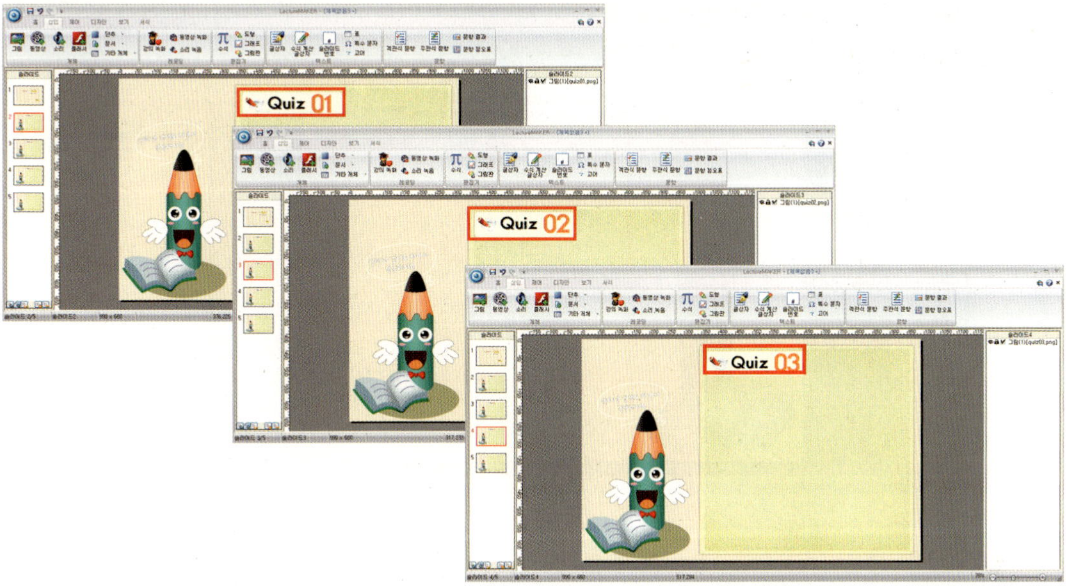

STEP›› 4 본문 슬라이드 완성하기 II

본문 슬라이드에 객관식 문항을 삽입하여 보겠습니다.

1 객관식 문항 삽입하기

2번 슬라이드를 선택한 후, [삽입]탭 [문항]그룹의 [객관식 문항]명령을 클릭하면, 슬라이드에 문항이 생성됩니다. 이 생성된 문항을 적당한 위치로 이동시킵니다.

2 객관식 문항 속성 설정하기

문항에 객관식 문항 속성을 이용하여 본문과 보기를 자리에 알맞게 입력합니다. 객관식 문항 속성은 다음 페이지에 자세하게 나타나 있습니다.

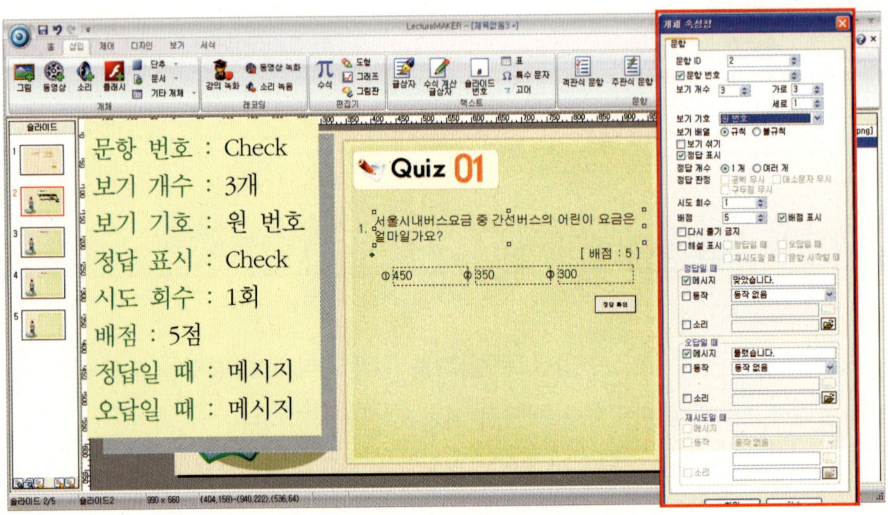

... 참고 객관식 문항 속성 알아보기

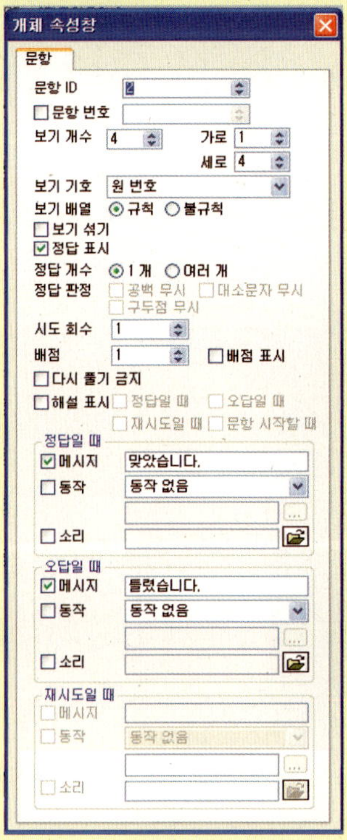

1. 문항 ID : 제어를 위한 이름
2. 문항 번호 : 현재 문항의 번호를 매길 수 있습니다.
3. 보기 개수 : 보기의 수입니다.
4. 가로/세로 : 문항 배열 순서로 가로에 몇 문항 세로에 몇 문항을 넣을지 결정합니다.
5. 보기 기호 :
   보기 기호에는
   [원 번호 / 라디오 단추 / 체크 단추 / 1,2,3,4 / a,b,c,d / A,B,C,D] 가 있습니다.
6. 보기 배열 :
   - 규칙 : 보기 위치 및 간격을 규칙적으로 배열
   - 불규칙 : 보기 위치 및 간격을 불규칙적으로 배열
7. 정답 표시 : 정답 확인 시 정답을 표시해 줍니다.
8. 정답 개수 : 정답 개수를 1개 / 여러 개 선택할 수 있습니다.
9. 시도 회수 : 문제 풀이 회수를 선택합니다.
10. 배점 : 문제의 배점을 지정해 주고 [문항 결과]에서 점수를 확인할 수 있습니다.
11. 다시 풀기 금지 : 문제를 한번만 풀 수 있게 합니다.
12. 해설 표시 : 문항 해설을 입력하면 체크박스에 체크한 경우에 해설이 보이게 됩니다.
13. 정답일 때 / 오답일 때 / 재시도일 때
   - 메시지 : 메시지 상자 형식으로 나타납니다. 메시지는 수정 가능합니다.
   - 동작 : 동작 없음/숨긴 개체 보이기
     이전 슬라이드로 가기/다음 슬라이드로 가기
     정답일 때/오답일 때 선택 가능한 동작입니다.
   - 소리 : 소리 파일을 삽입하여 효과를 줄 수 있습니다.

3 문항 글자 서식 변경하기

[홈]탭에서 문항 글자 서식을 변경해 줍니다.

... 참고

정답 확인 버튼을 변경하고자 할 때는, 단추만 클릭한 후, 마우스 오른쪽 버튼의 개체 속성을 클릭하여 변경할 수 있습니다.

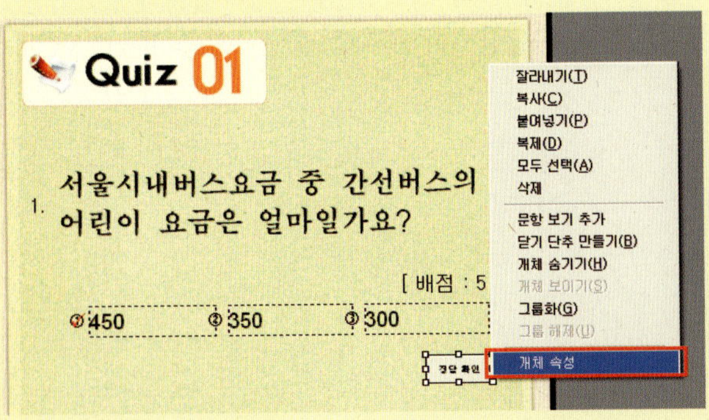

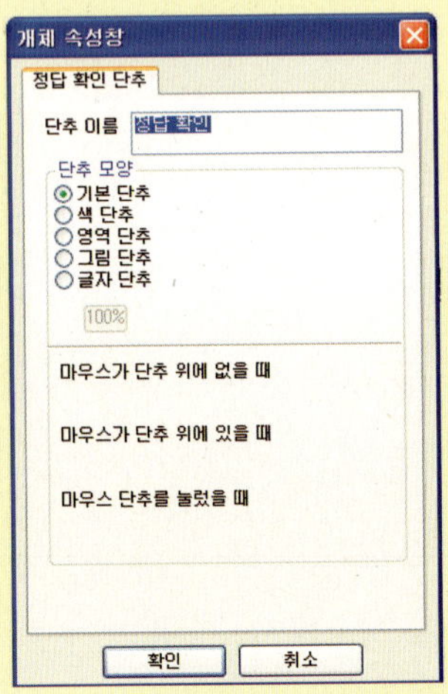

STEP›› 5

본문 슬라이드 완성하기 Ⅲ

본문 슬라이드에 주관식 문항을 삽입하여 보겠습니다.

1 주관식 문항 삽입하기

3번 슬라이드를 선택한 후, [삽입]탭 [문항]그룹의 [주관식 문항]명령을 클릭하면, 슬라이드에 문항이 생성됩니다. 이 생성된 문항을 적당한 위치로 이동시킵니다.

2 주관식 문항 속성 설정하기

문항에 주관식 문항 속성을 이용하여 본문과 정답를 자리에 알맞게 입력합니다. 주관식 문항 속성은 다음 페이지에 자세하게 나타나 있습니다.

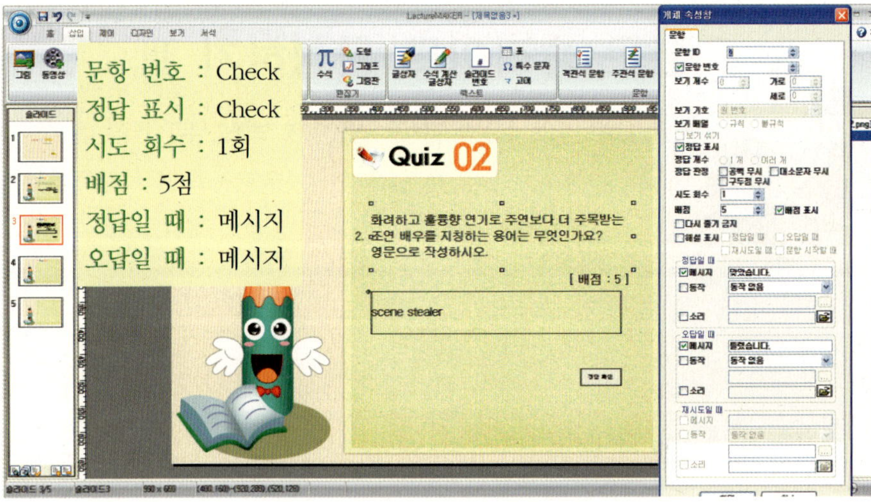

... 참고 주관식 문항 속성 알아보기

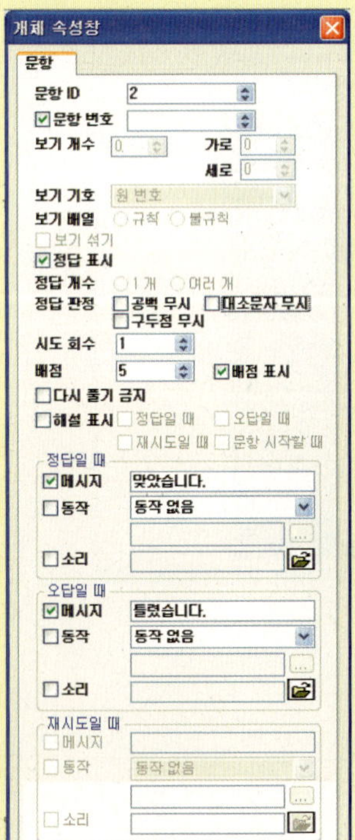

1. 문항 ID : 제어를 위한 이름
2. 문항 번호 : 현재 문항의 번호를 매길 수 있습니다.
3. 정답 표시 : 정답 확인 시 정답을 표시해 줍니다.
4. 정답 판정 :
   - 공백 무시 : 띄어쓰기를 무시하고 채점합니다.
   - 대소문자 무시 : 정답이 영어인 경우 대소문자 구분을 하지 않습니다.
   - 구두점 무시 : 문장 부호를 무시하고 채점합니다.
5. 시도 회수 : 문제 풀이 회수를 선택합니다.
6. 배점 : 문제의 배점을 지정해 주고 [문항 결과]에서 점수를 확인할 수 있습니다.
7. 다시 풀기 금지 : 문제를 한번만 풀 수 있게 합니다.
8. 정답일 때 / 오답일 때 / 재시도일 때
   - 메시지 : 메시지 상자 형식으로 나타납니다.
     메시지는 수정 가능합니다.
   - 동작 : 동작 없음/숨긴 개체 보이기
     이전 슬라이드로 가기/다음 슬라이드로 가기
     정답일 때/오답일 때 선택 가능한 동작입니다.
   - 소리 : 소리 파일을 삽입하여 효과를 줄 수 있습니다.

3 문항 글자 서식 변경하기

[홈]탭에서 문항 글자 서식을 변경해 줍니다.

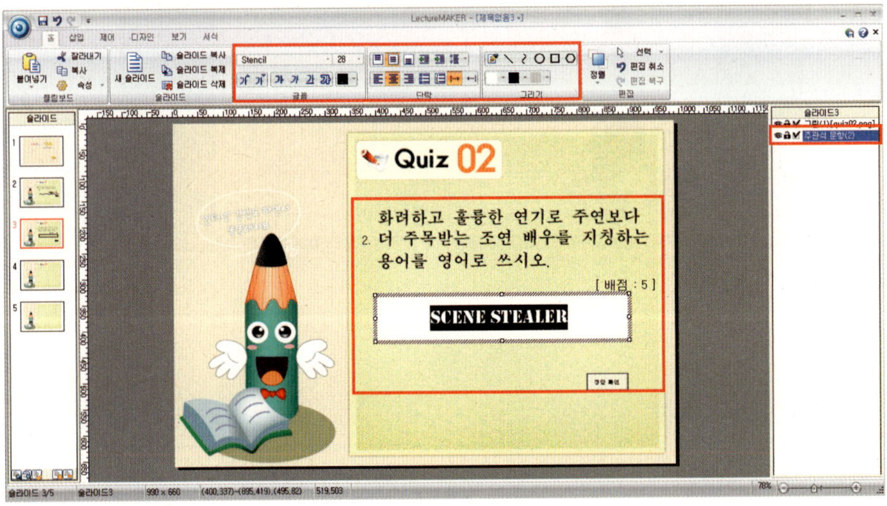

STEP›› 6 본문 슬라이드 완성하기 Ⅳ

주관식 문항 형식을 변경하여 개성있는 문항을 만들어 보겠습니다.

1 주관식 문항 삽입하기

3번 슬라이드를 선택한 후, 다음과 같이 주관식 문항과 답을 작성합니다. [홈]탭에서 글자모양과 크기도 변경해 줍니다.

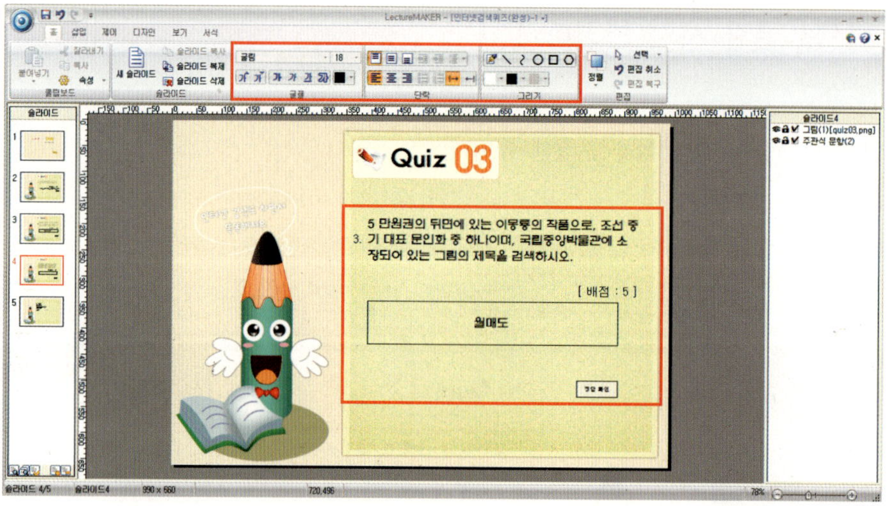

2 정답 확인 단추 설정하기

정답 확인 버튼을 변경하기 위해, 정답 확인 단추 선택 후, 마우스 오른쪽을 클릭하여 단추 개체 속성창에서 단추 모양을 다음과 같이 변경해줍니다.

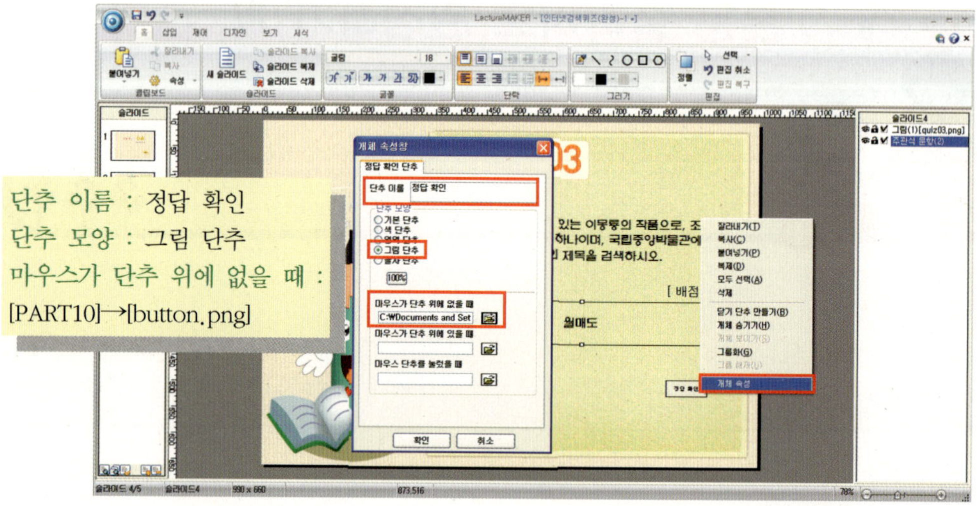

3 단추 글자 서식 변경하기

[홈]탭에서 단추의 글자 서식을 변경할 수 있습니다.

4 삽입된 개체 숨기기

[삽입]탭의 [그림]에서 예제 파일 [PART10]→[true.png], [false.png]을 삽입한 후, 각각의 그림을 개체 숨기기를 이용하여 숨깁니다. [개체 숨기기]창이 나타나면 각각의 이름(정답, 오답)을 입력합니다.

5 주관식 문항 개체 속성 변경하기

주관식 문항에 개체 속성창에서 [동작]에 [숨긴 개체 보이기]에 숨긴 그림을 지정합니다. 학습자가 3번의 정답확인을 할 수 있도록 [시도 회수]를 1회로 지정해줍니다.

... 참고 시도 회수가 1회 이상일 경우 오답 메시지 처리 방법

오답일 때 [숨긴 개체 보이기]를 통해 메시지를 처리할 경우 다시 시도할 수 있도록 메시지가 사라지게 처리합니다. [닫기 단추 만들기]와 [클릭할 때 사라지기]를 활용 해 봅니다.

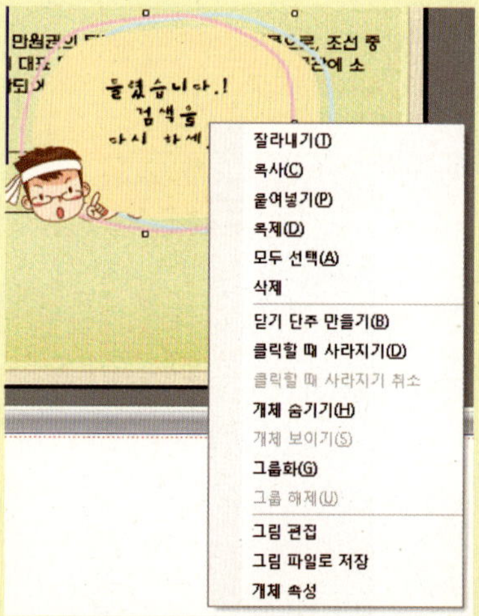

◇ 닫기 단추 만들기 : 자동으로 개체에 ☒ 단추가 만들어져 개체를 사라지게 해 줍니다.

◇ 클릭할 때 사라지기 : 적용된 개체를 클릭하면 마우스로 해당 개체를 클릭 시 사라지게 해 줍니다.

6 완성된 문항 확인하기

실행화면 (shift + F5)에서 확인할 수 있습니다.

STEP›› 7 본문 슬라이드 완성하기 V

본문 슬라이드에 인터넷 검색 단추 및 진행 단추를 만들어보겠습니다.

1 검색 단추 삽입하기 1

2, 3, 4번 슬라이드에 문항을 인터넷으로 검색하기 위한 검색 단추를 삽입합니다. [삽입]탭에 [단추]-[일반 단추]를 클릭합니다. 단추 개체 속성은 다음과 같이 변경합니다.

2 검색 단추 삽입하기 2

2, 3, 4번 슬라이드에 모두 인터넷 검색 단추를 삽입합니다.

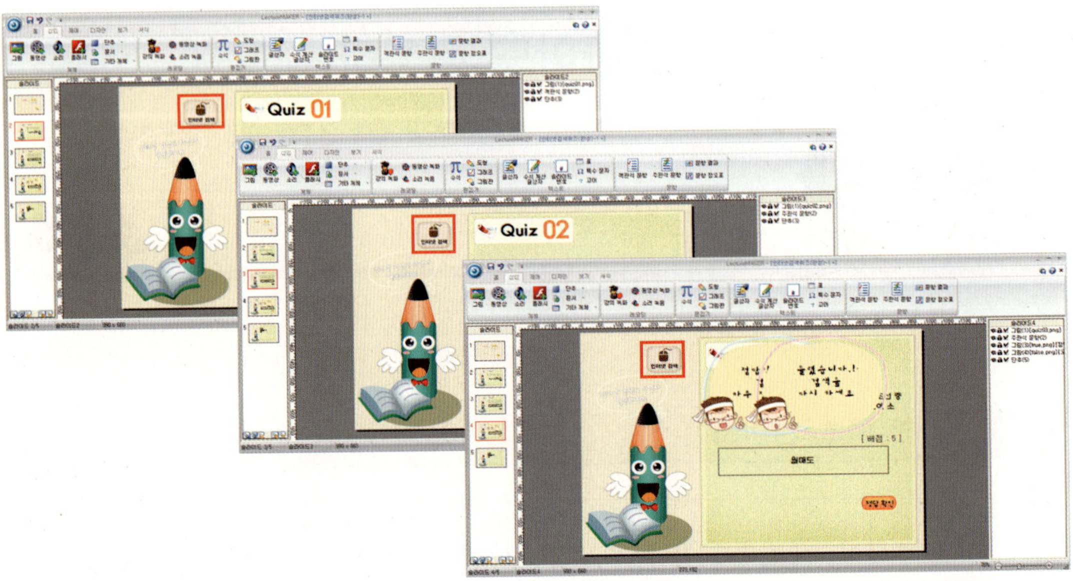

STEP›› 8

본문 슬라이드 완성하기 Ⅵ

슬라이드에 다음 문항으로 넘어갈 수 있는 그림 단추를 삽입하여 보겠습니다.

1 일반 단추 삽입하기

2번 슬라이드를 선택한 후, [삽입]탭의 [단추]-[일반 단추]명령을 클릭하여, 슬라이드 하단에 그림 단추가 들어갈 영역을 드래그하여 나타냅니다.

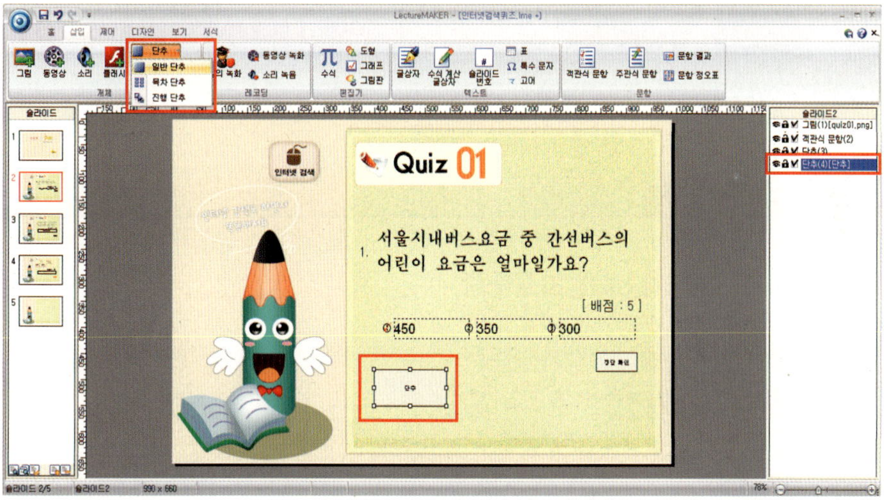

2 단추 개체 속성 변경하기

단추를 클릭하면 다음 문항으로 넘어갈 수 있도록, 단추의 [개체속성]에서 다음과 같이 속성을 변경하여 줍니다. [마우스가 단추 위에 있을 때]와 [마우스가 단추 위에 없을 때]의 그림을 다르게 해줌으로써 단추 위에 마우스 커서가 있음과 없음에 따라 단추의 모양이 변하게 됩니다.

3 단추 크기/위치 조정하기

단추의 크기와 위치를 적절하게 조정해 줍니다.

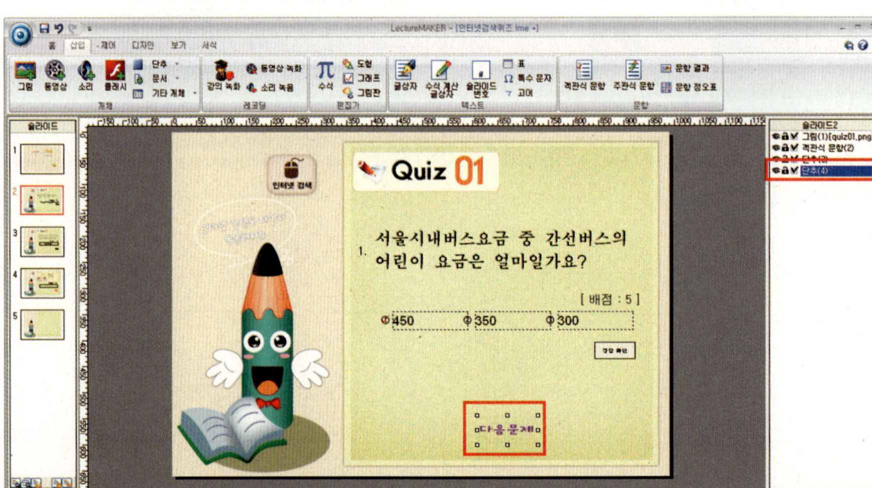

4 간편하게 단추 삽입하기

3번 슬라이드에도 동일한 형식으로 '다음 문제' 그림 단추를 삽입하여 보겠습니다. 이 때 개체 목록창의 단추(3)에서 [복사](Ctrl+C)를 클릭한 다음, 3번 슬라이드에서 [붙여넣기](Ctrl+V)명령 클릭을 통해 손쉽게 단추를 삽입할 수 있습니다.

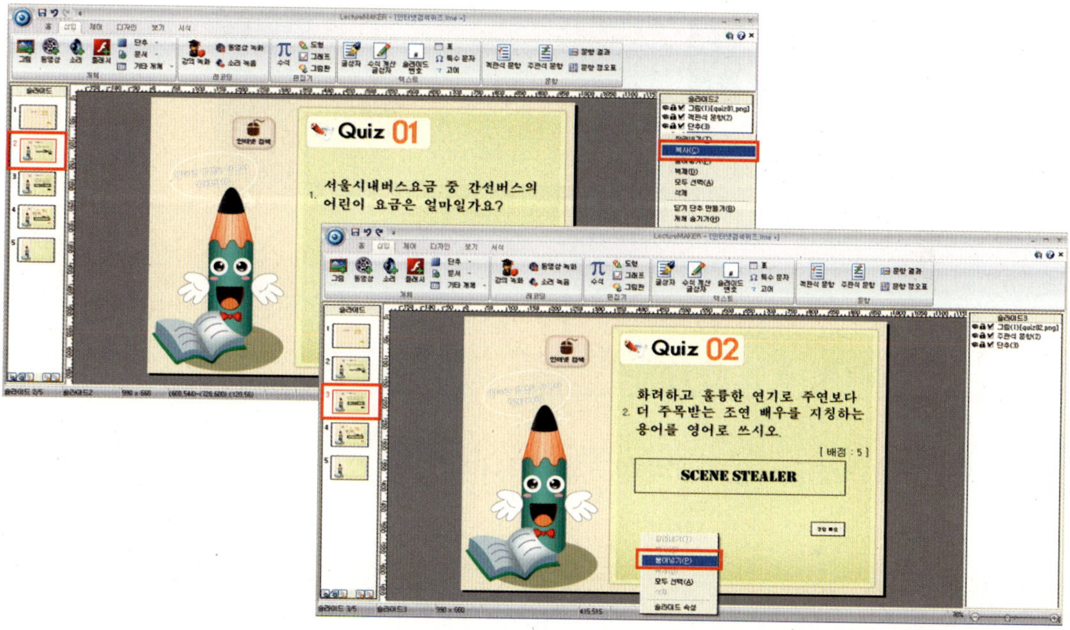

STEP›› 9 본문 슬라이드 완성하기 Ⅶ

학습자가 해결한 문항의 결과를 볼 수 있는 [문항 결과]와 [문항 정오표]를 삽입하여 보겠습니다. 먼저 [문항 결과]를 삽입하겠습니다.

1 단추 삽입하기

3번 슬라이드까지 문제를 해결한 이후 [문항 결과]와 [문항 정오표]를 확인 할 수 있는 단추를 삽입하여 보겠습니다.

2 단추 개체 속성 변경하기

단추의 [개체 속성]을 다음과 같이 변경하여 줍니다.

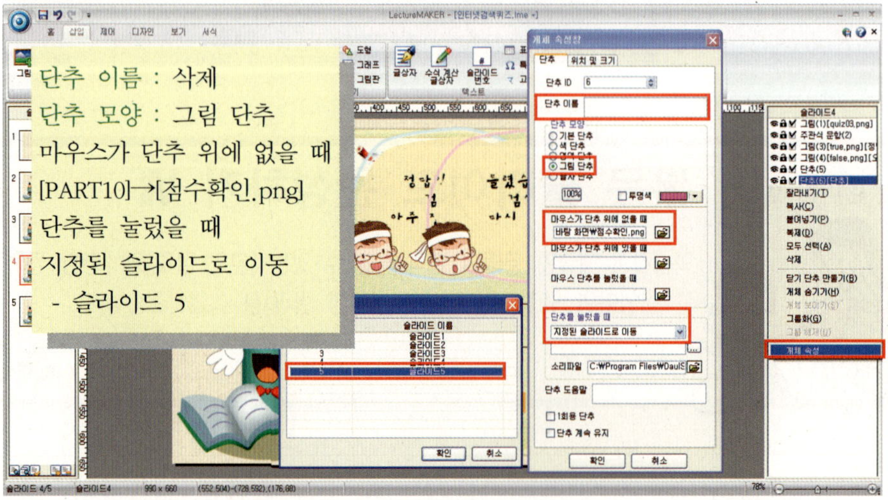

3 문항 결과 삽입하기

5번 슬라이드에 [삽입]탭의 [문항 결과]명령을 클릭하여 [문항 결과]를 삽입하여 줍니다. 이 슬라이드에서는 '맞은 문항 수'와 '점수'만 사용하겠습니다.

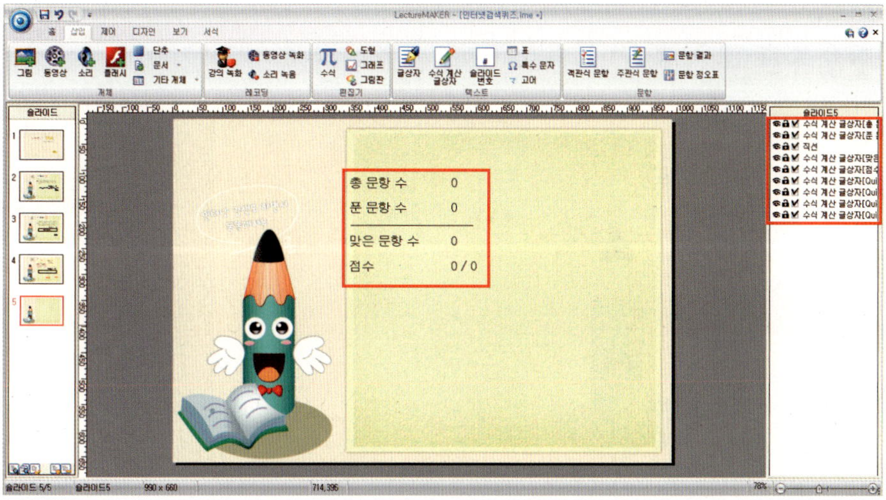

4 글상자 입력하기

다음과 같이 [삽입]탭의 [글상자]명령을 통해서 다음과 같이 입력해 줍니다.

5 수식 계산 글상자 위치 이동하기

맞은 문항 수의 [수식 계산 글상자]를 다음과 같은 위치로 이동시켜 줍니다. 같은 방식으로 점수의 [수식 계산 글상자]를 이동시켜 줍니다.

6 나머지 불필요한 부분 삭제하기

두 개의 [수식 계산 글상자]를 제외한 부분은 삭제하여 줍니다.

7 글상자 서식 변경하기 1

글상자의 속성을 변경해줍니다. 글상자를 더블클릭하여 [서식]탭의 [스타일]그룹에서 배경색과 선 모양을 변경해 줍니다.

8 글상자 서식 변경하기 2

다음과 같이 수정합니다.

STEP›› 10

본문 슬라이드 완성하기 Ⅷ

학습자가 해결한 문항의 결과를 볼 수 있는 [문항 결과]와 [문항 정오표]를 삽입하여 보겠습니다. 각각의 문항 결과를 점검할 수 있는 [문항 정오표]를 삽입하겠습니다.

1 문항 정오표 개체 속성 변경하기

4번 슬라이드까지 문제를 해결한 이후 [문항 결과]와 [문항 정오표]를 확인할 수 있는 단추를 삽입하여 보겠습니다. 삽입한 [문항 정오표]의 개체 속성을 다음과 같이 변경합니다.

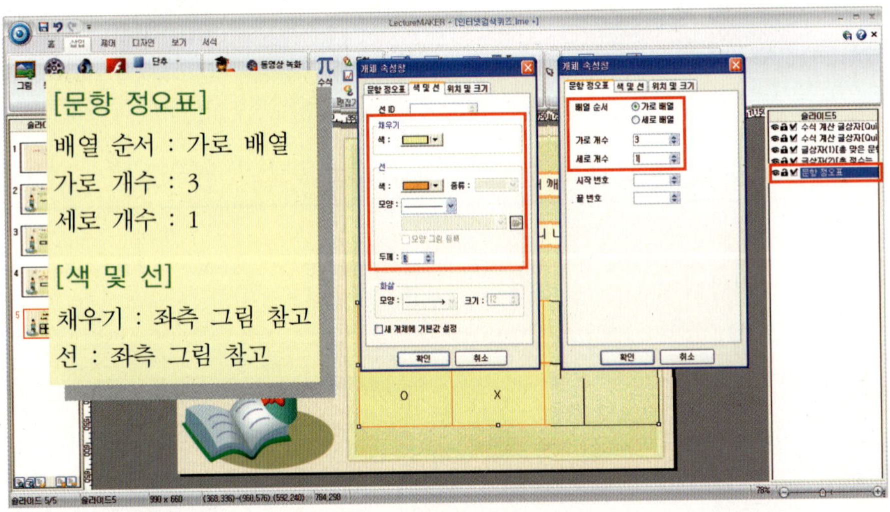

2 글자 서식 변경하기

[문항 정오표] 내에 있는 글자의 속성은 [홈]탭의 [글꼴], [단락]그룹에서 변경할 수 있습니다.

… 참고 **[문항 결과]와 [문항 정오표]**

1. 문항 결과

총 문항 수	0
푼 문항 수	0
맞은 문항 수	0
점수	0 / 0

[문항 결과] 에는 [총 문항 수]와 학습자가 [푼 문항 수], 그리고 정답이 [맞은 문항 수], 각 문제의 배점에 따른 [점수]가 표시되어 있습니다.

2. 문항 정오표

1	O	5	O
2	X	6	X
3	O	7	O
4	X	8	X

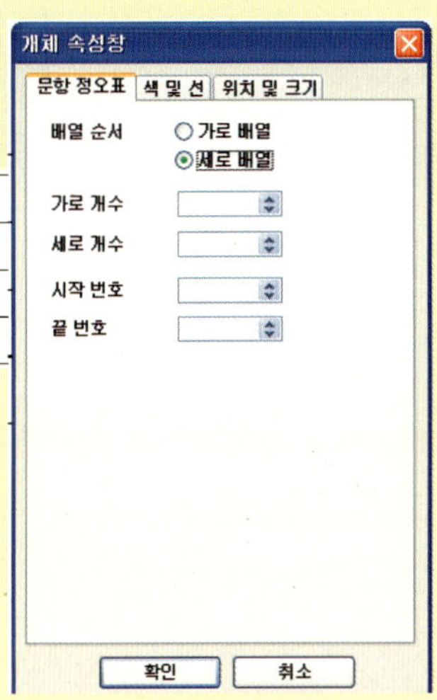

[문항 정오표]를 통해서 학습자가 자신이 푼 문항의 정답, 오답 여부를 알 수 있습니다.

STEP›› 11

완성된 콘텐츠 저장 및 실행하기

완성된 콘텐츠를 저장하고 실행해보겠습니다.

1 다른 이름으로 저장하기

완성된 콘텐츠를 [다른 이름으로 저장]하여 원본을 저장합니다.

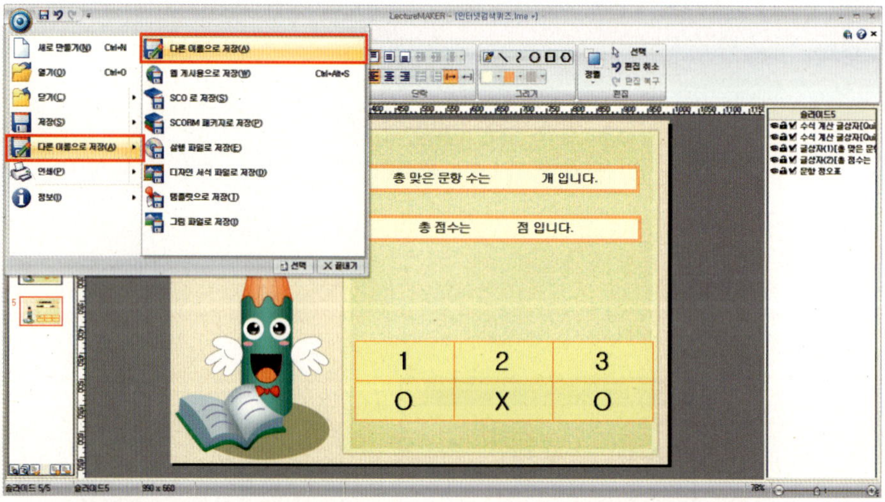

2 웹 게시용으로 저장하기

웹에 게시하기 위해서 [다른 이름으로 저장]-[웹 게시용으로 저장]을 클릭하여 html 웹 게시용으로 저장합니다.

C/H/A/P/T/E/R

11

디지털 카메라 완벽 활용

STEP BY STEP

STEP 1. 슬라이드 확인하기
STEP 2. 본문 마스터 완성하기
STEP 3. 제목 슬라이드 완성하기 I
STEP 4. 제목 슬라이드 완성하기 II
STEP 5. 본문 슬라이드 완성하기 I
STEP 6. 본문 슬라이드 완성하기 II
STEP 7. 본문 슬라이드 완성하기 III
STEP 8. 팝업창과 메시지창 동시에 나타내기
STEP 9. 완성된 콘텐츠 저장 및 실행하기

8 SUBJECT

이번 장에서는 메시지 상자 삽입 및 설정하기와 화면 저장, 복구를 이용하여 디지털 카메라 완벽 활용을 만들어 보도록 하겠습니다. 메시지 상자 및 팝업 창을 이용하여 정보를 효과적으로 제시할 수 있도록 콘텐츠를 꾸며보겠습니다.

8 SUMMARY

1. 메시지 상자 삽입 및 설정하기
2. 화면 저장, 복구 사용하기

STEP›› 1

슬라이드 확인하기

미리 제작된 슬라이드를 확인해 보겠습니다.

1 예제 파일 열기

아이콘을 클릭하고 [열기]를 선택하여 예제 파일 [PART 11] → [디지털카메라완벽활용.lme]을 선택하여 파일을 열어줍니다.

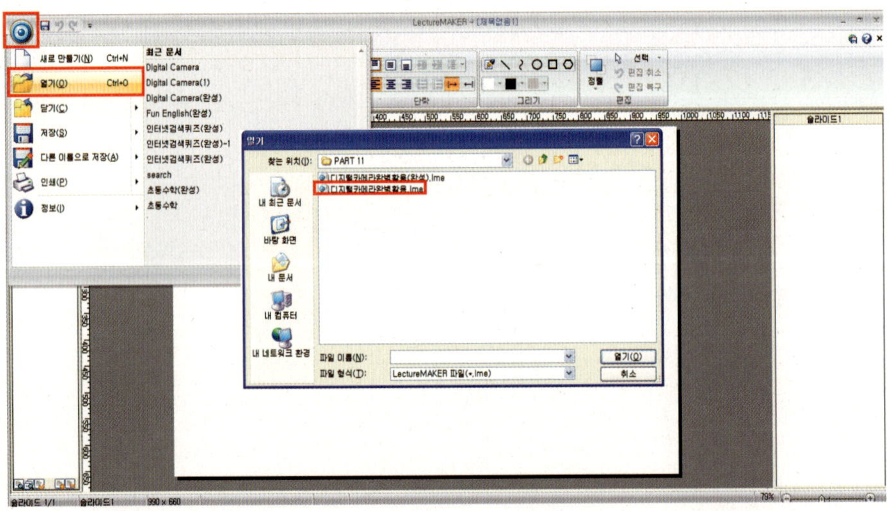

2 예제 파일 확인하기

다음과 같이 슬라이드 마스터가 지정되어 있으며, 나머지 슬라이드가 완성되어있지 않은 것을 알 수 있습니다.

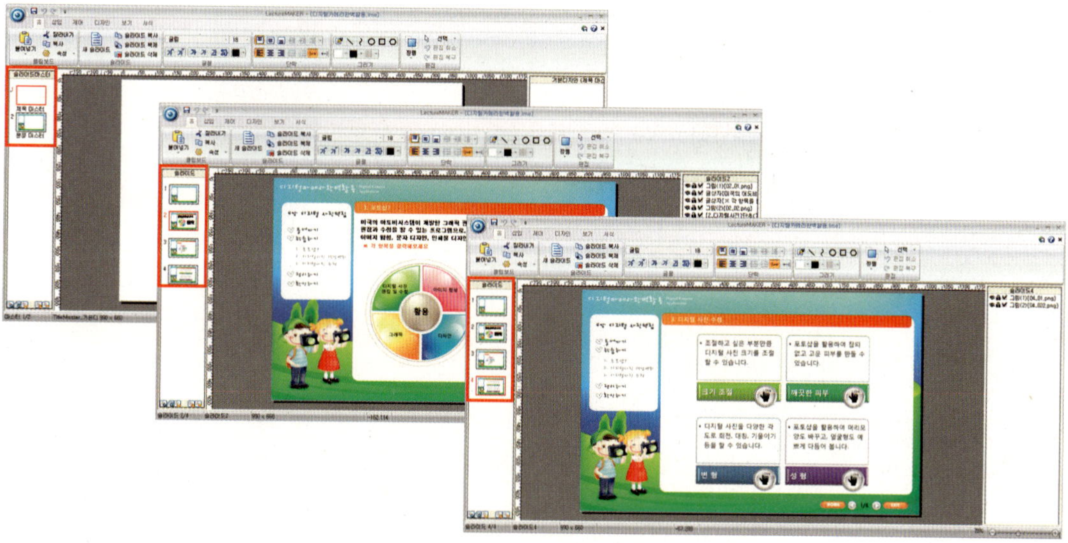

STEP›› 2 본문 마스터 완성하기

본문 마스터에 메시지 상자를 삽입하겠습니다.

1 메시지 상자 개체 속성 변경하기

[삽입]탭의 [기타개체]-[메시지 상자]명령을 클릭하여, [메시지 상자]의 [개체 속성창]을 다음과 같이 변경합니다.

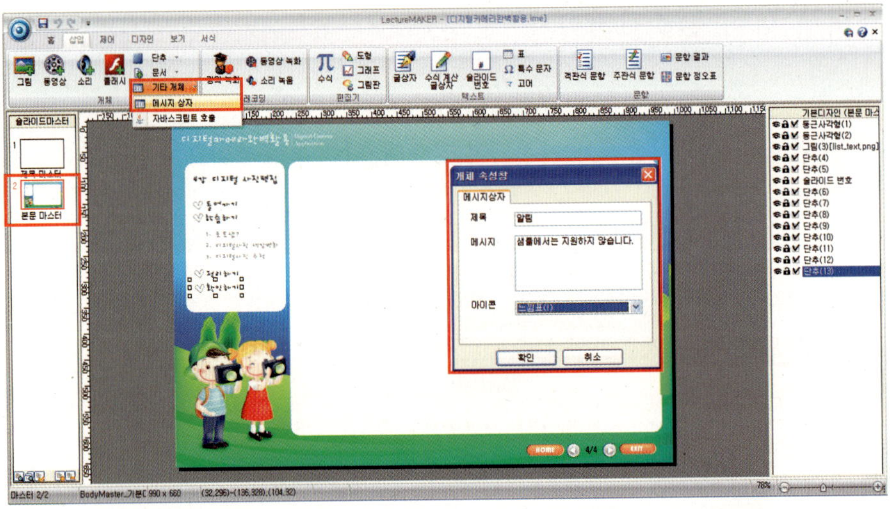

··· 참고 메시지 상자 알아보기

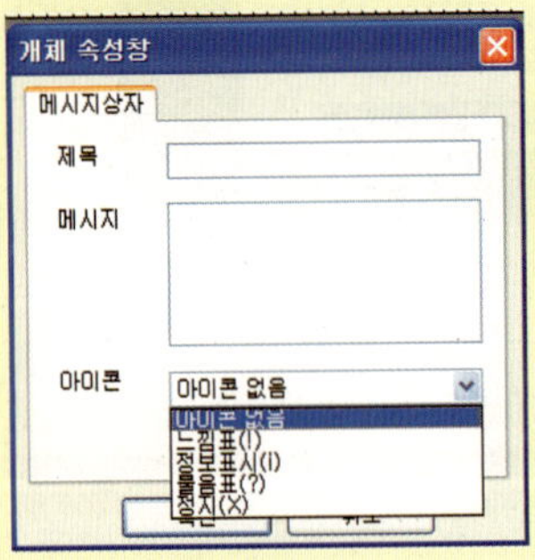

1. 제목 : 메시지의 제목을 나타냅니다.
2. 메시지 : 메시지창에 들어가는 내용을 나타냅니다.
3. 아이콘 종류

느낌표(!)

정보표시(i)

물음표(?)

정지(X)

2 메시지 상자 숨기기

단추를 클릭하면 메시지 상자가 나오도록, 메시지 상자를 숨겨줍니다.

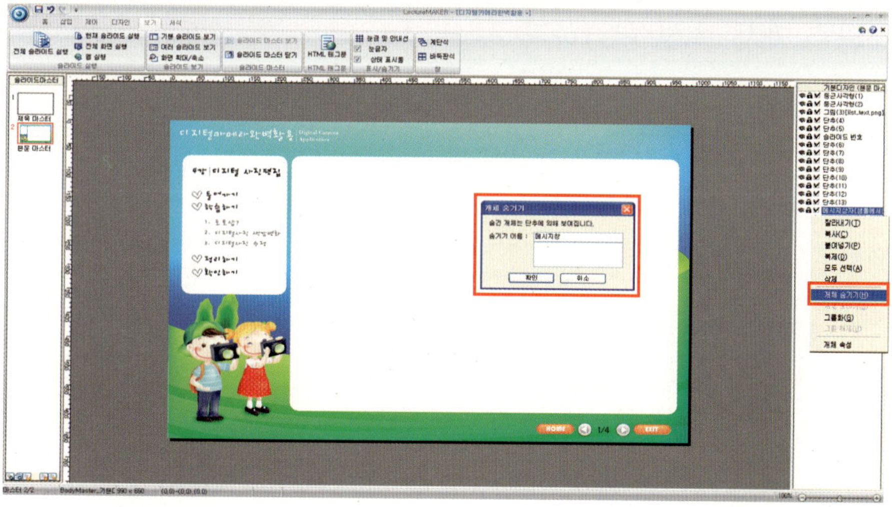

3 단추 개체 속성 변경하기 1

들어가기(단추 8)/정리하기(단추 12)/확인하기(단추 13) 단추를 클릭하면 메시지 상자가 나타나도록 단추의 [개체 속성]을 다음과 같이 변경합니다.

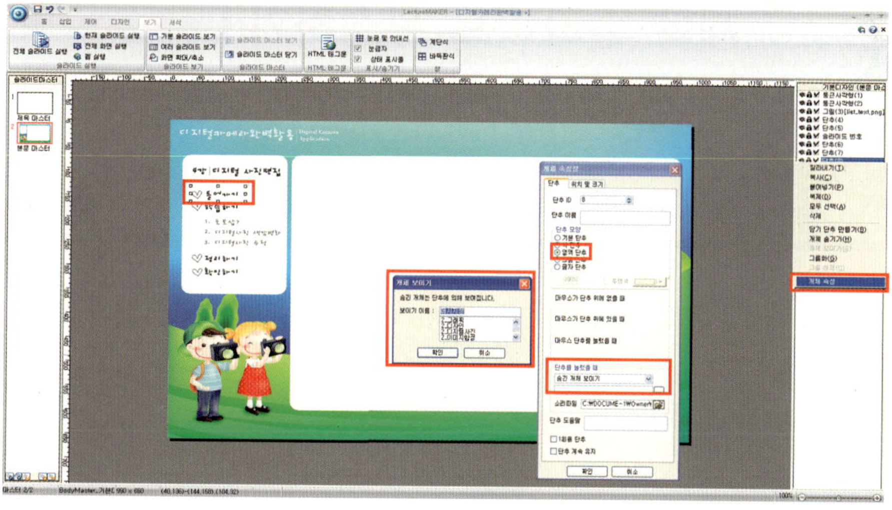

4 단추 개체 속성 변경하기 2

나머지 단추에도 위와 같이 [개체 속성]을 변경해 줍니다.

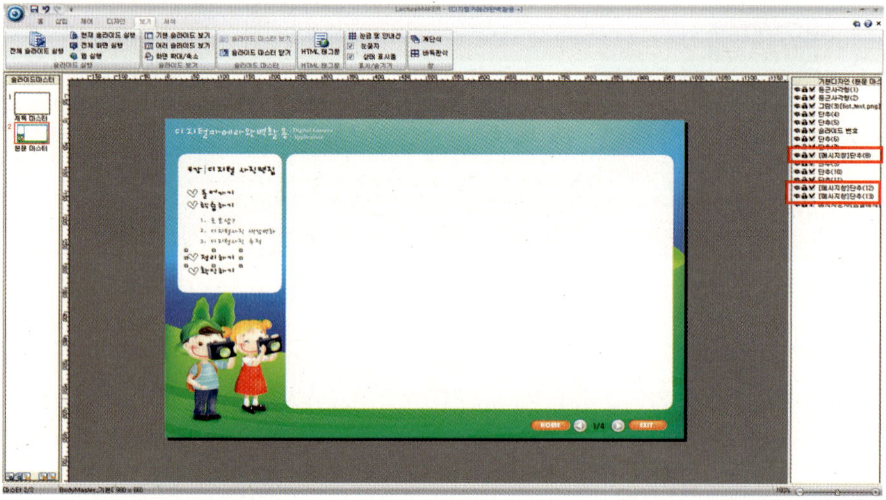

STEP›› 3 제목 슬라이드 완성하기 I

배경음악과 내레이션이 동시에 실행될 수 있도록, 파일을 삽입하겠습니다.

1 동영상 명령을 통한 소리 삽입하기

[슬라이드보기]로 전환한 후, [삽입]-[동영상] 명령을 클릭합니다. 두 개 이상의 소리 파일이 동시에 실행되기 위해서는 [동영상] 삽입 명령을 통해서 삽입해야 합니다. 동영상 열기에서 [파일 형식]을 [소리 파일]로 변경해줍니다.

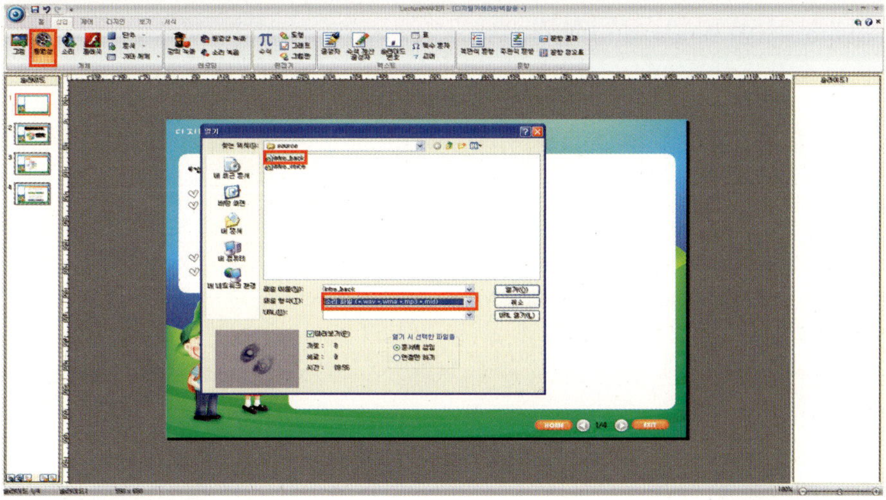

2 일시정지 삽입하기

배경음악이 재생된 후 1초 후에 내레이션이 재생되도록 [일시 정지]를 삽입합니다.

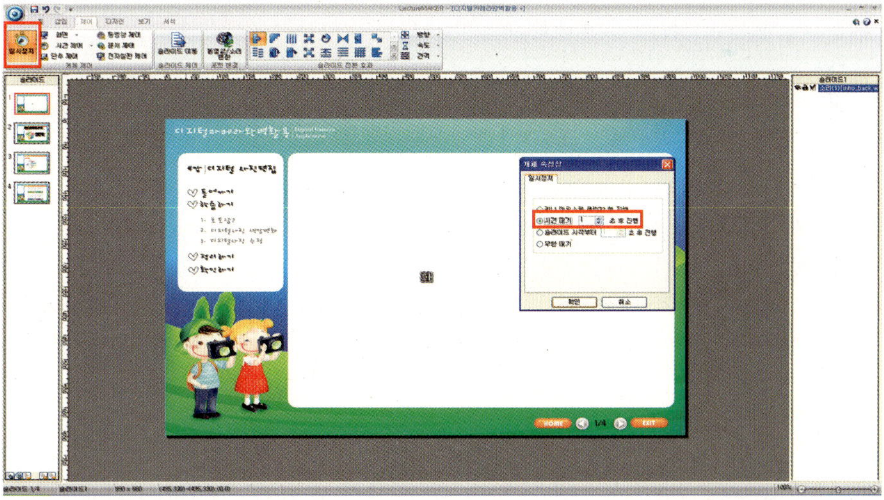

3 내레이션 파일 삽입하기

내레이션 파일을 삽입해 줍니다. [삽입]-[동영상]명령을 클릭하여, [PART11] → [intro_voice] 파일을 열어줍니다.

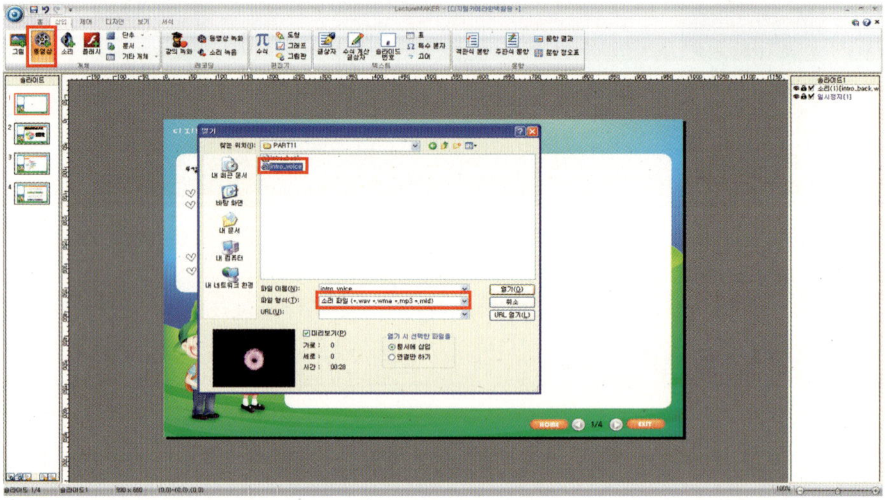

STEP〉〉 4 제목 슬라이드 완성하기 II

슬라이드에 화면 저장/복구를 사용하여 이미지 전환을 실행해보겠습니다.

1 화면 저장하기

그림 화면이 없을 때의 원래의 화면이 나타날 수 있게끔 [제어]탭의 [화면 저장]을 해보겠습니다. [화면 저장]시에는 각 개체의 크기보다 더 크게 영역을 설정해 줍니다.

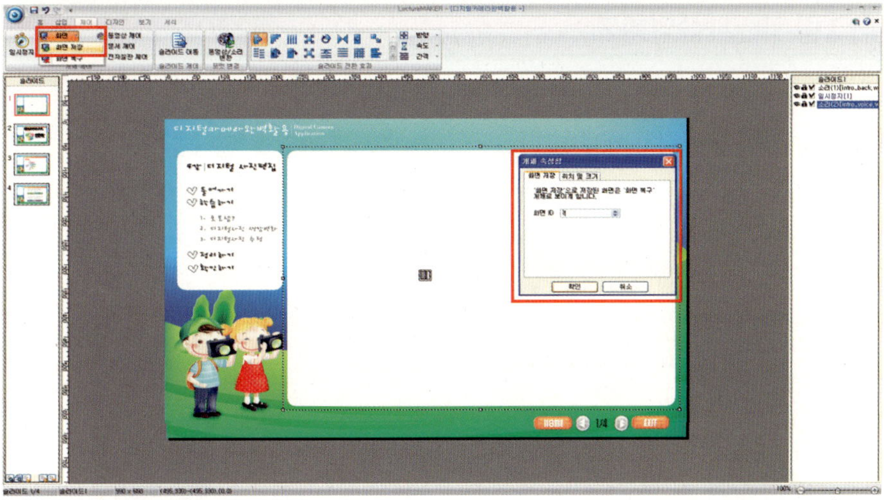

... 참고 화면 제어 알아보기

[화면 저장]은 사용자가 지정한 영역의 화면을 저장하여 [화면 복구]명령을 통해 저장된 화면 영역이 다시 나타나게 하는 것입니다.

화면이 저장되는 시점 : 개체 목록창에서 '화면 저장'개체가 위치하고 있는 그 시점의 화면을 저장함. 즉, 여러 개의 개체가 있더라도 '화면 저장'개체 이전에 있는 개체들 중 '화면 저장 영역' 안에 위치하는 개체만 화면 저장됩니다. '화면 저장'개체 이후에 있는 개체들이 '화면 저장 영역' 안에 위치하더라도 '화면 저장'에는 영향을 미치지 않습니다.

2 그림 파일 삽입하기

[삽입]-[그림]명령을 클릭하여 [PART11] → [01_01.jpg] 파일을 열어줍니다.

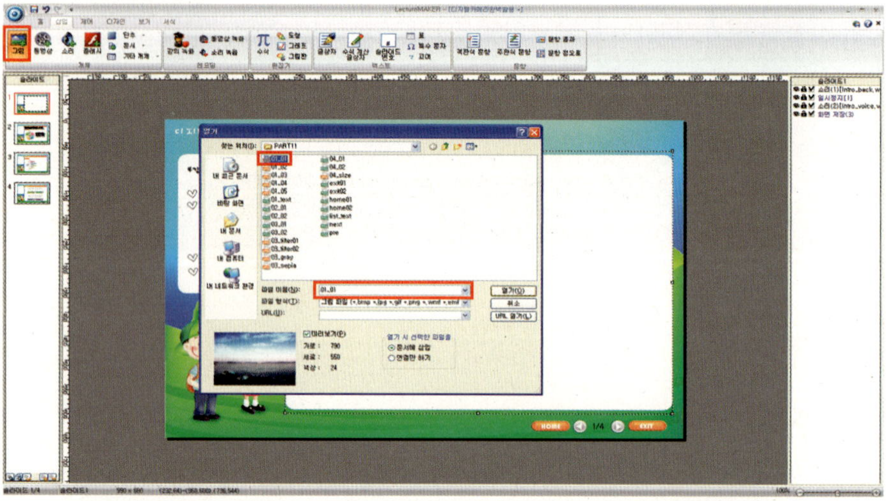

3 화면 전화 효과 지정하기

그림을 화면에 맞게 크기를 지정해 준 다음 더블클릭하여 [서식]-[애니메이션] 명령을 통해 그림이 나타날 때의 화면 전환 효과를 지정해줍니다.

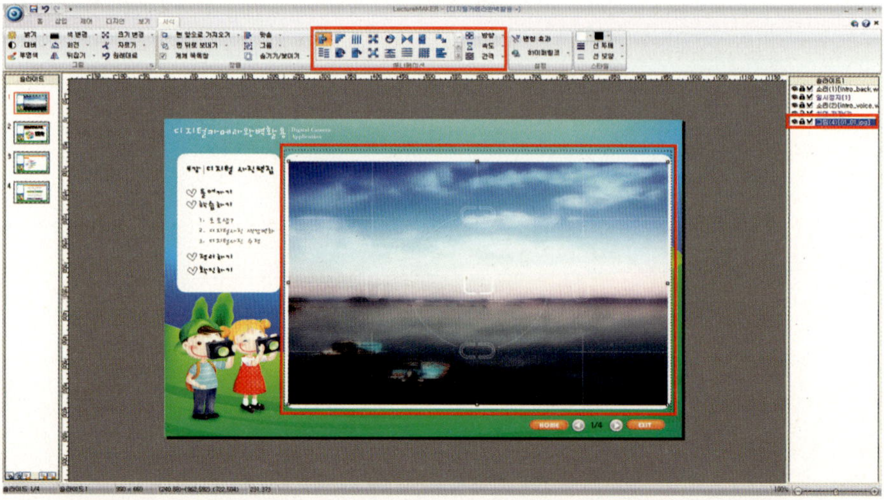

4 그림 파일 삽입하기

[삽입]-[그림] 명령을 클릭하여 [PART11] → [01_text.png] 파일을 열어줍니다. 이 파일도 화면 효과를 지정해줍니다.

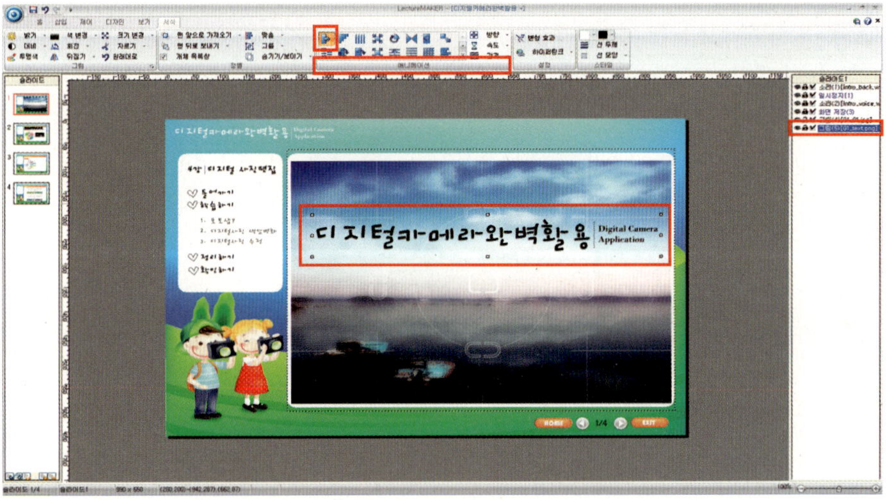

5 일시정지 삽입하기

[제어]-[화면]-[화면 복구] 명령을 클릭하여, '일시정지[2]' 이후 화면이 복구되도록 설정합니다.

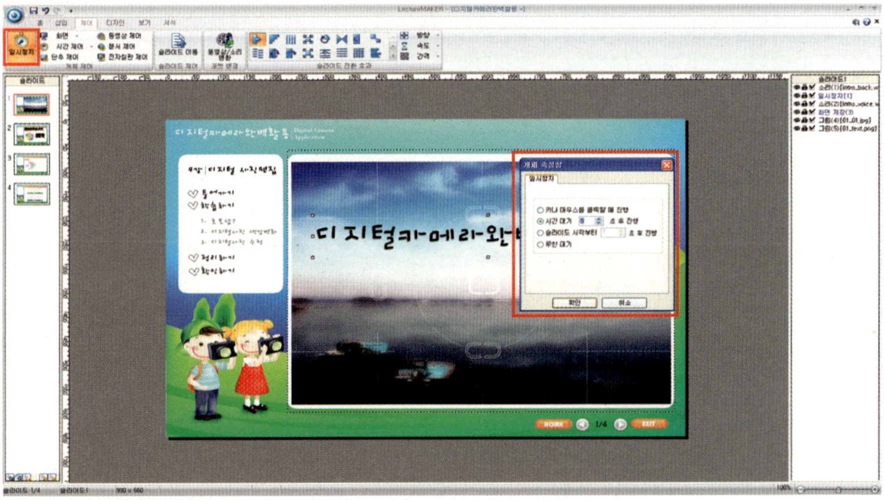

6 화면 복구 설정하기

이 화면이 2초간 지속된 후 사용자가 원하는 시점에 '저장한' 화면을 복구하기 위해서 [삽입] 탭의 [화면 복구] 명령을 클릭합니다. 화면ID는 화면 저장을 3번 ID로 하였기 때문에 3번으로 지정한 후 [원래 위치에 복구]를 클릭합니다.

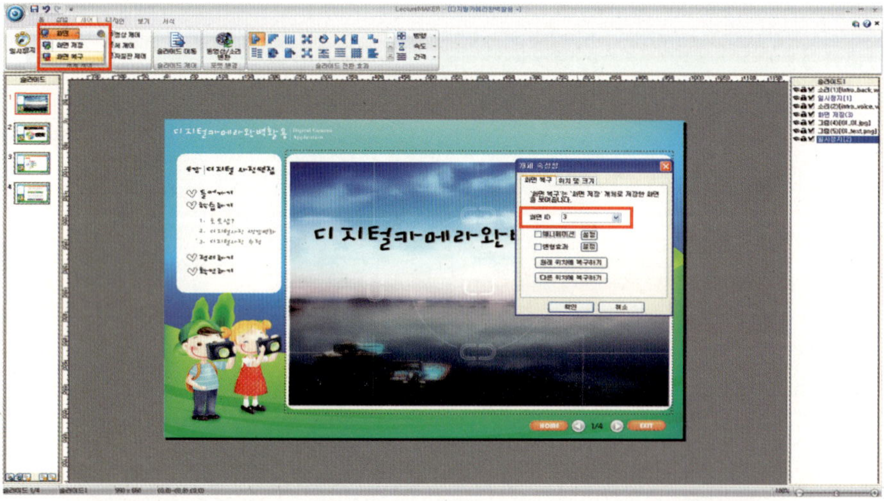

7 화면 효과 삽입하기 1

[PART11] → [01_02.jpg] 그림도 다음과 같이 삽입한 후 [애니메이션 효과] 지정과, [일시정지], [화면 복구] 명령을 삽입해 줍니다.

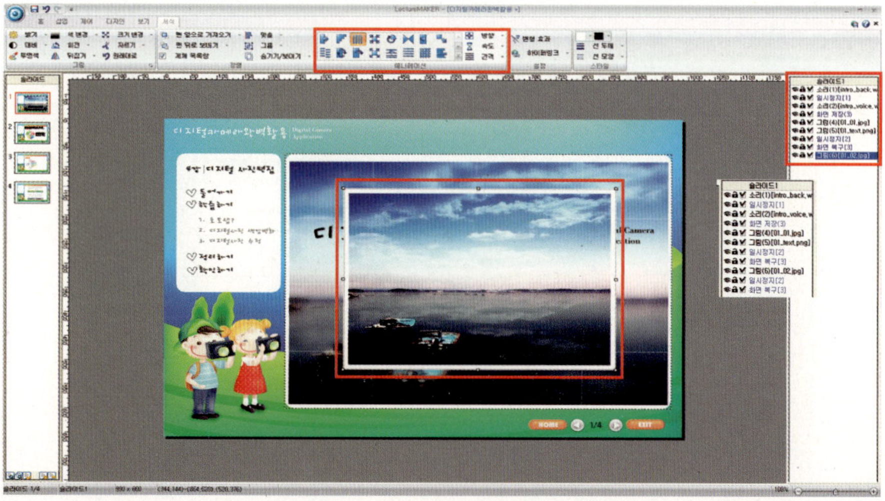

8 화면 효과 삽입하기 2

[PART11] → [01_03.jpg], [PART11] → [01_04.jpg] 파일, [일시정지], [화면복구]를 아래와 같이 삽입합니다.

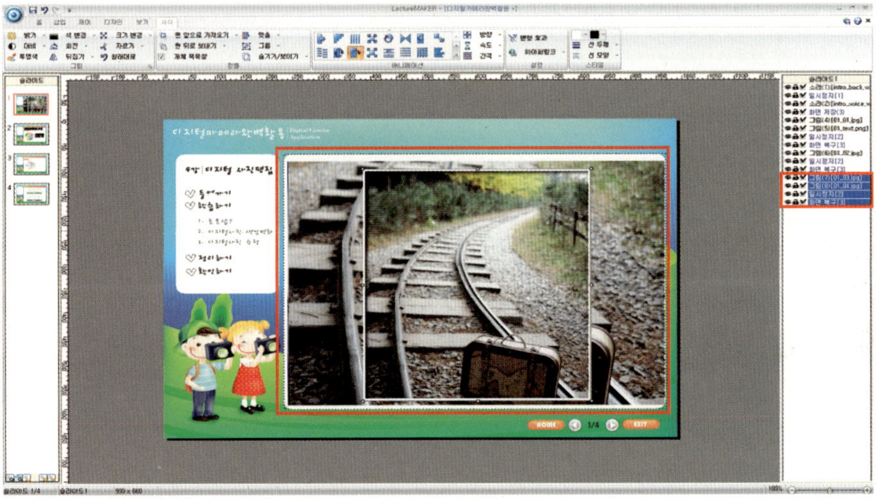

9 화면 효과 삽입하기 3

[PART11] → [01_05.jpg], [PART11] → [01_text.png] 파일, [일시정지], [화면복구]를 아래와 같이 삽입합니다.

... 참고 개체 목록창의 , 표시 알아보기

작업을 할 때 불가피하게 개체의 위치가 겹칠 경우에 , 표시를 통해서 현재 화면에 나타나는 개체를 조절할 수 있습니다.

: 개체를 보입니다.
: 개체를 현재 화면에서 숨깁니다.

STEP›› 5 본문 슬라이드 완성하기 I

화면 저장/복구를 통해서 단추를 제어해보겠습니다.

1 글상자 삽입하기

2번 슬라이드를 선택한 후, [삽입]탭 [글상자] 명령을 클릭하여, 글상자를 열어준 후 다음과 같이 입력합니다.

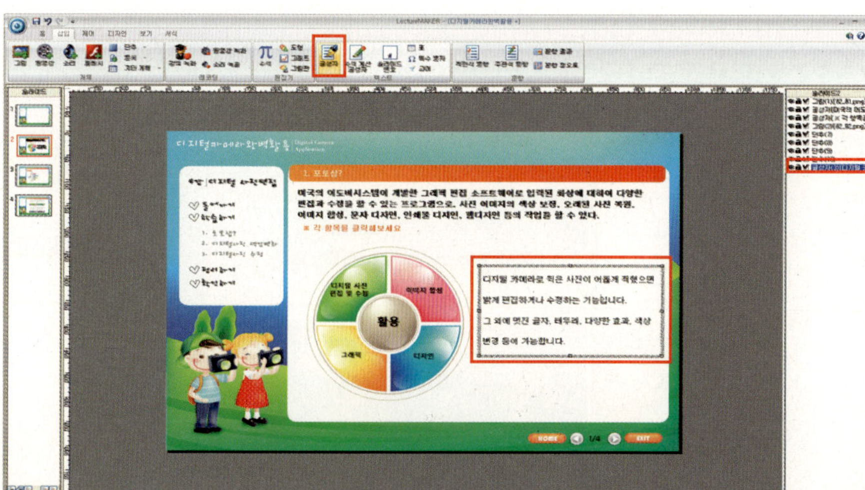

2 애니메이션 효과 적용하기

글상자의 개체속성을 다음과 같이 변경합니다. 글상자가 나타날 때 애니메이션 효과를 주기 위해서 [애니메이션 설정]을 클릭한 후 사용자가 원하는 효과를 지정합니다.

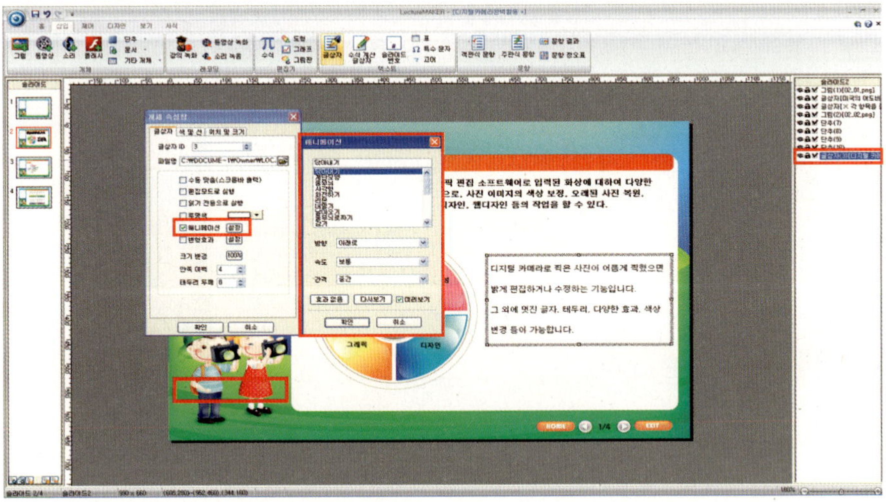

3 화면 저장하기

단추를 클릭하면, 이전에 나왔던 글상자가 사라진 후 해당하는 글상자가 나타나도록 빈 화면을 저장해줍니다. 화면을 저장해줄 때, 글상자의 크기 이상으로 화면 저장 크기를 지정합니다.

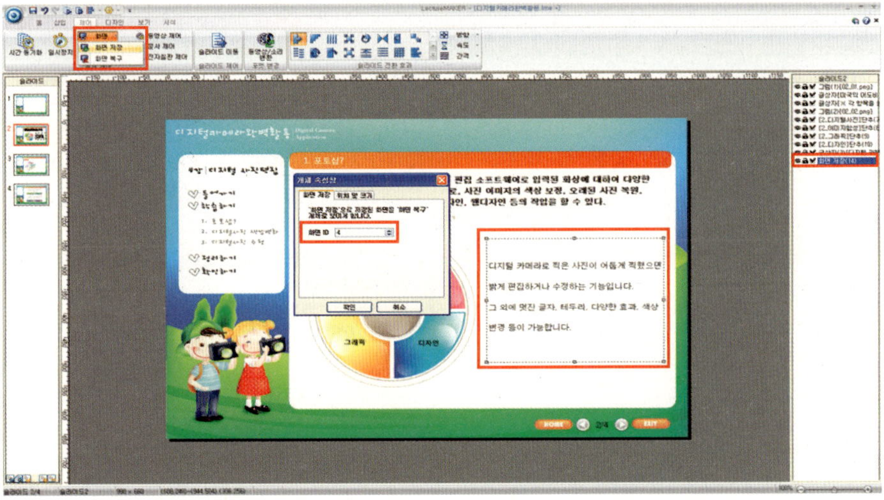

4 화면 저장 개체 순서 변경하기

개체 목록창에서 화면 저장 위치를 글상자 이전으로 지정해주어 빈 화면이 저장되도록 합니다.

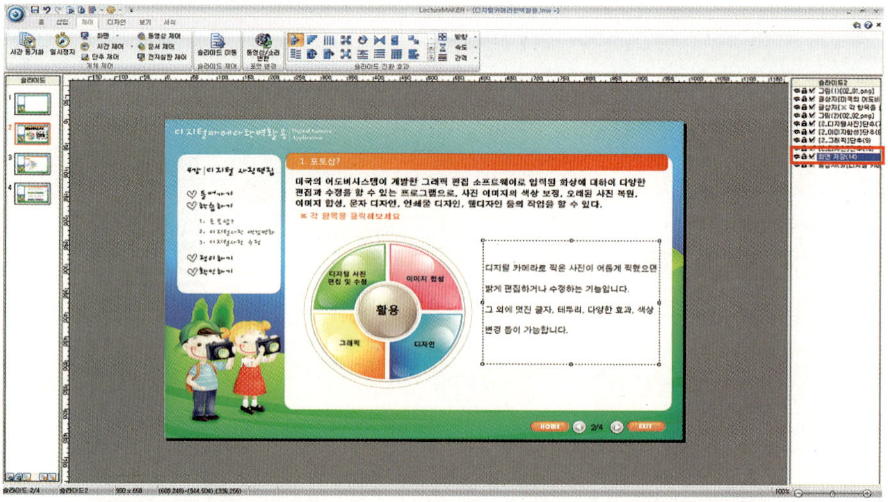

5 화면 복구 설정하기

각각의 단추를 클릭하였을 때 빈 화면이 나타난 이후 글상자가 나타나도록, 화면 복구를 글상자 이전으로 삽입합니다.

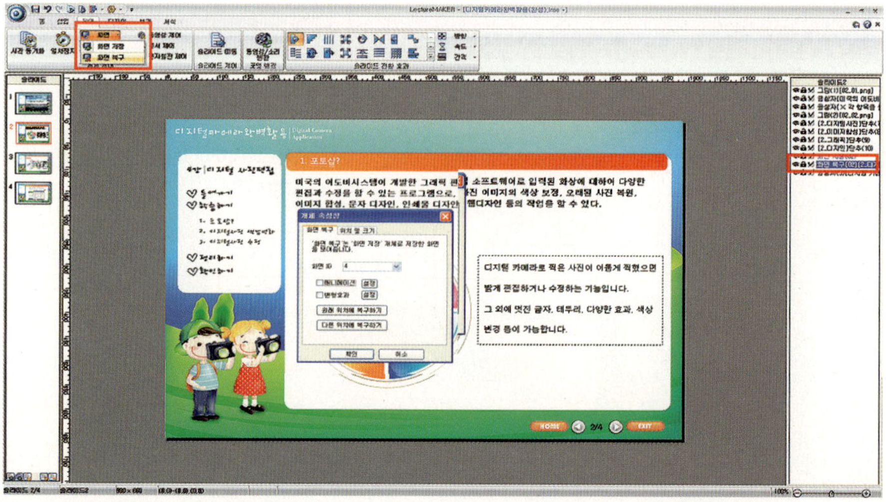

6 화면 복구, 글상자 개체 숨기기

화면 복구(4)와 글상자를 같은 이름으로 숨겨줍니다.

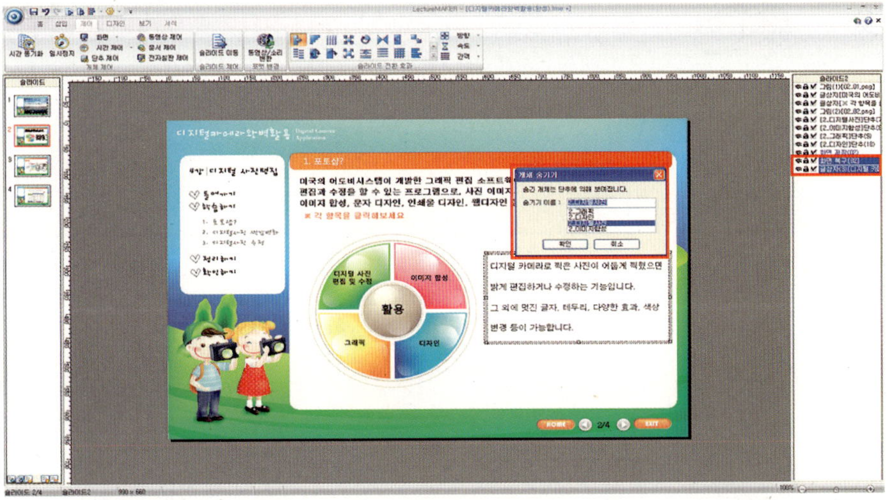

7 단추 개체 속성 변경하기

〈단추 7〉을 클릭하였을 때, '디지털 사진' 화면 복구와 글상자가 나타나도록 단추의 개체속성을 다음과 같이 지정합니다.

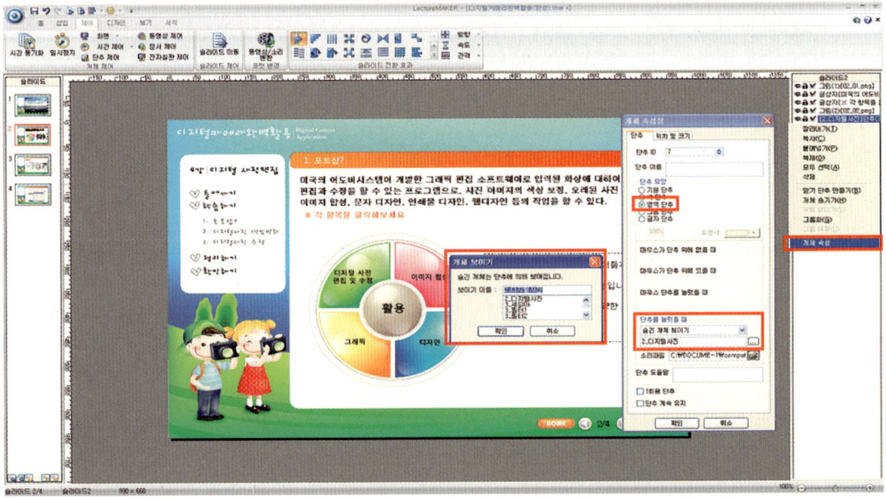

STEP›› 6

본문 슬라이드 완성하기II

화면 저장/복구를 통해서 단추를 제어해보겠습니다.

1 글상자 개체 숨기기

다음과 같이 글상자를 입력한 후, '이미지 합성'으로 화면복구와 글상자 개체를 숨겨줍니다.

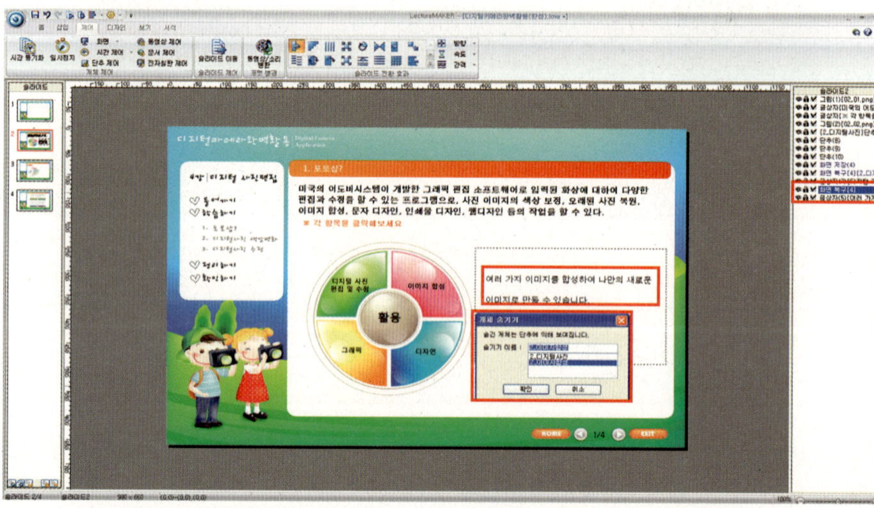

2 단추 (8) 개체 속성 변경하기

〈단추 8〉을 클릭하였을 때 '디지털 사진' 화면 복구와 글상자가 나타나도록 단추의 개체속성을 다음과 같이 지정합니다.

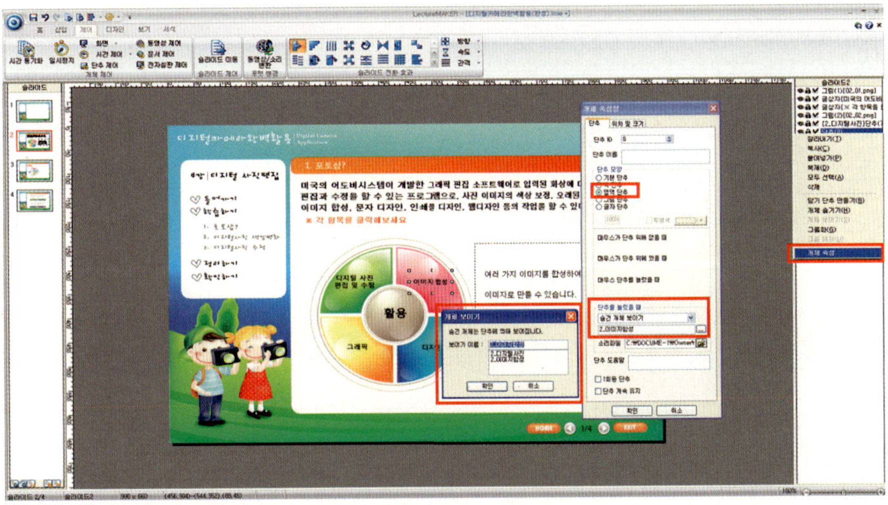

3 화면 복구, 글상자 개체 숨기기

다음과 같이 글상자를 입력한 후, '그래픽'으로 화면복구와 글상자 개체를 숨겨줍니다.

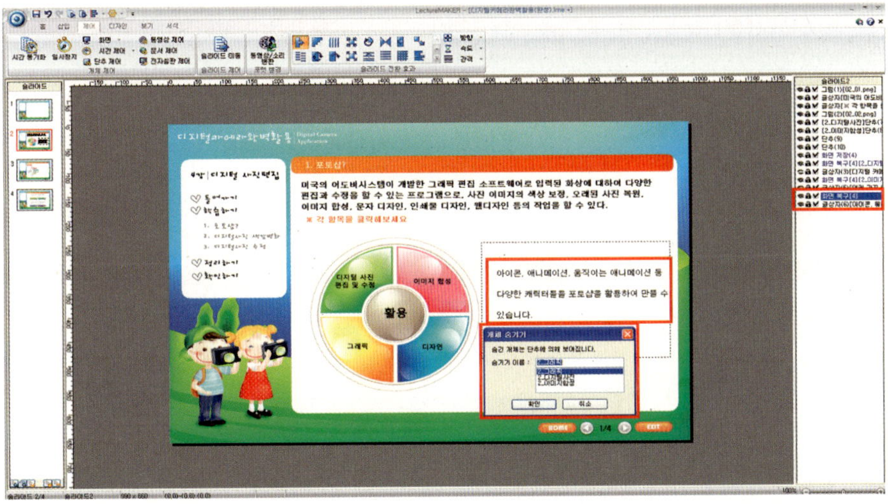

4 단추 (9) 개체 속성 변경하기

〈단추 9〉를 클릭하였을 때 '그래픽' 화면 복구와 글상자가 나타나도록 단추의 개체속성을 다음과 같이 지정합니다.

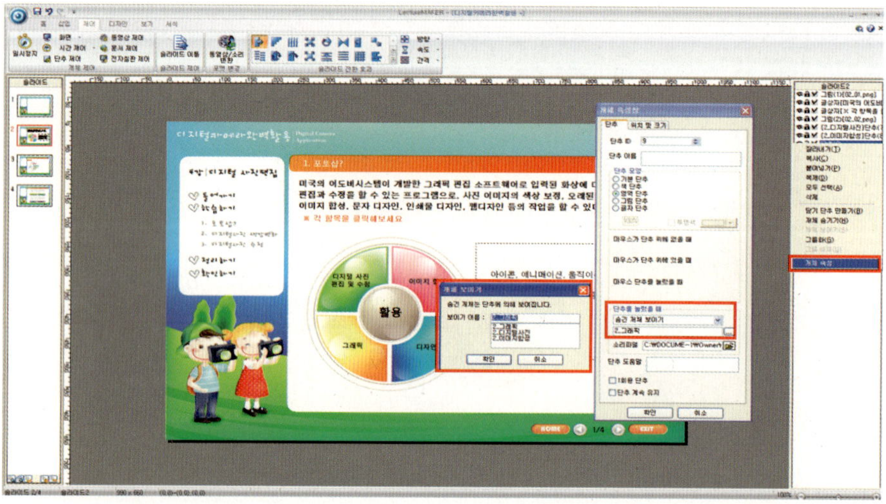

5 화면 복구, 글상자 숨기기

다음과 같이 글상자를 입력한 후, '디자인'으로 화면복구와 글상자 개체를 숨겨줍니다.

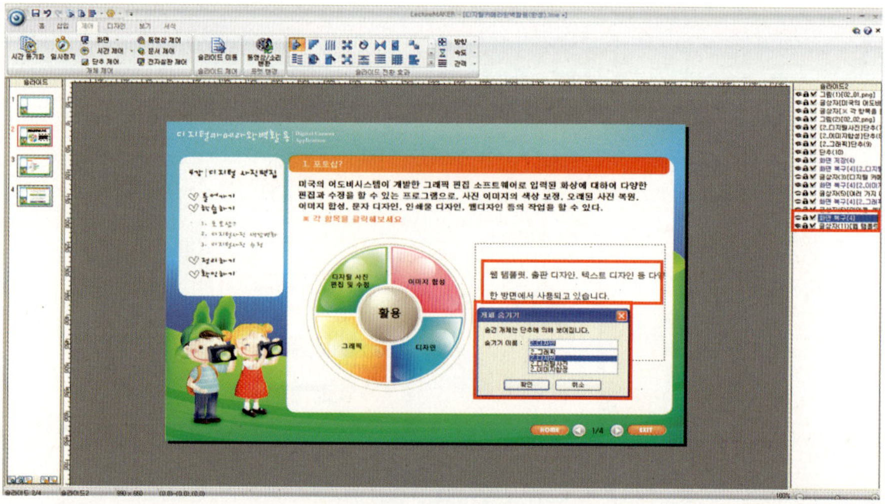

6 단추 (10) 개체 속성 변경하기

〈단추 10〉을 클릭하였을 때 '디자인' 화면 복구와 글상자가 나타나도록 단추의 개체속성을 다음과 같이 지정합니다.

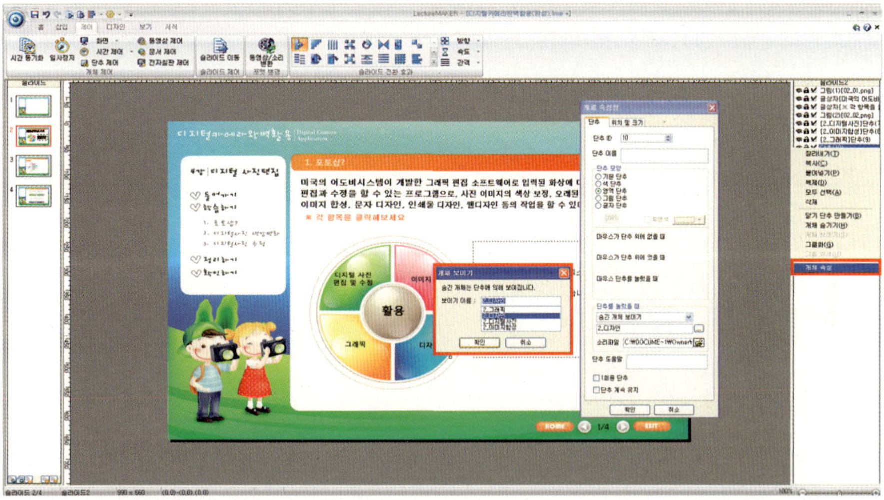

7 팝업 확인하기

현재 슬라이드를 실행하여 각 단추에 적절하게 팝업이 되는지 확인합니다.

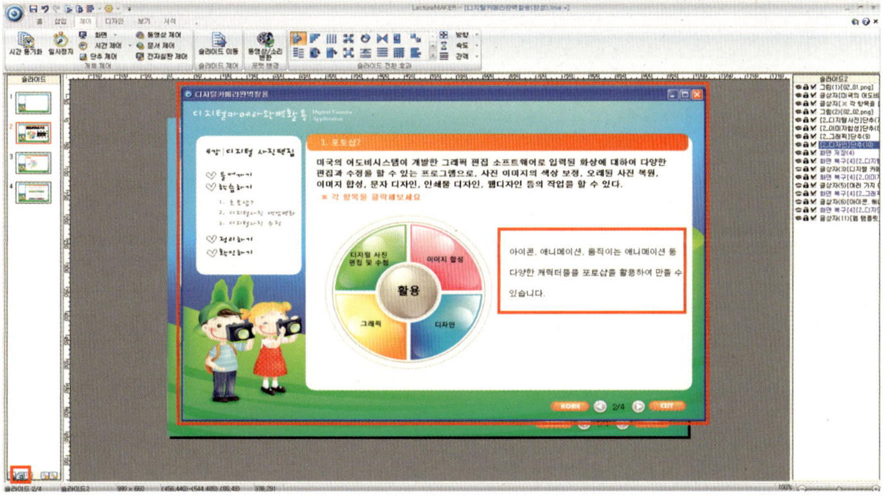

STEP›› 7 본문 슬라이드 완성하기Ⅲ

3번 슬라이드에 [닫기 단추 만들기]를 통해서 간단한 팝업창을 만들어보겠습니다.

1 그림 파일 삽입하기

[삽입]-[그림]명령을 클릭하여 [PART11] → [03_gray.jpg] 파일을 열어줍니다.

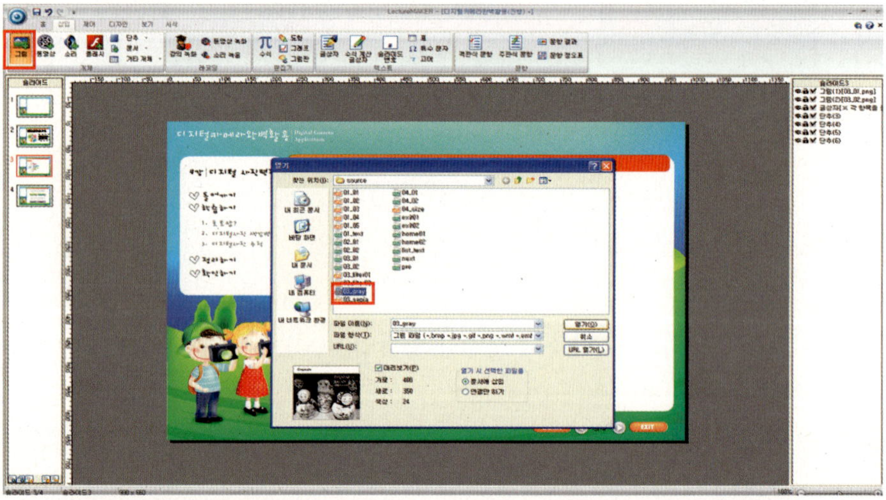

2 그림 파일 개체 숨기기

그림을 적절한 위치로 이동시킵니다. 그다음 단추를 클릭하면 그림이 나타날 수 있게 [PART11] → [03_gray.jpg] 파일을 '개체 숨기기'해 줍니다. 숨기기 이름은 '3_흑백'으로 지정합니다.

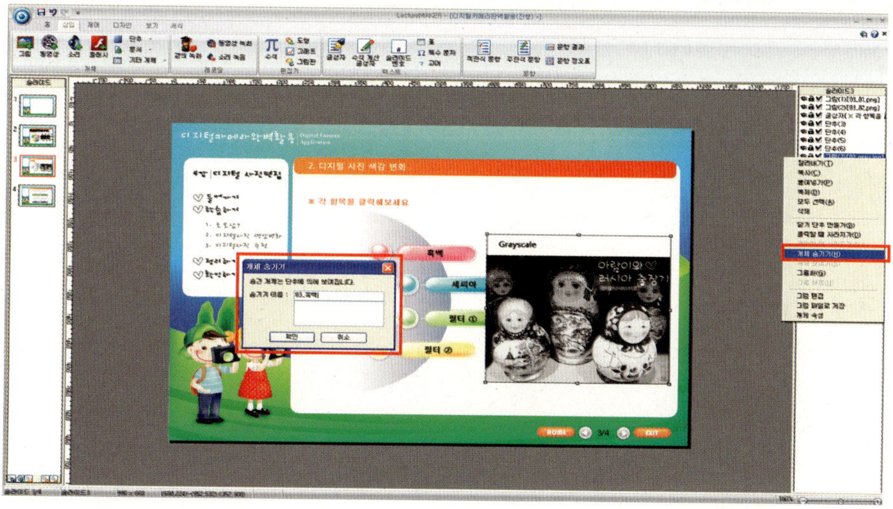

3 닫기 단추 만들기

그림의 닫기 단추를 만들기 위해 '개체 목록창'의 각 그림에서 마우스 오른쪽 버튼을 클릭하여 '닫기 단추 만들기'를 클릭합니다.

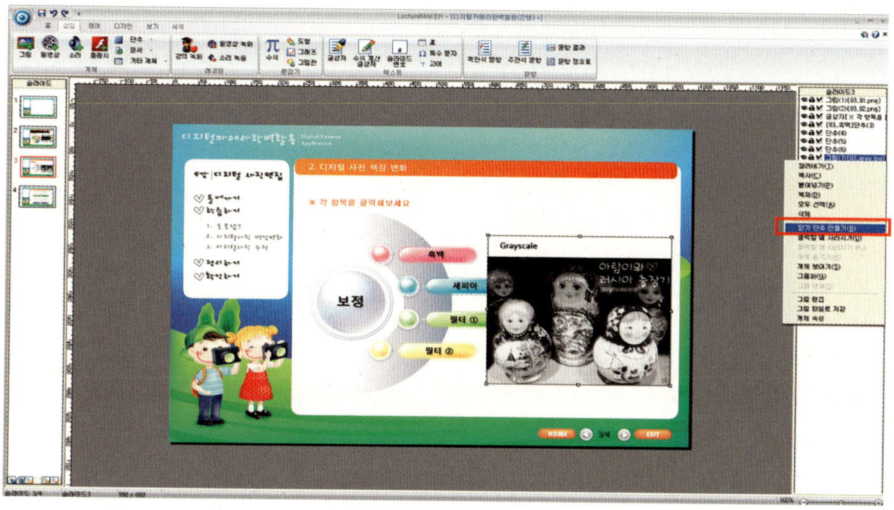

4 닫기 단추 개체 숨기기

다음과 같이 닫기 단추가 삽입된 것을 알 수 있습니다. 닫기 단추의 위치를 알맞게 변경하고 그림과 같이 나타나게 하기 위해서 개체 숨기기를 해줍니다. 숨기기 이름은 그림과 같이 '3_흑백'으로 지정합니다.

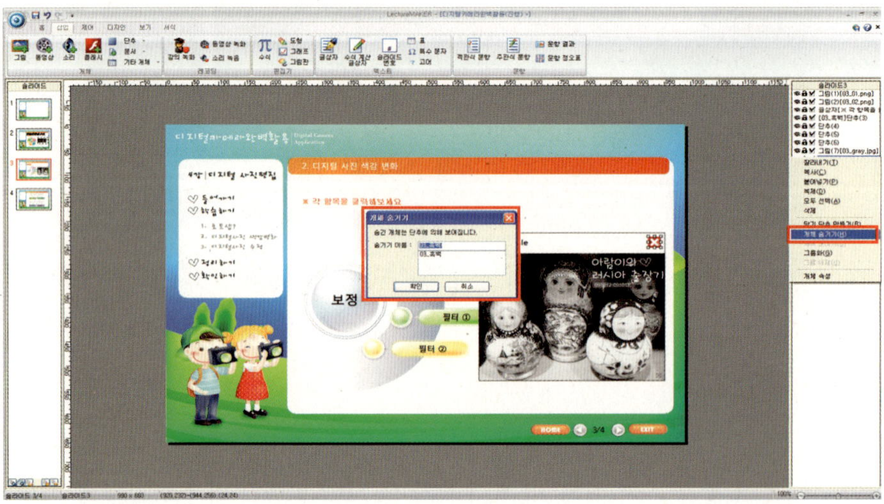

5 단추 (3) 개체 속성 변경하기

〈단추 3〉을 클릭하면 그림과 닫기 단추가 나타나도록 [개체 속성]을 다음과 같이 변경합니다.

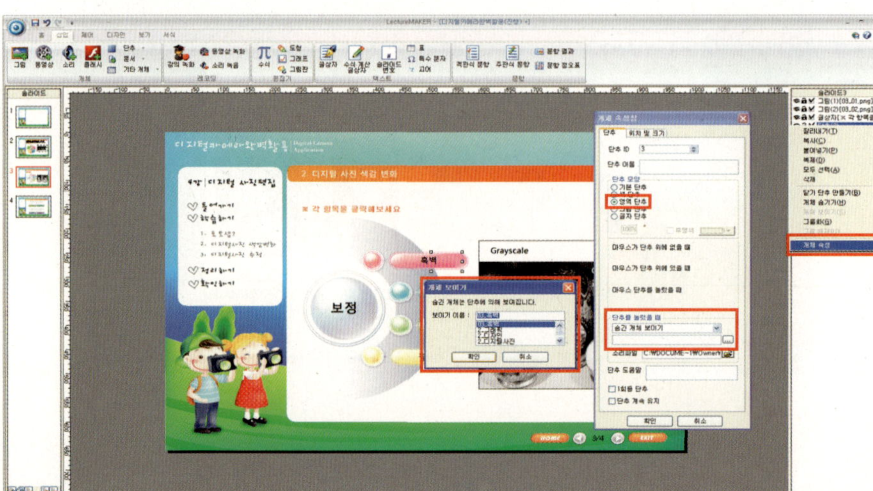

6 단추 (4, 5, 6) 설정하기

위와 같은 방법으로 〈단추(4, 5, 6)〉을 연결합니다.

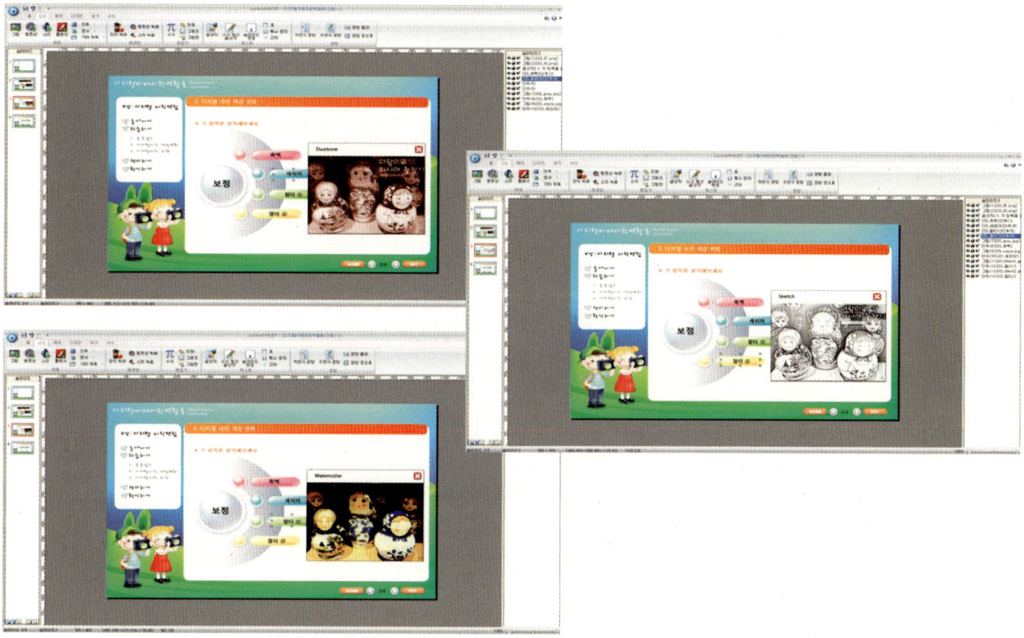

STEP›› 8

팝업창과 메시지창 동시에 나타내기

4번 슬라이드에 팝업창과 메시지창을 각각 삽입하여 보겠습니다.

1 그림 파일 삽입하기

4번 슬라이드에서 [삽입]탭의 [그림]명령을 통해 [PART11]→[size.png] 파일을 삽입하겠습니다.

2 그림 개체 숨기기

버튼을 누를 때 삽입한 그림이 나오도록 그림 개체를 숨겨줍니다. 그리고 닫기 버튼을 클릭할 때 없어지도록 [닫기 단추 만들기]를 클릭해줍니다.

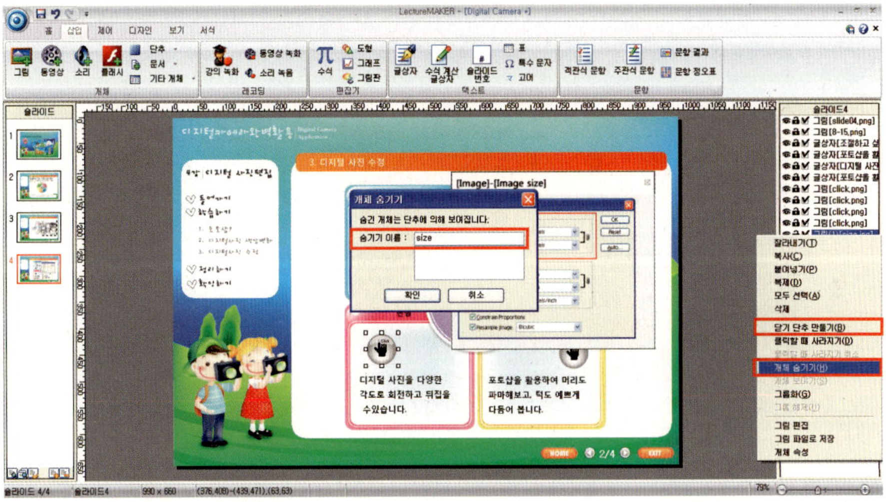

3 그림 단추 개체 속성 설정하기

그림 단추를 통해 를 만들어 준 후 다음과 같이 설정합니다.

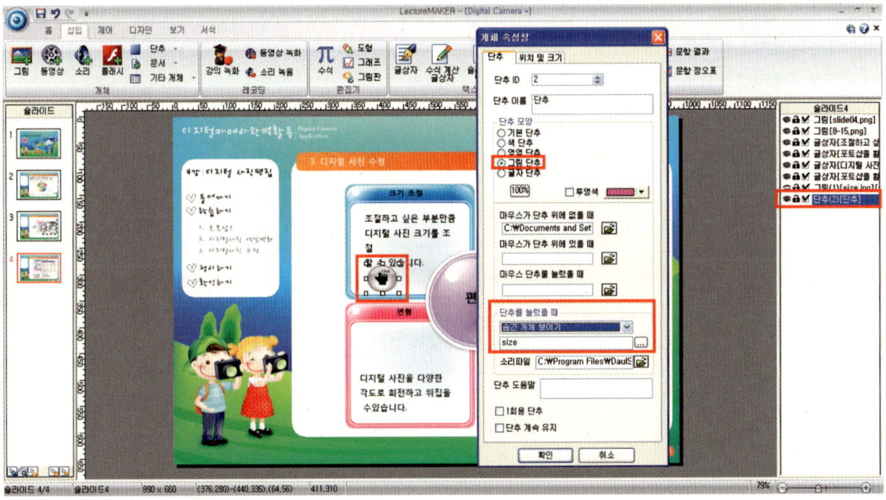

4 나머지 단추 개체 속성 설정하기

나머지 단추에는 [알림 메시지창]이 나타나도록 단추의 개체 속성을 다음과 같이 변경해 줍니다.

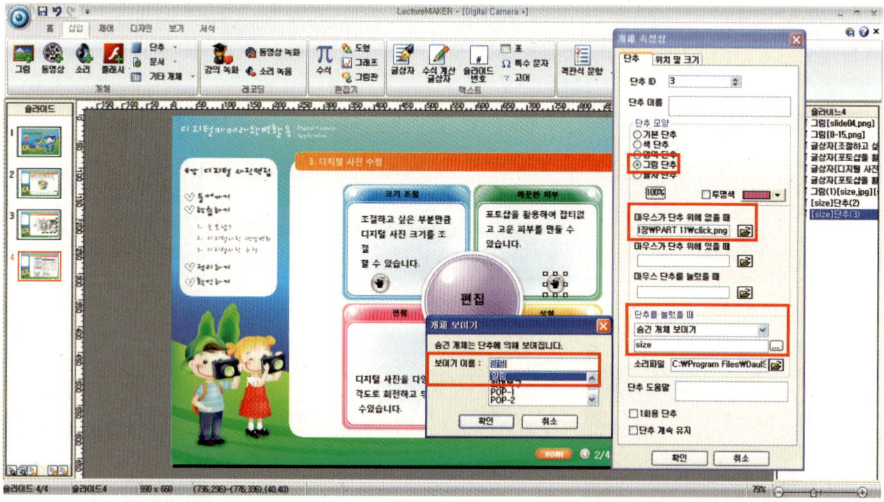

STEP›› 9 완성된 콘텐츠 저장 및 실행하기

완성된 콘텐츠를 저장하고 실행해보겠습니다.

1 다른 이름으로 저장하기

완성된 콘텐츠를 [다른 이름으로 저장]하여 원본을 저장합니다.

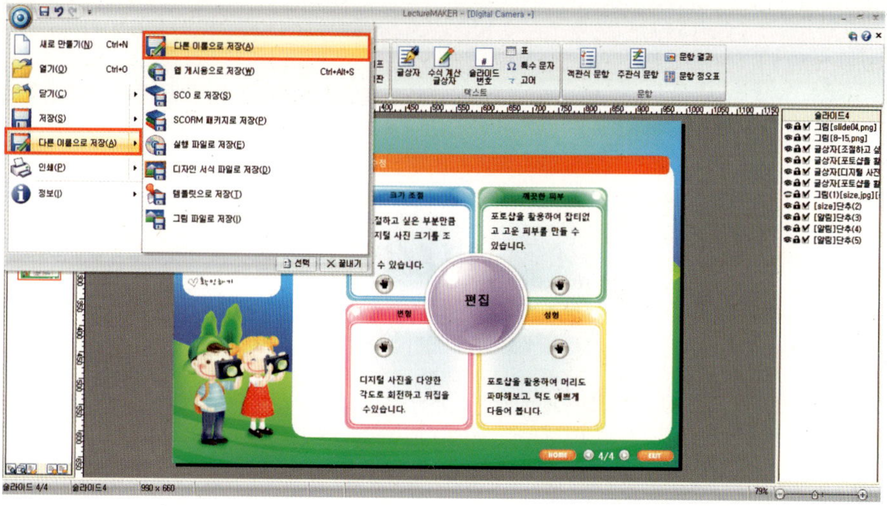

2 웹 게시용으로 저장하기

웹에 게시하기 위해서 [다른 이름으로 저장] - [웹 게시용으로 저장] 을 클릭하여 html 웹 게시용으로 저장합니다.

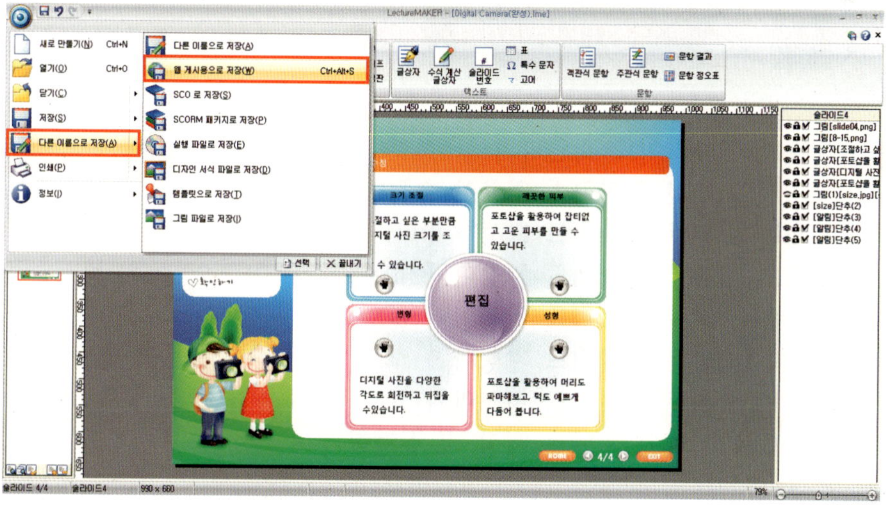

C/H/A/P/T/E/R

12

이차함수 완전 정복

STEP BY STEP

STEP 1. 슬라이드 확인하기
STEP 2. 수식 편집기를 이용한 슬라이드 만들기
STEP 3. 본문 슬라이드 완성하기 Ⅰ
STEP 4. 본문 슬라이드 완성하기 Ⅱ
STEP 5. 본문 슬라이드 완성하기 Ⅲ
STEP 6. 본문 슬라이드 완성하기 Ⅳ
STEP 7. 본문 슬라이드 완성하기 Ⅴ
STEP 8. 완성된 콘텐츠 저장 및 실행하기

SUBJECT

이번 장에서는 편집기 기능 중 수식 삽입과 그래프 삽입를 이용하여 이차함수 완전 정복을 만들어 보도록 하겠습니다. 렉처메이커의 유용한 기능 중 하나인 편집기 기능을 사용하여, 효과적인 수학 콘텐츠를 구성하여 보겠습니다.

SUMMARY

1. 수식 삽입하기
2. 그래프 삽입하기

STEP›› 1 슬라이드 확인하기

미리 제작된 슬라이드를 확인해 보겠습니다.

1 예제 파일 열기

아이콘을 클릭하여 [열기]를 선택하고 예제 파일 [PART 12] → [이차함수.lme]을 선택하여 파일을 열어줍니다.

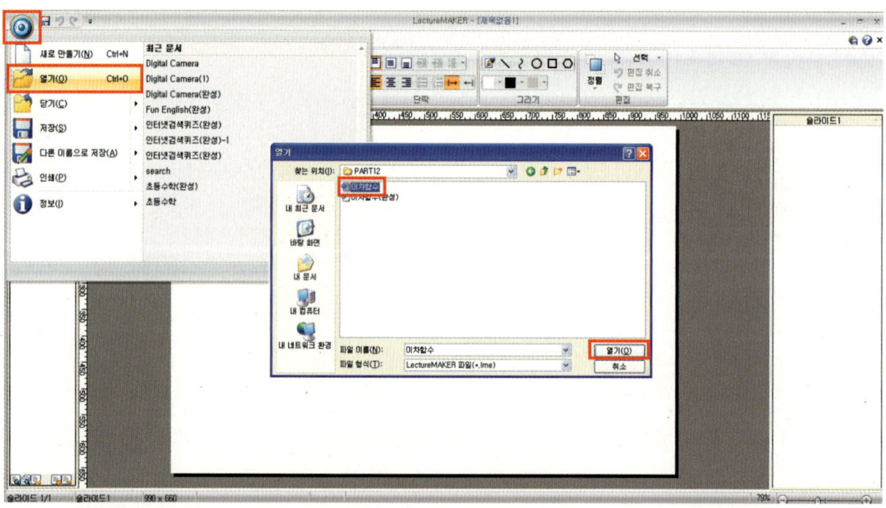

2 예제 파일 확인하기

다음과 같이 3, 4번 슬라이드를 제외한 나머지 슬라이드가 완성되어 있지 않습니다.

STEP〉〉 2 수식 편집기를 이용한 슬라이드 만들기

수식 편집기를 이용하여 1, 2, 9번 슬라이드를 완성해보겠습니다.

1 수식 편집기창 열기

1번 슬라이드에서 수식을 삽입하기 위해 [삽입]탭의 [수식]명령을 클릭합니다. 명령을 클릭하면 다음과 같은 화면이 나오면서 개체 목록창에 '글상자'라는 이름으로 개체가 삽입됩니다.

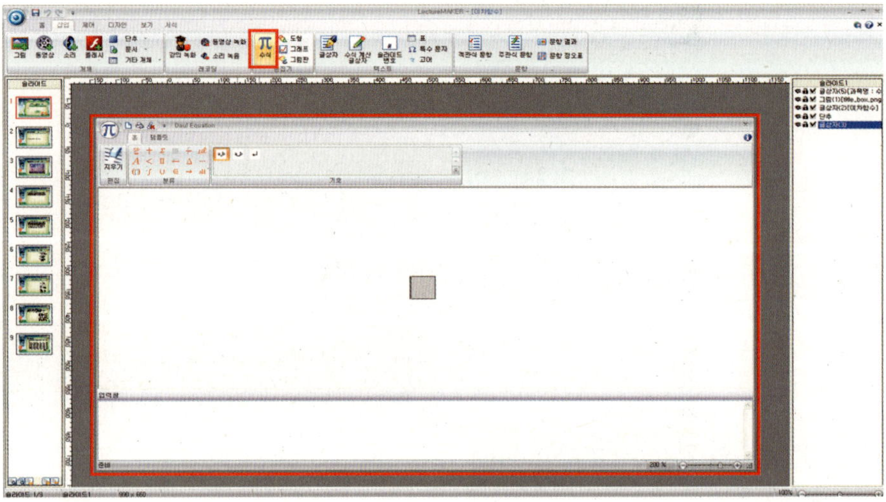

참고 수식 편집기 알아보기

1. 수식을 삽입할 때

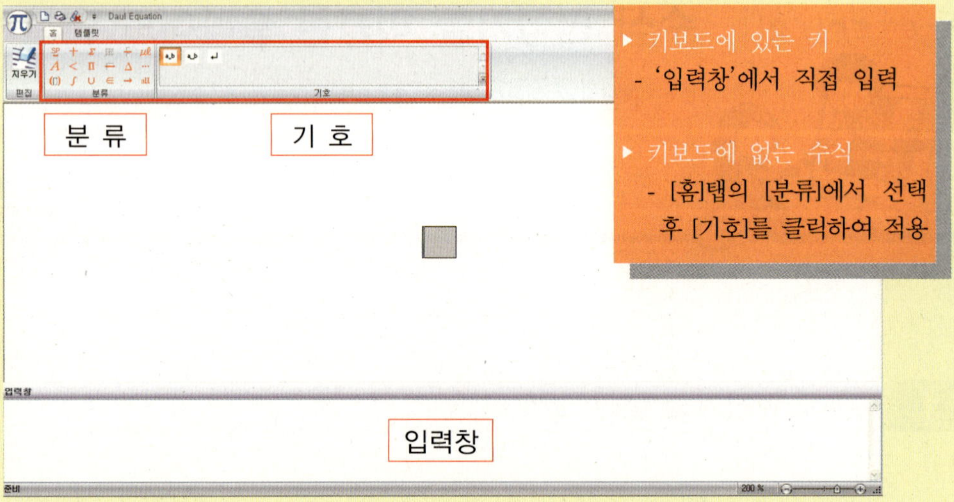

2. 수식을 불러올 때

미리 저장한 템플릿을 불러와서 삽입하여 줍니다.

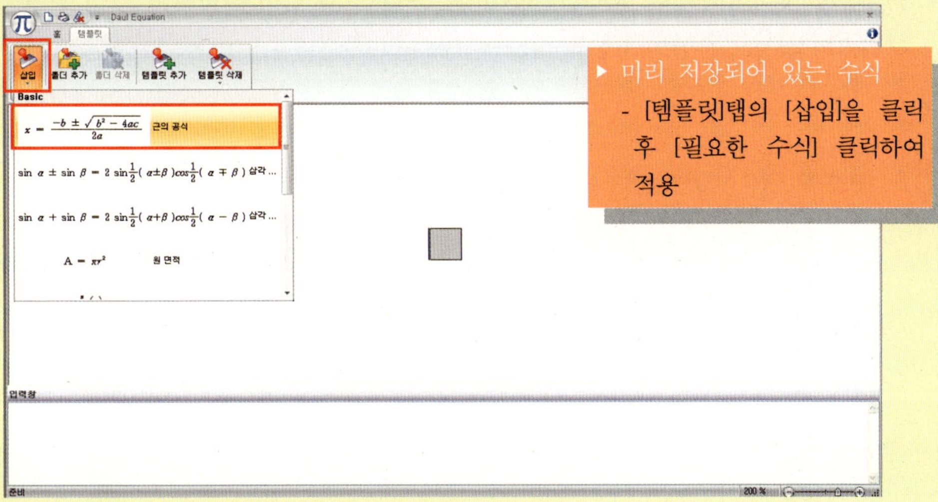

3. 수식을 저장할 때

자신이 만든 수식을 저장할 때는 [템플릿 추가]명령을 통해서 합니다.

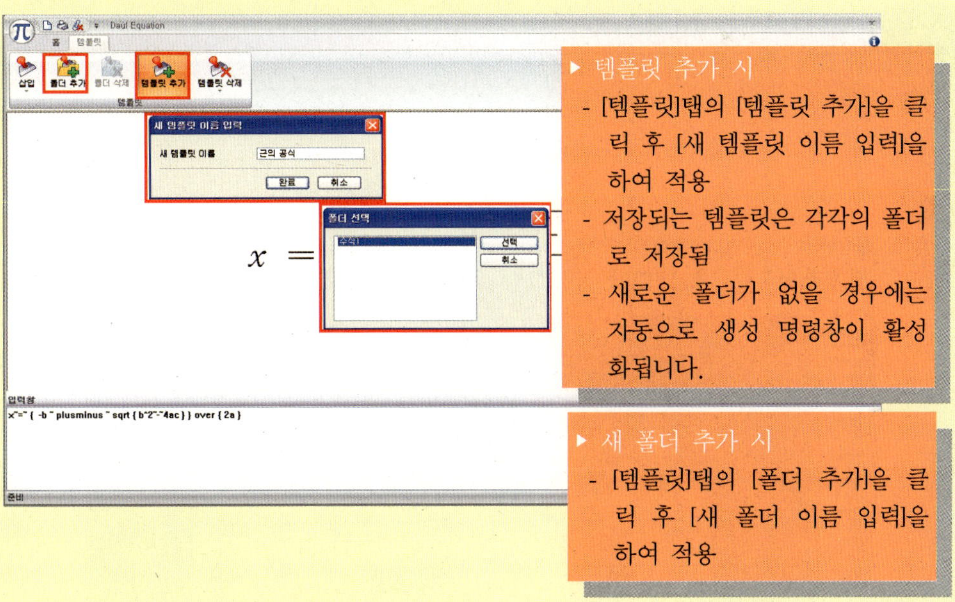

2 수식 삽입하기

수식편집기의 [입력창]에 〈y=ax^2 (a〉0) ` ` 그래프〉와 같이 입력한 후 삽입 후 종료( ) 버튼을 클릭하면 수식이 삽입됩니다.

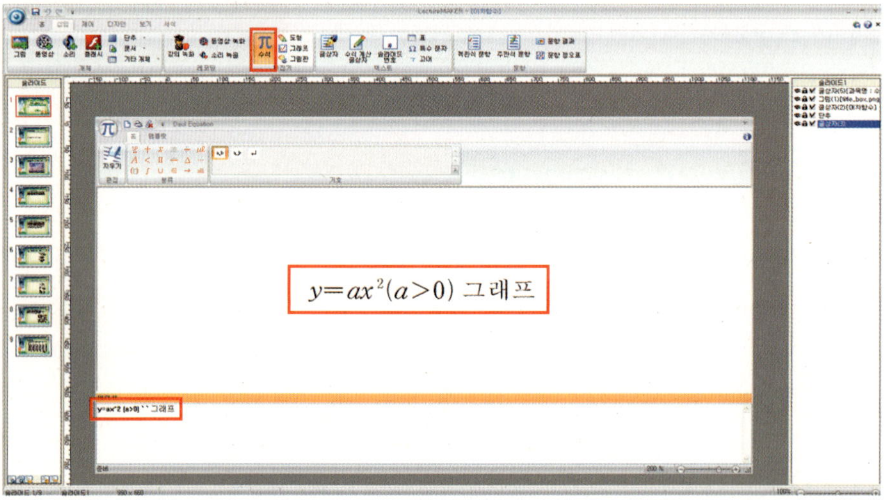

3 수식 위치 이동하기

삽입된 수식을 적절한 위치로 이동시킵니다.

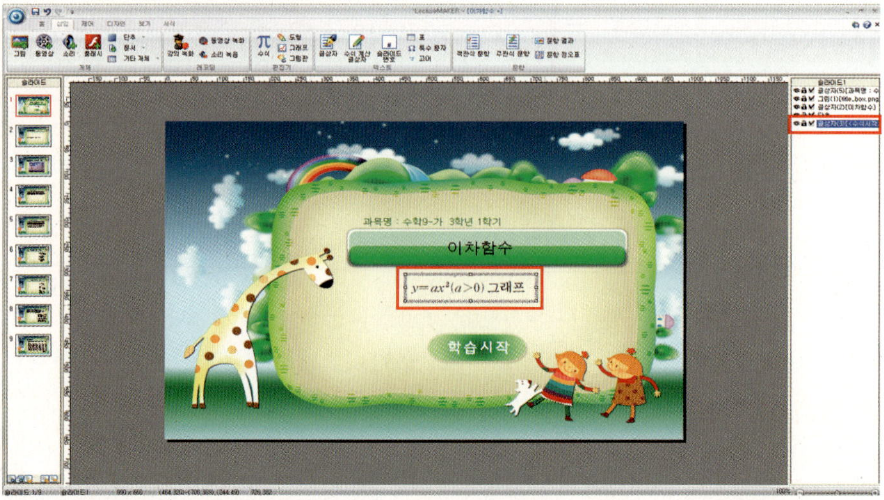

STEP〉〉3 본문 슬라이드 완성하기 I

2번 슬라이드에 수식과 그래프를 삽입하여 보겠습니다.

1 수식 입력하기

2번 슬라이드에 [삽입]탭 [편집기]그룹의 [수식]명령을 클릭하여, 입력창에 아래와 같은 수식을 입력합니다.

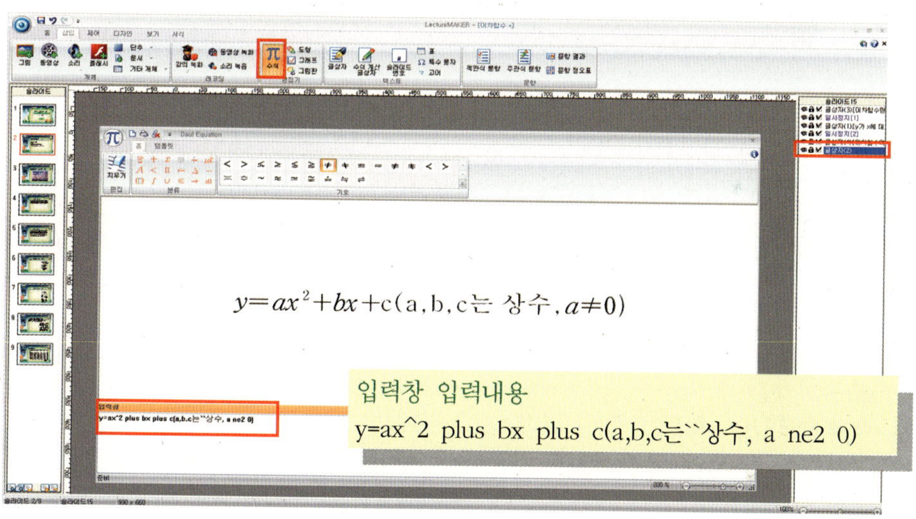

2 수식 서식 변경하기

삽입 후 종료( ) 버튼을 클릭한 후 아래와 같은 위치에 글상자를 위치시킵니다. 수식 글상자의 글꼴과 모양은 [홈]탭에서 수정 가능합니다.

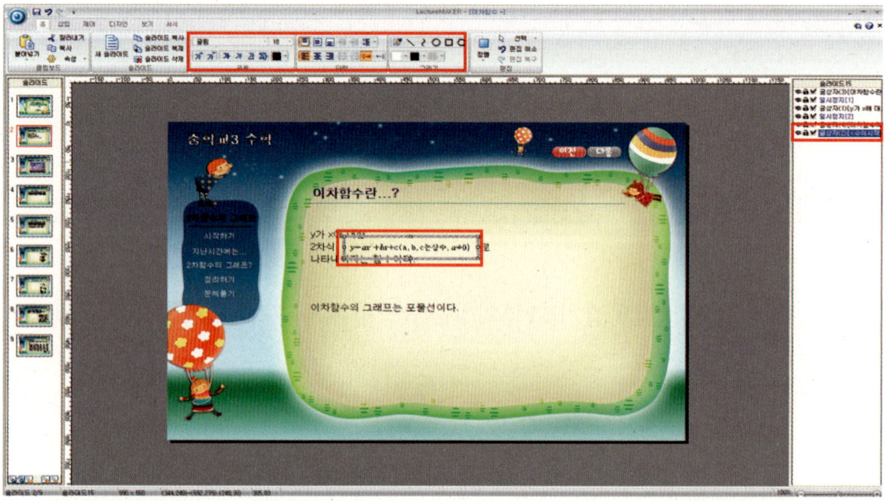

3 그래프 삽입하기

그래프를 삽입하기 위해서 [편집기]그룹의 [그래프]명령을 클릭합니다. 다음과 같은 그래프 삽입창이 나타납니다.

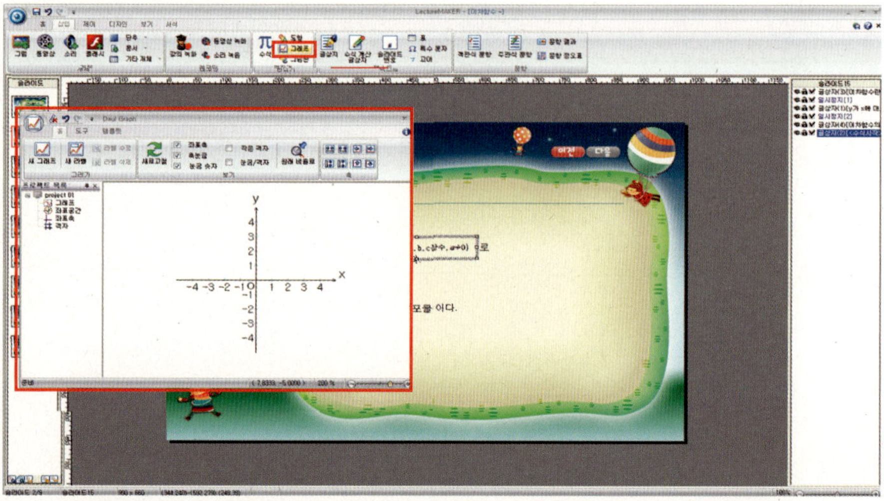

... 참고 그래프 편집기 알아보기

1. 화면 구성

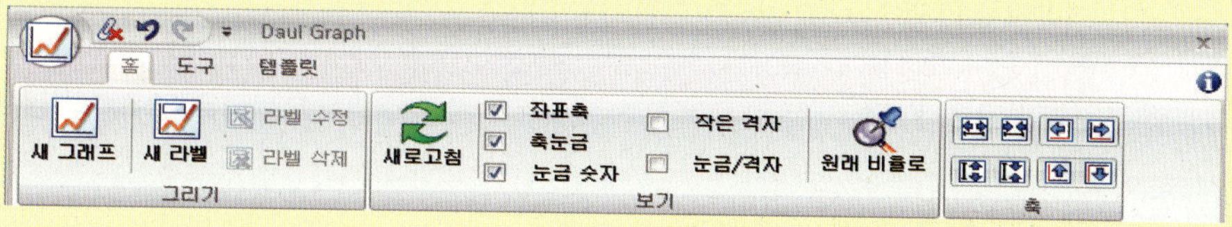

(1) [홈]탭

: 새 그래프를 삽입합니다. 그래프의 방정식을 작성하고, X, Y, Z축의 변수 이름을 지정할 수 있습니다. 그리고 그래프의 선 모양, 선 굵기, 선 색을 지정할 수 있습니다.

: 새 라벨(그래프 이름)을 작성할 수 있습니다. 라벨 글자의 속성을 변경할 수 있습니다.

: 그래프를 화면에 실제로 삽입되는 크기로 보여줍니다.

: X축과 Y축의 간격을 늘리거나 줄일 수 있습니다.

: X축과 Y축의 위치를 한 칸씩 이동할 수 있습니다.

보기 내용	설명	적용한 모습
좌표축	그래프의 좌표축이 나타나도록 합니다. 좌표축 설정은 [도구]탭의 [화면 설정] 클릭 or [프로젝트 목록]-[좌표축]-[좌표축 설정]클릭하여 [화면설정]창 활성화 [화면 설정]창의 [좌표축]탭에서 수정 가능합니다.	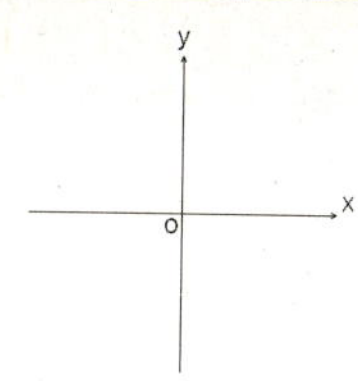
축눈금	그래프의 좌표축에 눈금이 나타나도록 합니다. 눈금 설정은 [화면설정]창의 [눈금]탭에서 수정 가능합니다.	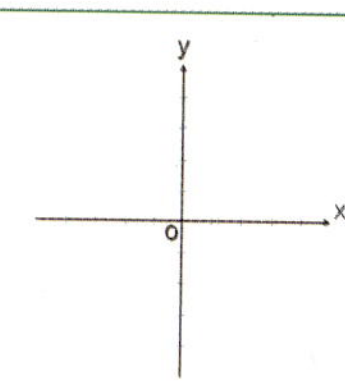
눈금 숫자	좌표축의 눈금에 숫자를 삽입합니다. 눈금 숫자 설정은 [프로젝트 목록]-[좌표축]-[좌표축 설정]클릭하여 [화면설정]창 활성화 [화면설정]창의 [눈금]탭에서 수정 가능합니다.	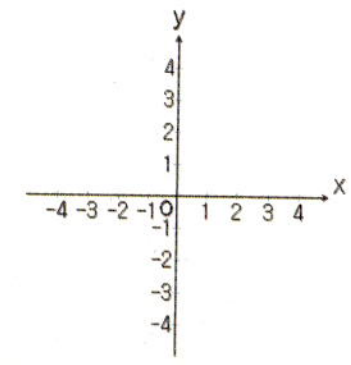

눈금/격자	그래프에 눈금/격자가 나타나도록 합니다. 격자 설정은 [화면설정]창의 [눈금]탭에서 수정 가능합니다.	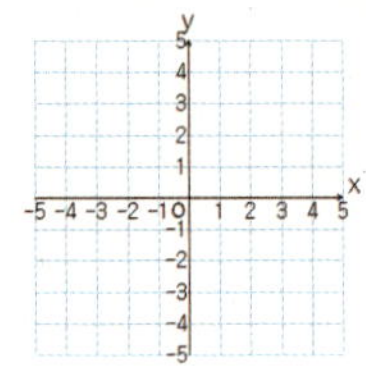
작은 격자	그래프에 작은 격자가 나타나도록 합니다.	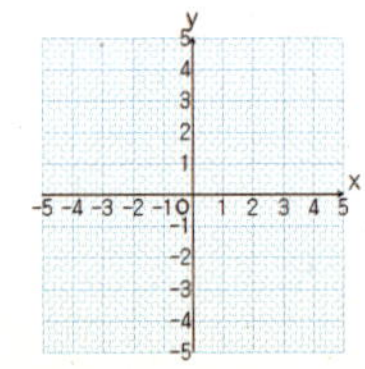

(2) [템플릿]탭

삽입 : 미리 저장된 그래프를 삽입할 수 있습니다.

템플릿저장 : 사용자가 만든 그래프를 템플릿으로 저장할 수 있습니다.

템플릿 삭제 : 사용자가 저장한 템플릿을 삭제합니다.

폴더 추가 : 템플릿을 저장할 폴더를 만듭니다.

4 그래프 설정 변경하기

[새 그래프]를 클릭하여, 그래프 방정식을 다음과 같이 입력해준 후 그래프 설정을 변경합니다.

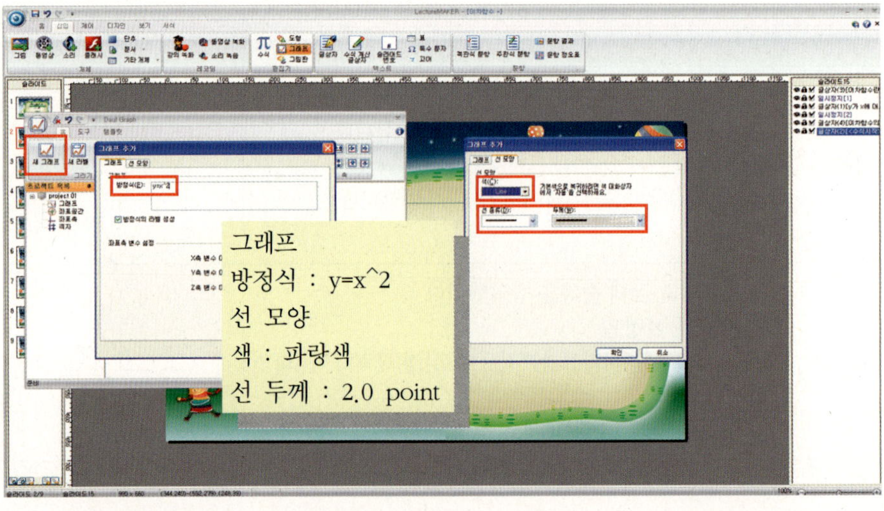

5 그래프 세부사항 변경하기

축을 다음과 같이 변경하고, [라벨 위치]를 이동합니다. 그 후 삽입 후 종료( ) 버튼을 클릭한 후 위치를 이동합니다.

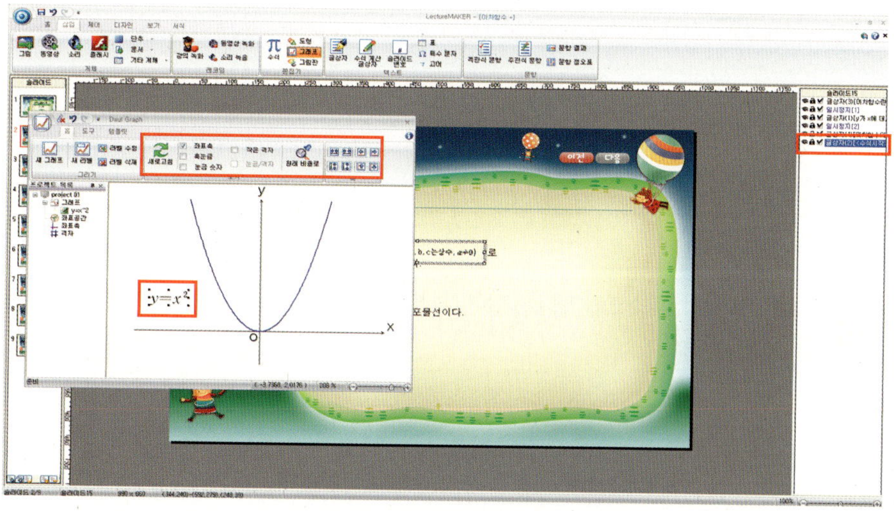

6 삽입된 그래프 확인하기

다음과 같이 그래프가 삽입된 것을 알 수 있습니다.

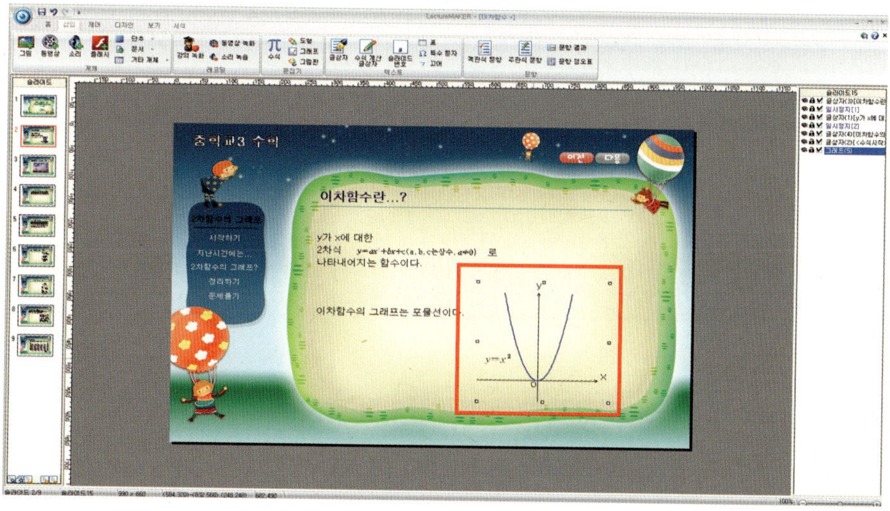

STEP›› 4 본문 슬라이드 완성하기 II

5번 슬라이드에 그래프를 삽입하여 보겠습니다.

1 그래프 세부사항 설정하기

5번 슬라이드를 선택한 후 [삽입]탭 [편집기]그룹의 [그래프]명령을 클릭하여, 다음과 같이 설정을 변경합니다.

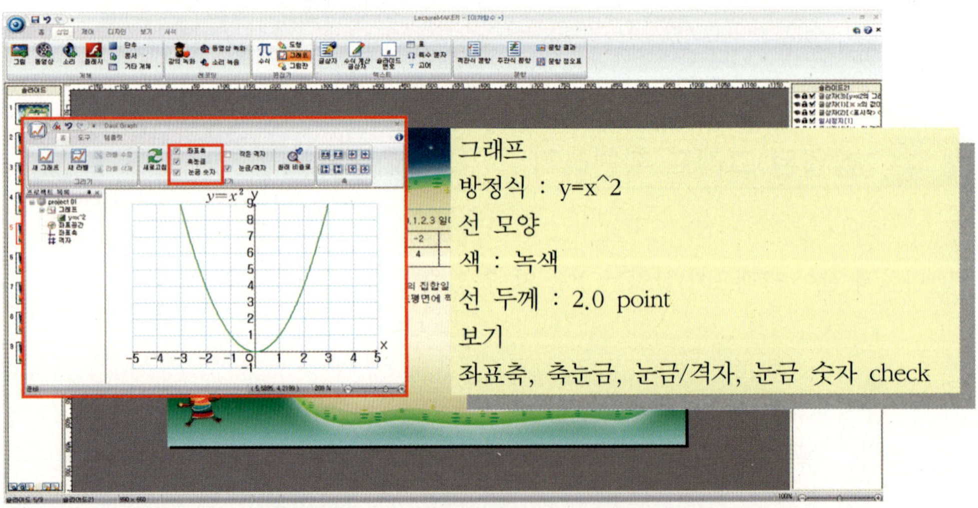

2 그래프 삽입하기

삽입 후 종료( ) 버튼을 클릭하여 그래프를 삽입한 후 위치를 이동합니다.

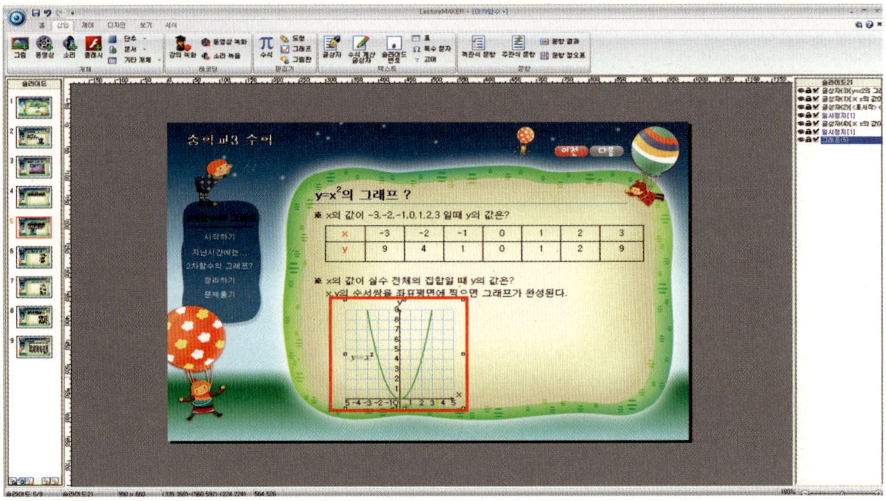

STEP›› 5 본문 슬라이드 완성하기 Ⅲ

7번 슬라이드에 그래프를 삽입하여 보겠습니다.

1 그래프 삽입하기

7번 슬라이드를 선택한 후 [삽입]탭 [편집기]그룹의 [그래프]명령을 클릭합니다.

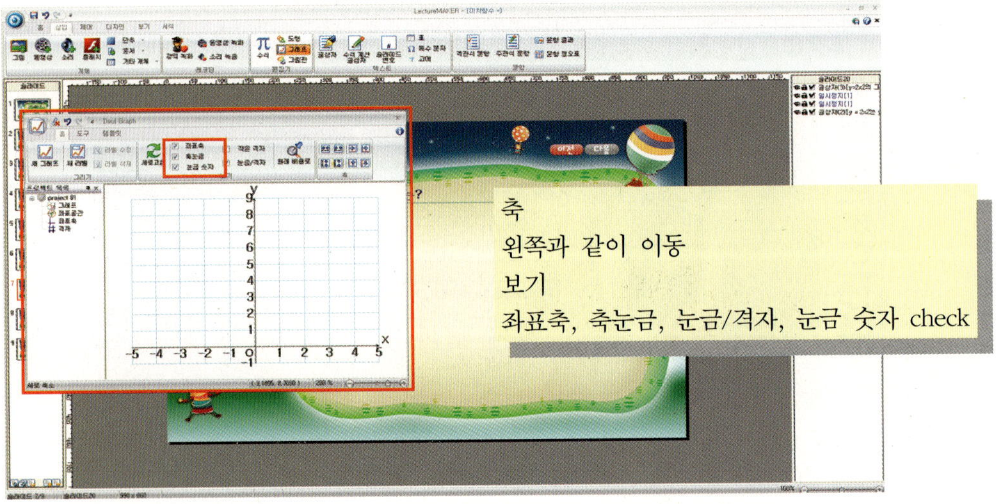

2 하나의 좌표공간에 2개의 그래프 삽입하기

하나의 좌표공간에 두 개의 그래프를 삽입하기 위해서는 [프로젝트 목록]에서 [그래프]-[그래프 추가]를 클릭하여 그래프를 추가하면 됩니다.

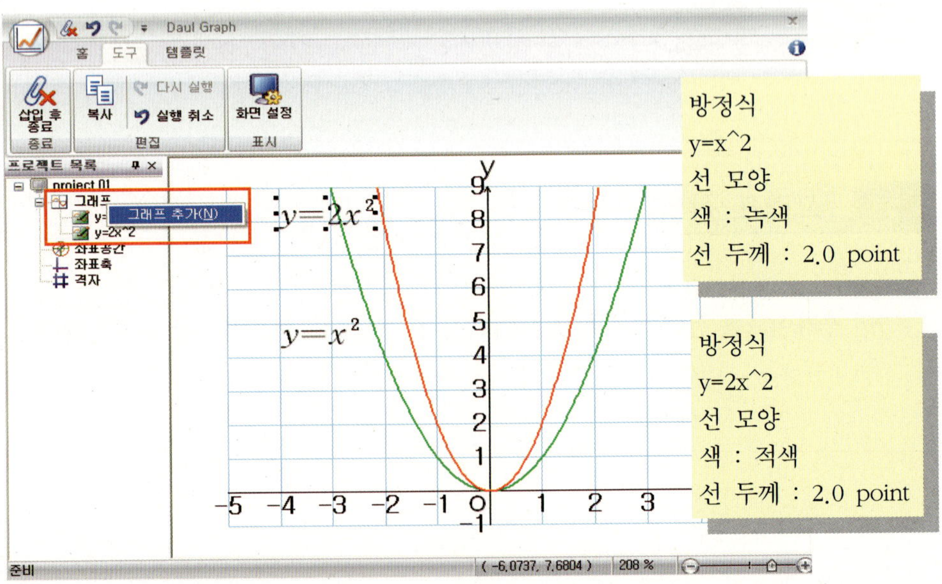

3 그래프 삽입하기

삽입 후 종료( ) 버튼을 클릭하여 그래프를 삽입한 후 크기를 조절하고 위치를 이동합니다.

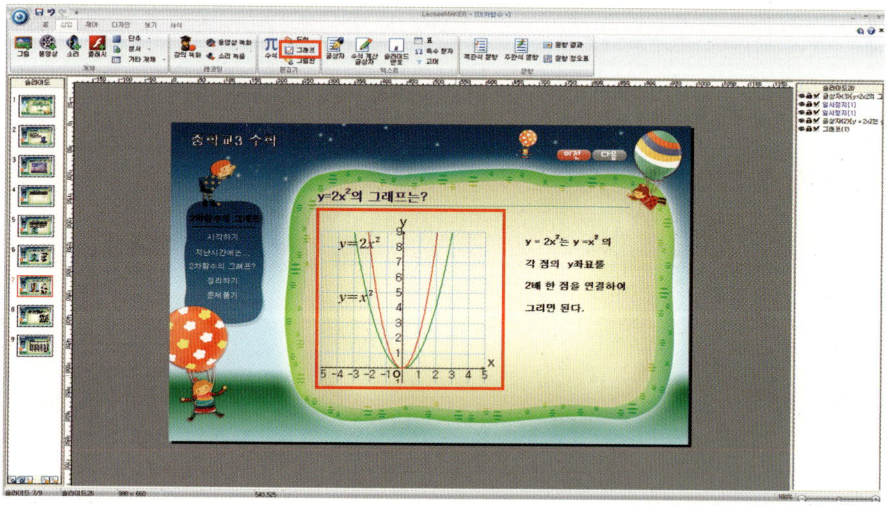

STEP›› 6 본문 슬라이드 완성하기 Ⅳ

8번 슬라이드에 한 좌표공간에 그래프 세 개를 삽입하여 보겠습니다.

1 그래프 삽입하기

8번 슬라이드를 선택한 후 [삽입]탭 [편집기]그룹의 [그래프]명령을 클릭합니다.

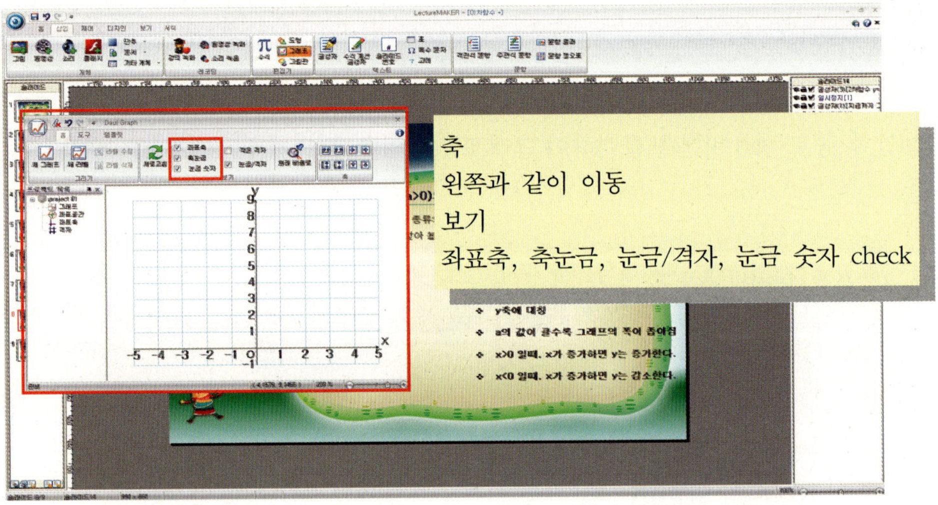

2 하나의 좌표공간에 3개 이상의 그래프 삽입하기

하나의 좌표공간에 세 개의 그래프를 삽입하기 위해서 [프로젝트 목록]에서 [그래프]-[그래프 추가]를 클릭하여 세 개의 그래프를 추가해 줍니다.

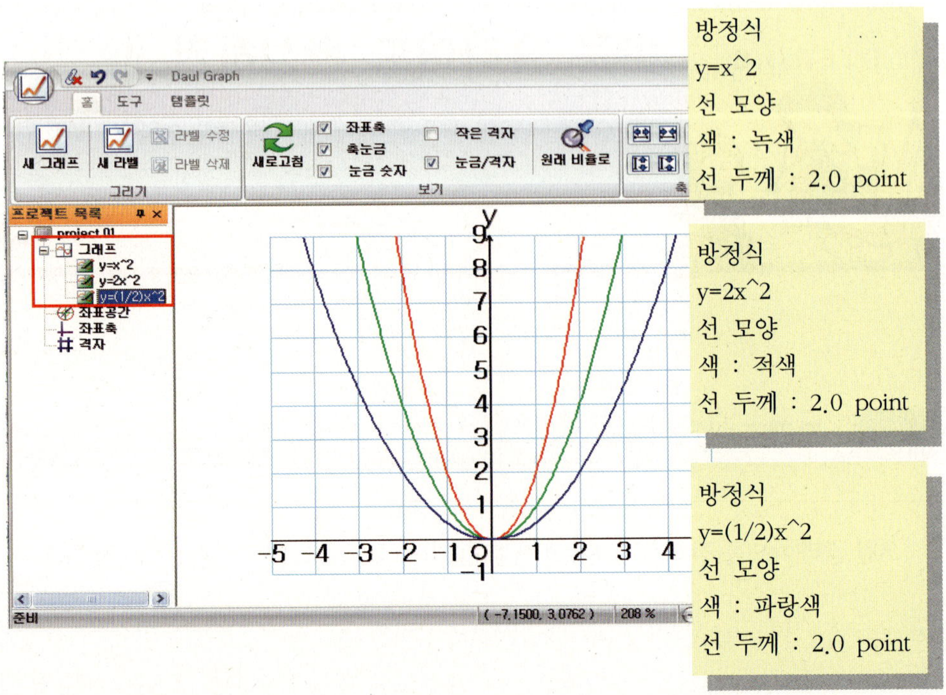

3 그래프 삽입하기

삽입 후 종료( ) 버튼을 클릭하여 그래프를 삽입한 후 크기를 조절하고 위치를 이동합니다.

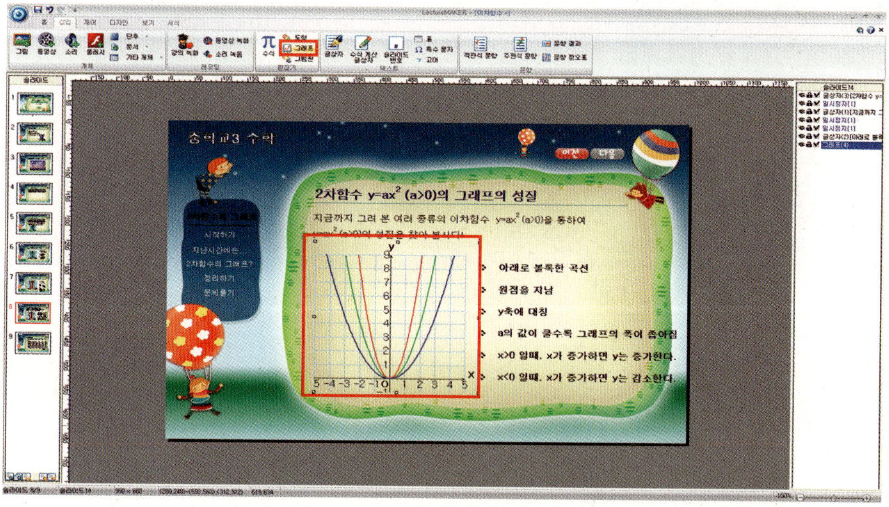

STEP›› 7 본문 슬라이드 완성하기 V

9번 슬라이드의 객관식 문항 보기를 완성해 보겠습니다.

1 9번 슬라이드 확인하기

9번 슬라이드를 선택한 후 수식을 삽입하여, 객관식 문항의 문항과 보기 5번을 완성하겠습니다.

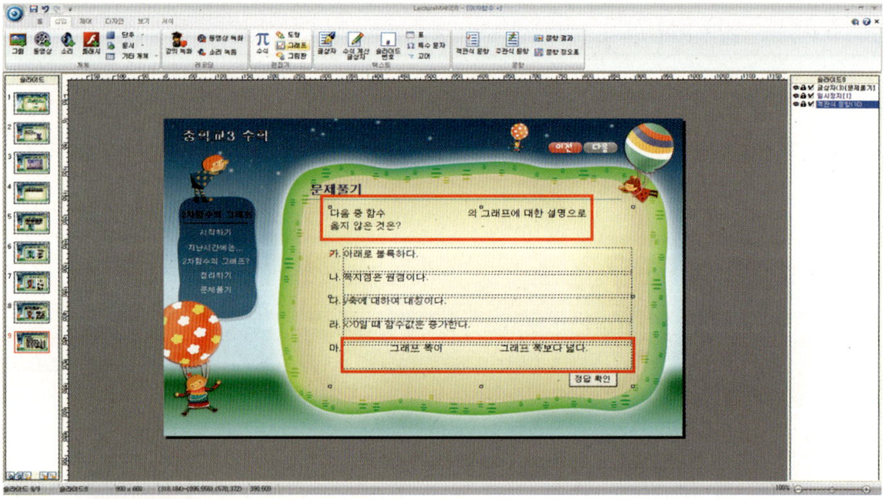

2 수식 삽입하기

수식을 삽입하기 위해 [삽입]탭의 [수식]명령을 클릭하여, 입력창에 다음과 같이 입력합니다.

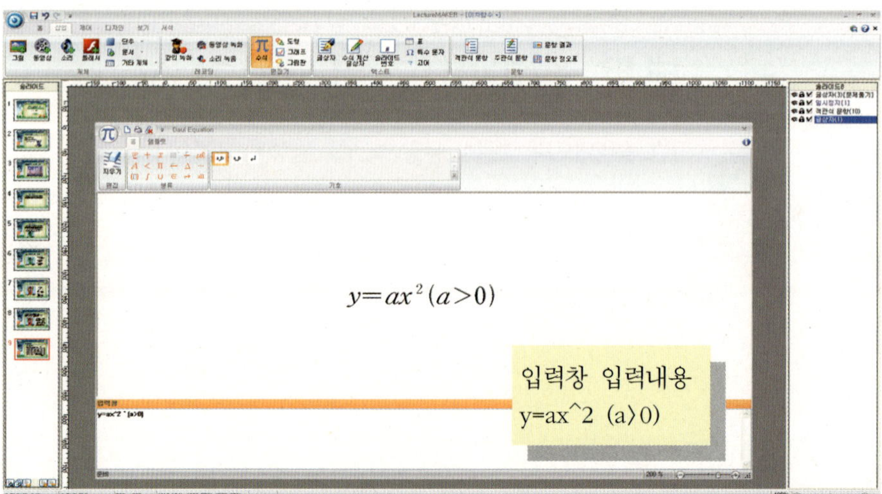

3 수식 서식 변경하기

삽입 후 종료( ) 버튼을 클릭한 후 아래와 같은 위치에 글상자를 위치시킵니다. 글자 속성은 [홈]탭에서 변경합니다.

4 [보기 마] 완성하기

[보기 마]에도 다음과 같이 수식을 입력합니다.

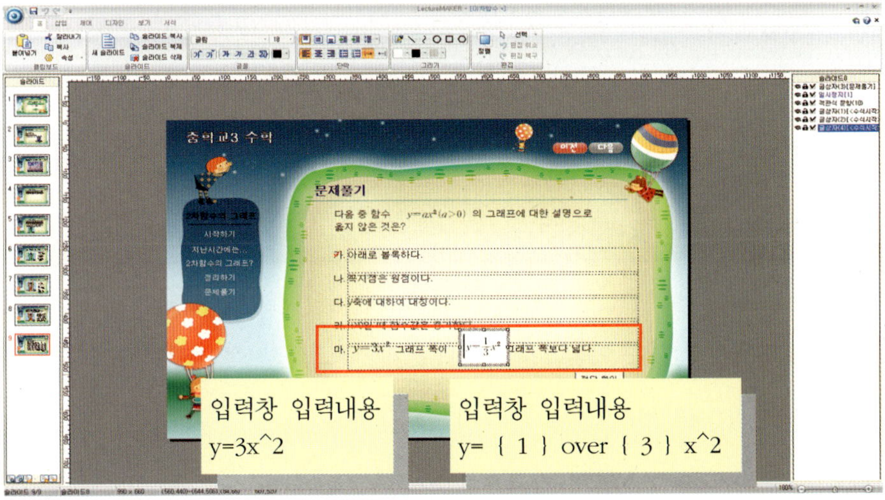

STEP〉〉8 완성된 콘텐츠 저장 및 실행하기

완성된 콘텐츠를 저장하고 실행해보겠습니다.

1 다른 이름으로 저장하기

완성된 콘텐츠를 [다른 이름으로 저장]하여 원본을 저장합니다.

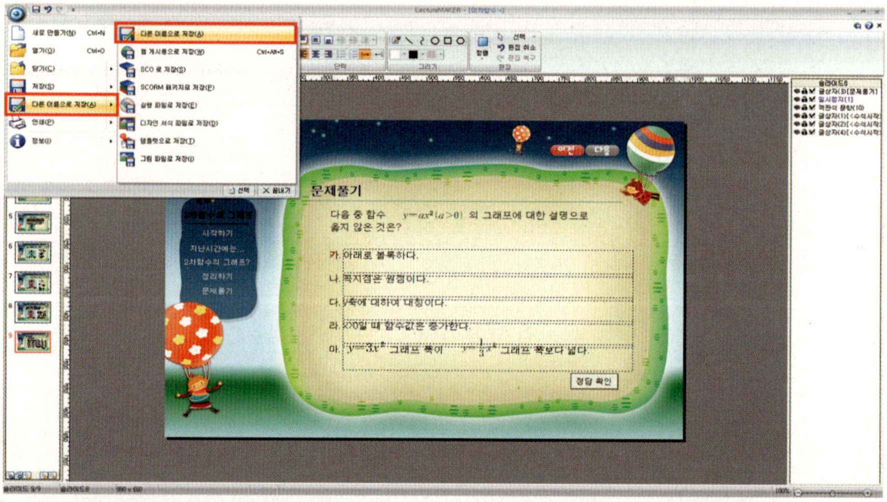

2 웹 게시용으로 저장하기

웹에 게시하기 위해서 [다른 이름으로 저장]-[웹 게시용으로 저장] 을 클릭하여 html 웹 게시용으로 저장합니다.

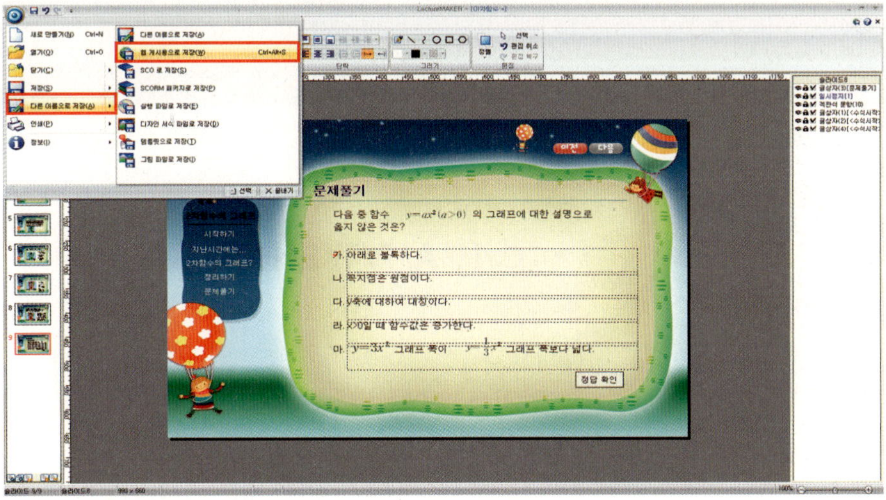

한걸음 더

도형과 그림판을 이용해 봅시다.

편집기의 [도형]을 이용하여, 각종 도형을 삽입하여 봅시다.

편집기의 [그림판]을 이용하여, 각종 도형을 삽입하여 봅시다

C/H/A/P/T/E/R

13

SCORM과 LMS 사용하기

STEP BY STEP

STEP 1. 슬라이드 확인하기
STEP 2. SCORM 패키지로 저장하기
STEP 3. LMS 살펴보기
STEP 4. LMS에 콘텐츠 업로드하기
STEP 5. 콘텐츠 실행하기

SUBJECT

이번 장에서는 SCORM, SCO, LMS의 개념과 렉처메이커로 제작된 콘텐츠를 어떤 방법으로 LMS에 업로드할 수 있는지에 대해서 알아보겠습니다.

SUMMARY

1. SCORM 패키지로 저장하기
2. LMS 접속하기
3. LMS에 콘텐츠 올리고 실행하기

STEP›› 1 슬라이드 확인하기

미리 제작된 슬라이드를 확인해 보겠습니다.

1 예제 파일 열기

렉처메이커 단추에서 [열기]를 선택하고 예제 파일 [PART 13] → [인터넷검색.lme] 파일을 열어줍니다.

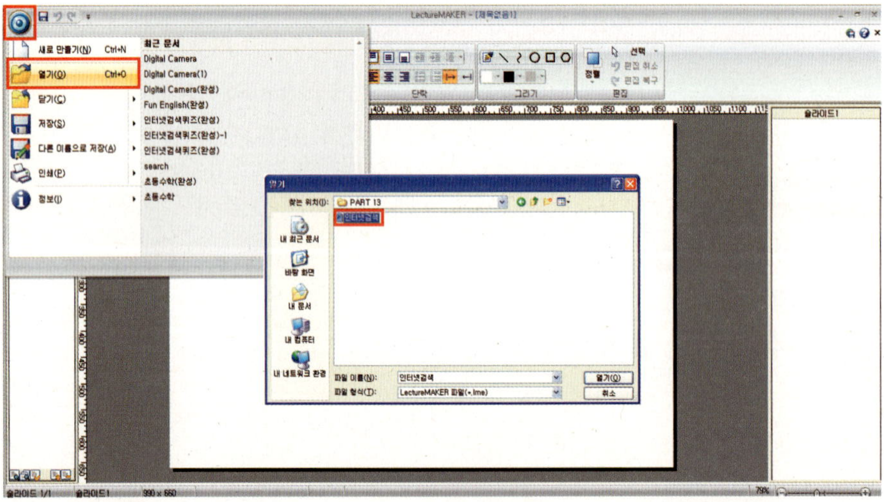

2 예제 파일 확인하기

다음과 같이 13개의 슬라이드가 있는 것을 알 수 있습니다.

3 콘텐츠 구성 확인하기

콘텐츠의 구성을 알아보기 위해서 슬라이드를 실행하여 보겠습니다. [보기]탭의 [전체 슬라이드 실행]을 클릭합니다. 콘텐츠는 다음과 같이 네 부분으로 나누어져 있고, 슬라이드의 나머지 부분은 이 네 부분의 일부임을 알 수 있습니다.

STEP›› 2 SCORM 패키지로 저장하기

SCO 단위 재구성하여 SCORM 패키지로 저장하겠습니다.

1 SCORM 패키지 창 열기

[저장]-[SCORM 패키지로 저장]을 클릭합니다. 클릭을 하면 다음과 같은 [SCORM 패키징]창이 나타납니다.

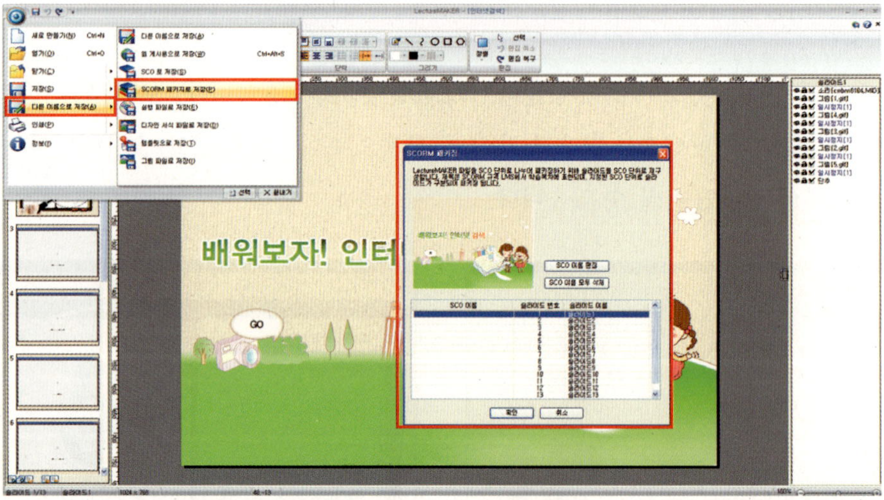

참고

SCORM(Sharable Content Object Reference Model)이란?

SCORM(공유가능 콘텐츠 객체 참조 모형)은 이러닝 콘텐츠에 대한 표준 규격의 하나입니다. 콘텐츠의 교환, 공유, 결합, 재사용을 쉽게 하려는 목적에서 만들어졌습니다. 예를들면 A사와 B사가 SCORM에 따라 교육용 콘텐츠를 개발했다면, 이 두 회사는 서로의 자료를 필요에 따라 공유하고 재사용할 수 있게 되는 것입니다.
SCORM 콘텐츠는 ZIP 압축 파일에 특정한 구조로 저장되는데, 이를 '포장 상호작용 형식'이라 부른다.

SCO(Sharable Content Object)란?

SCORM을 구성하는 각각의 학습 객체를 말합니다. 이러한 학습 객체들이 모여서 레슨이나 코스로 확장되게 됩니다. 코스 개발자들은 학습 객체를 이용하여 개별학습자의 필요에 맞추어 코스를 조립할 수 있으며, 다른 학습 객체를 추가할 수 있습니다.

2 SCO 이름 편집하기

SCO 단위로 나누어 패키징하기 위해서 슬라이드를 SCO 단위로 재구성합니다. 각각의 단위가 되는 첫 번째 슬라이드에 마우스를 클릭한 후, [SCO 이름 편집]을 클릭하여 다음과 같이 수정합니다.

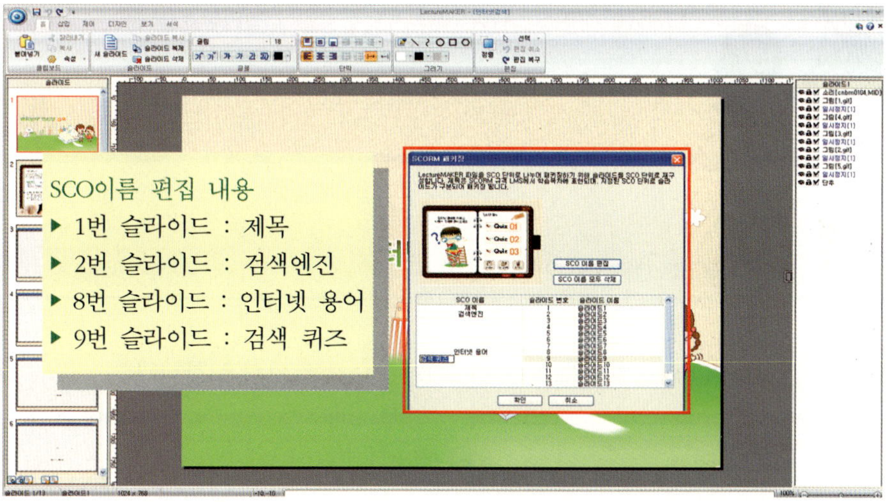

3 SCORM 패키지로 저장하기

변경을 완료한 후 [확인]을 클릭하면 [SCORM 패키지로 저장]창이 나타나며, 파일 이름을 저장한 후 [저장]버튼을 클릭하면, ZIP 파일 형식으로 각각의 SCO로 SCORM 패키징이 완료됩니다.

STEP〉〉3 LMS 살펴보기

LMS(e-class, 다울소프트)란 무엇인지 알아보겠습니다.

1 LMS 사이트로 이동하기

http://lm.e-class.co.kr 로 이동합니다. guest계정으로 로그인을 합니다.

... 참고 LMS(Learning Management System)란?

학습 관리 시스템(LMS)은 학습자의 학습을 지원하고 관리하는 시스템입니다.
온라인 학습에서 필요한 강의 수강, 협동학습 기능, 출결관리 기능, 게시판 기능 등이 LMS의 주요 기능이라 할 수 있습니다.
LMS의 기능이 고도화될수록 학생의 개별학습을 위한 맞춤형 학습 환경을 효과적으로 구성할 수 있습니다.

2 학습방으로 이동하기

로그인을 한 후 [학습방-2011]로 이동합니다.

3 학습방 둘러보기

학습방을 둘러보겠습니다.

▸ **온라인 강의**

SCORM Package 등록 가능, 학습 이력 및 열람 횟수 체크 가능합니다.

▸ **온라인 평가, 문제은행**

객관식, 주관식 형식으로도 게시가 가능하며, 다수의 문항을 함께 게시할 수 있습니다.

▸ **설문조사**

학습방 회원에게 설문을 통하여 의견을 수렴할 수 있습니다.

▸ **토론방**

토론할 논제에 대하여 등록 가능하며, 지정된 학습자는 논제를 기준으로 토론내용을 게재할 수 있습니다. 조 구성인원 중 조장은 토론내용을 취합하여 제출할 수 있습니다.

▸ **수행평가**

과제를 등록하고 학습자의 답변 또는 첨부된 파일에 따라 채점 할 수 있습니다.

▸ **강의자료실, 학습자료실**

필요한 자료를 업로드할 수 있습니다.

STEP›› 4 LMS에 콘텐츠 업로드하기

학습방(http://lm.e-class.co.kr/2011)에 생성한 SCORM 패키지 파일을 업로드하겠습니다.

1 온라인 강의 메뉴 살펴보기

좌측 Service Menu에서 온라인강의를 클릭하면 다음과 같은 화면이 나타납니다.

2 학습 콘텐츠 등록하기

화면의 우측 하단 [등록]버튼을 클릭합니다. 다음의 [게시물 등록하기] 화면에서 제목, 열람기간, 열람대상 등을 설정한 후 [학습 콘텐츠 선택]을 클릭합니다.

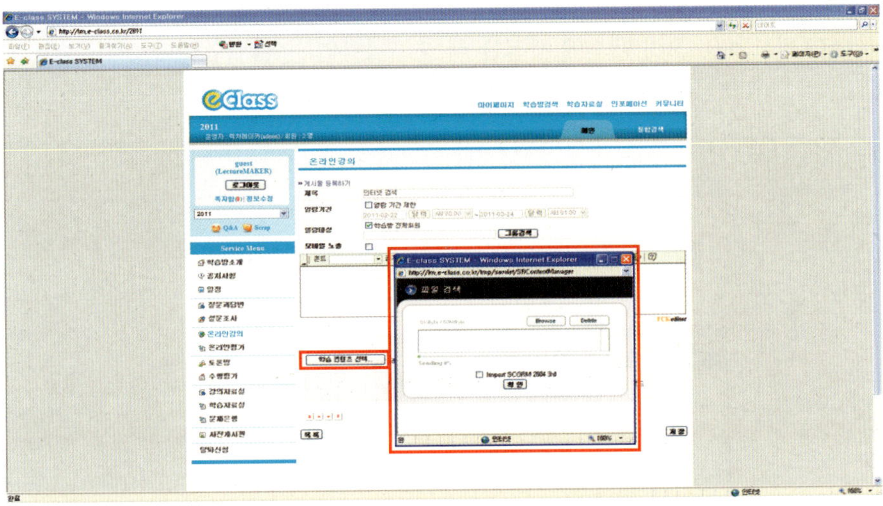

3 SCORM 파일 열기

[파일 검색]창에서 [Browse]를 클릭하여 [PART 13] → [인터넷검색.zip] 파일을 열어줍니다.

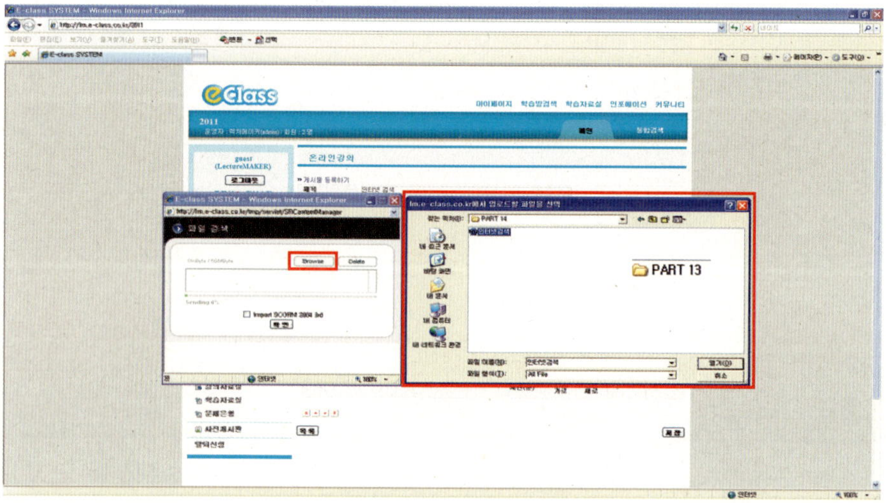

4 파일 올리기

[Import SCORM 2004 3rd] 박스에 체크를 해 준 후 [확인]을 클릭합니다.

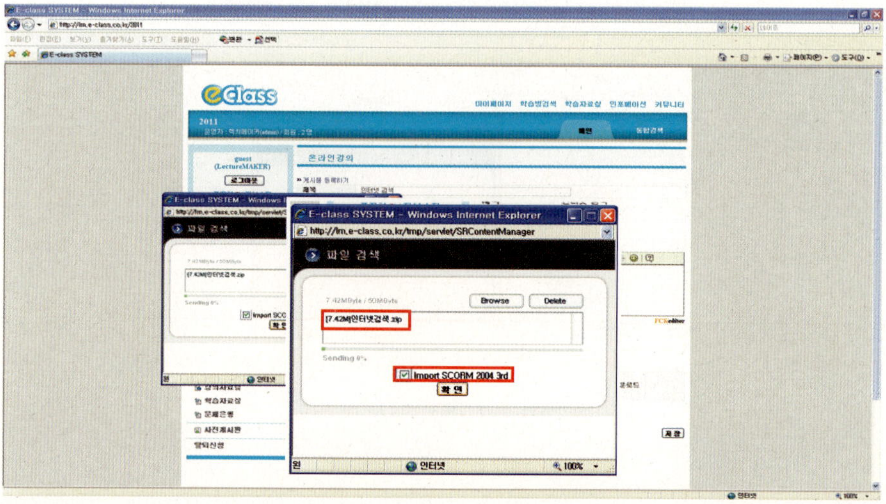

5 게시물 등록하기

다음과 같이 콘텐츠가 업로드 된 것을 확인할 수 있으며, [저장]을 클릭하여 게시물을 등록합니다.

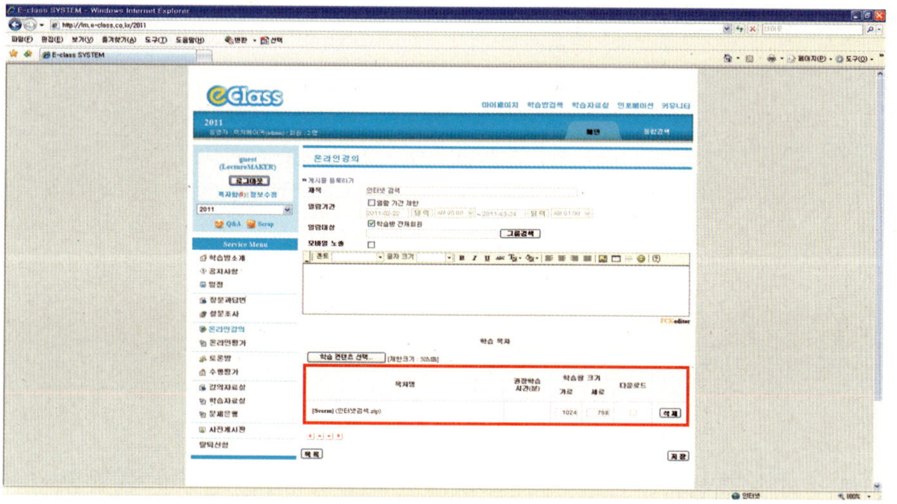

STEP>> 5 콘텐츠 실행하기

LMS에 업로드된 SCORM 패키지 콘텐츠를 실행해 보겠습니다.

1 학습 목차 살펴보기

[학습 목차]에 사용자가 재구성한 SCO가 나타난 것을 확인할 수 있습니다.

2 온라인 강의 실행하기

[인터넷 검색]을 클릭하거나, 각각의 [목차]를 클릭하여 학습을 진행할 수 있습니다. 화면 좌측에 [학습 목차]가 나타나며, 하단에 [제어 단추]가 나타납니다. 이 제어 단추를 각각의 목차로 이동하는 단추입니다.

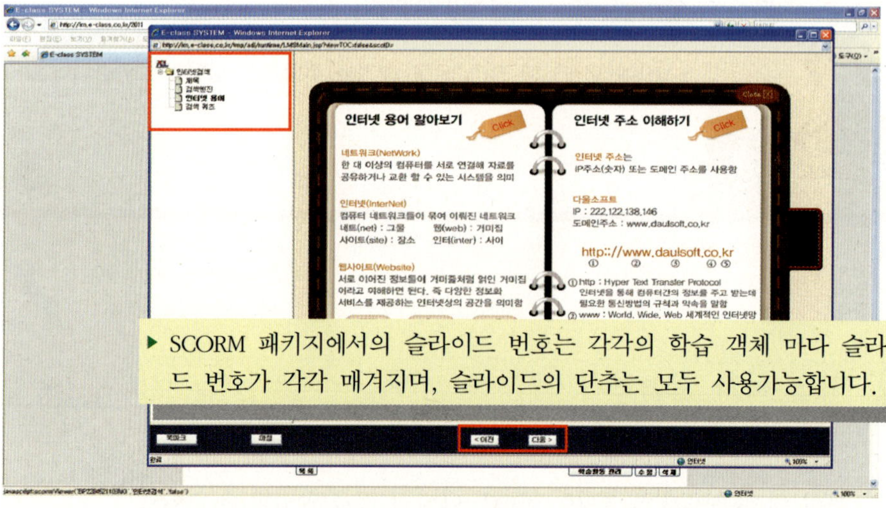

▶ SCORM 패키지에서의 슬라이드 번호는 각각의 학습 객체 마다 슬라이드 번호가 각각 매겨지며, 슬라이드의 단추는 모두 사용가능합니다.

PART. 03

렉처메이커 활용하기

렉처메이커를 이용하여 실제 활용 가능한 콘텐츠를 만들어봅시다.

C/H/A/P/T/E/R

14

강의 콘텐츠

STEP BY STEP

STEP 1. 슬라이드 마스터 구성하기
STEP 2. 본문 슬라이드 완성하기
STEP 3. 학습 내비게이션 만들기
STEP 4. 완성된 콘텐츠 저장하기

SUBJECT

이번 장에서는 렉처메이커를 이용하여 강의 콘텐츠를 만들어 보겠습니다. 강의 시간에 자주 사용되는 파워포인트 문서를 이용하여, 녹화된 동영상과 연계하여 손쉽게 온라인 강의 콘텐츠를 만드는 과정입니다. 교수학습 사이트와의 연계를 위해 SCORM 패키지로 저장해보겠습니다.

SUMMARY

1. 파워포인트 문서 삽입하기
2. 동영상 동기화 설정

STEP›› 1

슬라이드 마스터 구성하기

전체 콘텐츠의 제목 슬라이드와 본문 슬라이드를 구성할 슬라이드 마스터를 구성하여 보겠습니다.

1 예제 파일 열기

렉처메이커를 실행시킨 후 예제 파일 [PART14] → [서울교육대학교_구덕회교수] 파일을 열어 줍니다.

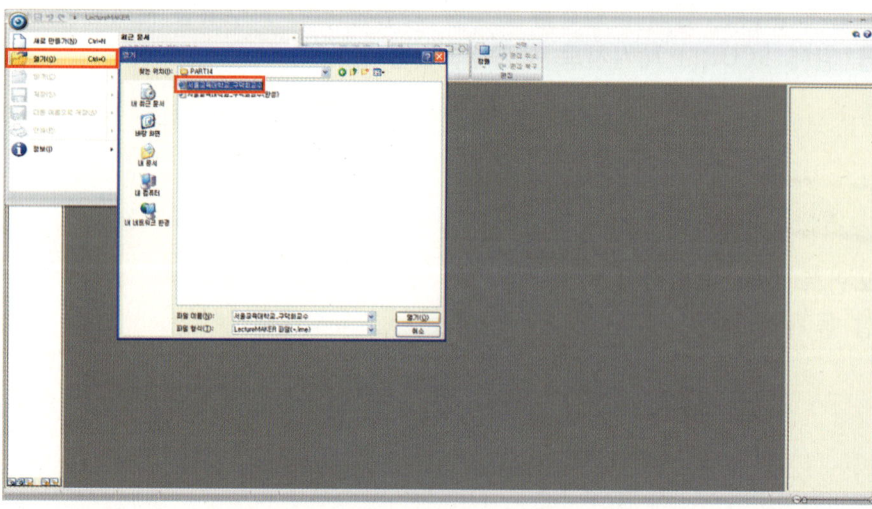

2 슬라이드 마스터 보기

[슬라이드 마스터 보기]로 변경하여 제목 마스터와 본문 마스터를 볼 수 있게 합니다.

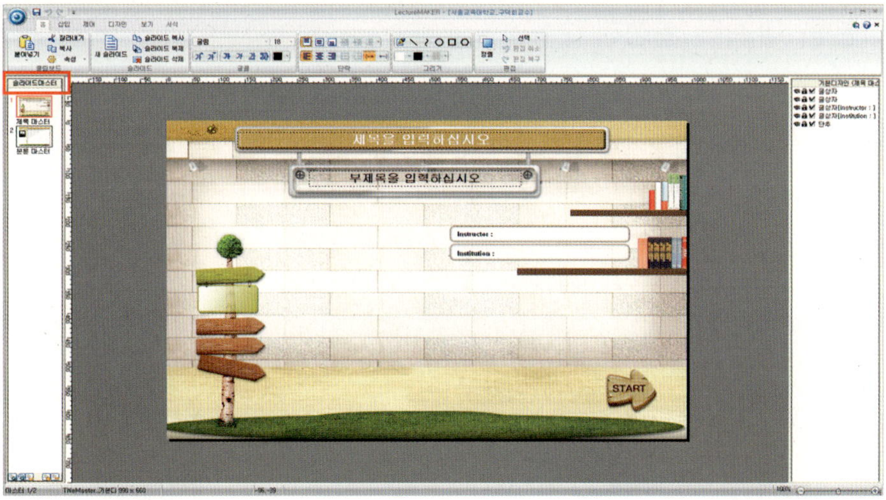

3 제목 슬라이드 설정하기

제목슬라이드의 글상자에 다음과 같이 '콘텐츠 제목', '강의자 이름' 등을 기록합니다.

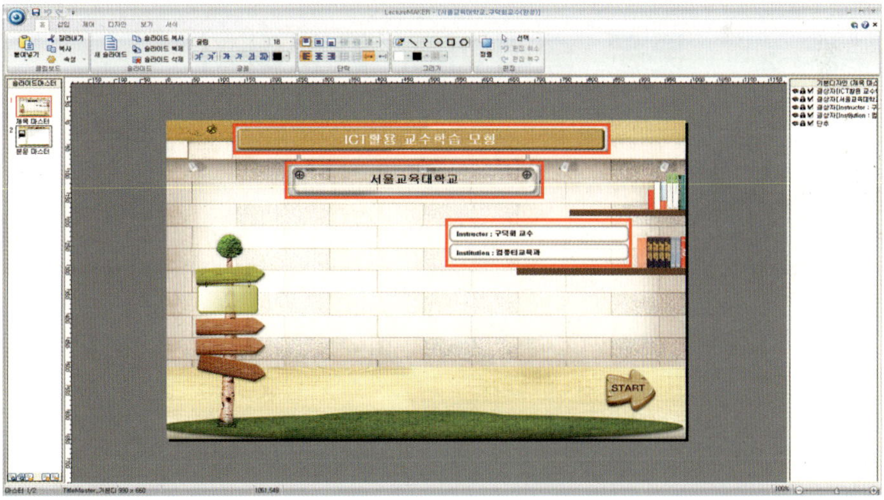

4 본문 마스터 설정하기

본문 마스터의 제목 글상자에 콘텐츠의 [강의명]을 기입합니다.

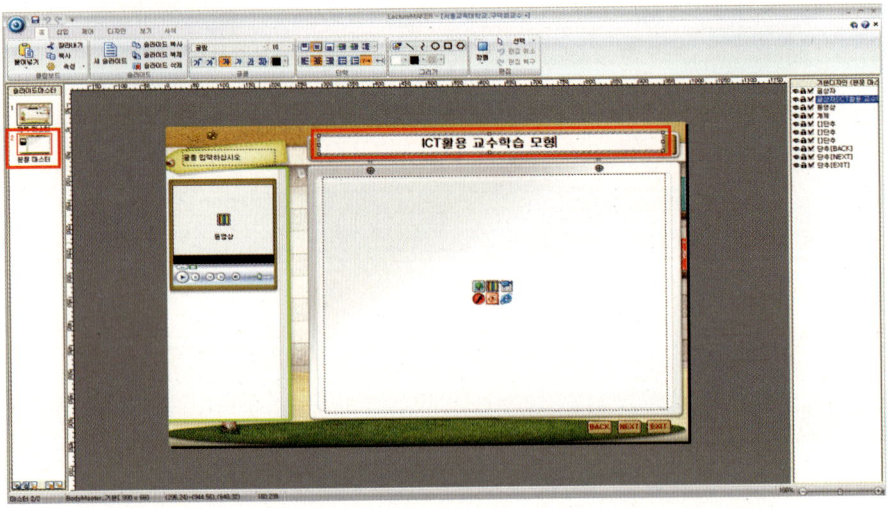

STEP›› 2 본문 슬라이드 완성하기

기존의 수업자료와, 동영상을 연결하여 본문슬라이드를 완성해 보겠습니다.

1 파워포인트 문서 열기

[슬라이드보기]로 전환한 후 새 슬라이드를 추가합니다. 새 슬라이드의 [개체]창의 파워포인트 아이콘( )을 클릭하여, [PART14] → [ICT 활용 교수학습 모형.ppt] 파일을 열어줍니다.

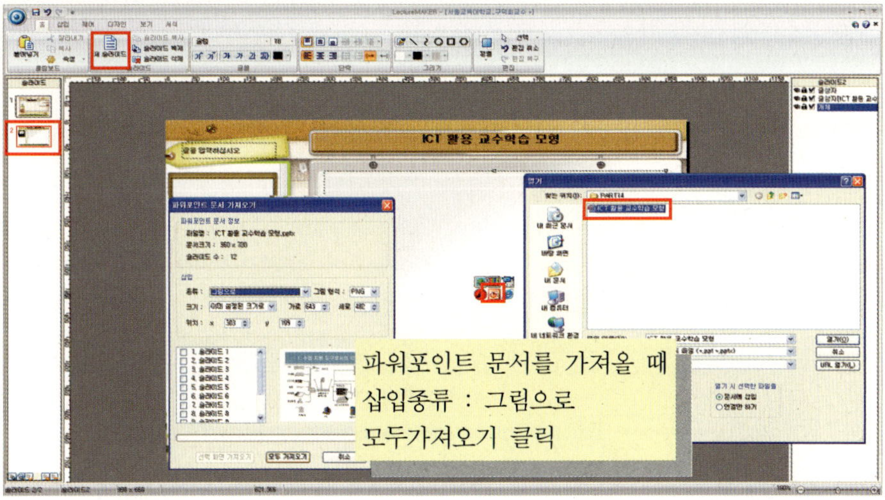

2 슬라이드 확인하기

다음과 같이 13개의 슬라이드가 만들어진 것을 확인할 수 있습니다.

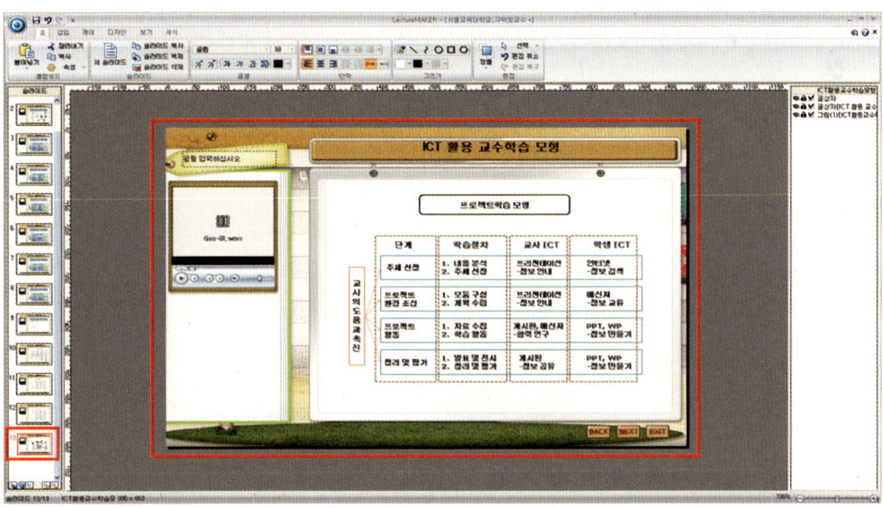

3 동영상 삽입하기

본문 슬라이드 2번의 동영상의 개체속성을 클릭하여, 동영상 파일 경로를 [PART14] → [Goo-01] 로 지정합니다.

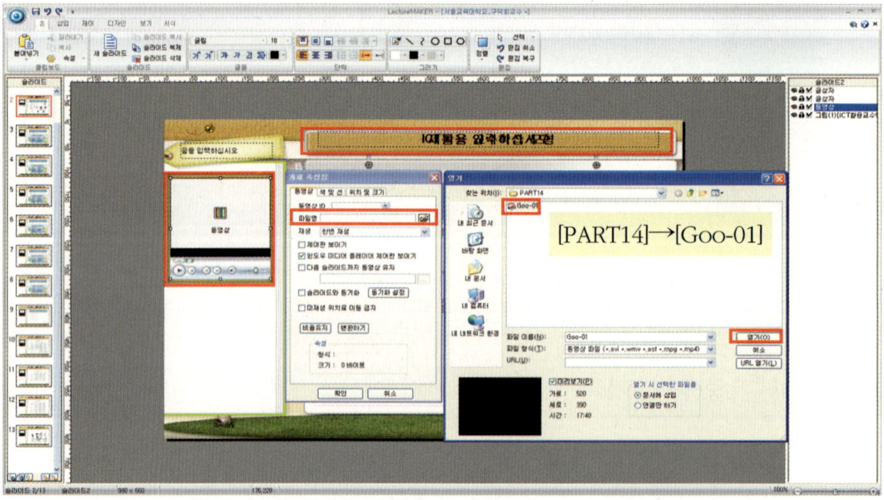

4 동영상과 슬라이드 동기화하기

[동영상]을 더블클릭하여, [서식]탭의 [동기화]명령을 클릭합니다. [동기화]버튼을 클릭하여, 동영상의 흐름과 적절한 슬라이드를 연결해 줍니다.

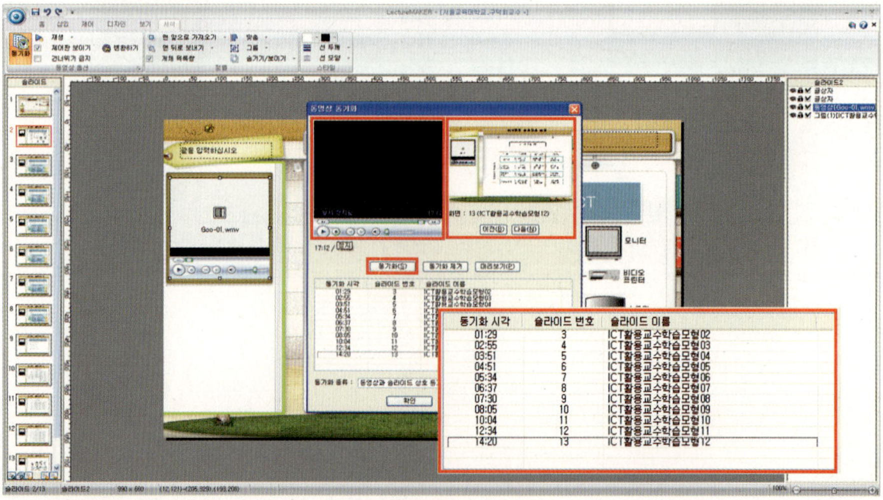

STEP›› 3 학습 내비게이션 만들기

학습자가 적절한 수업 위치로 이동할 수 있도록 학습 내비게이션을 만들겠습니다.

1 단추 설정하기 1

[슬라이드 마스터 보기]로 전환한 후 [본문 마스터]를 클릭합니다. 본문 마스터 [개체 속성창]의 단추[개체 속성]을 클릭하여, 다음과 같이 지정해 줍니다.

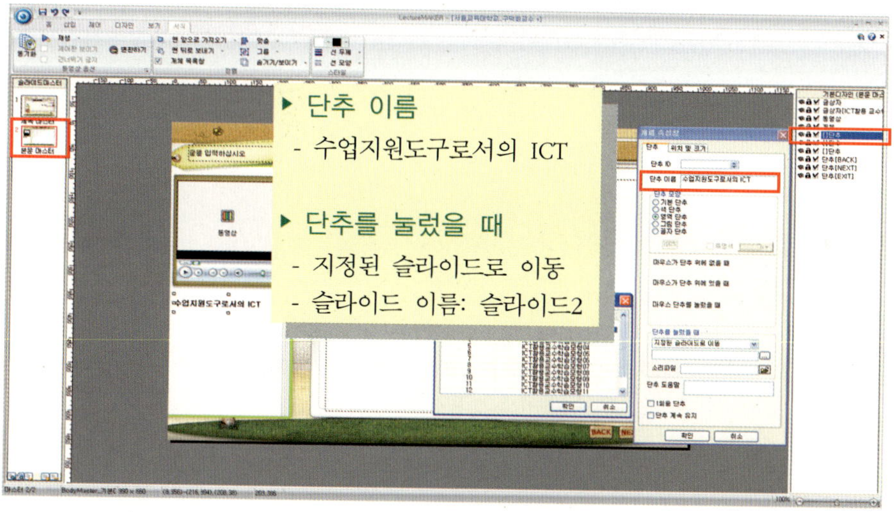

2 단추 설정하기 2

나머지 두 개의 단추로 다음과 같이 지정해 줍니다.

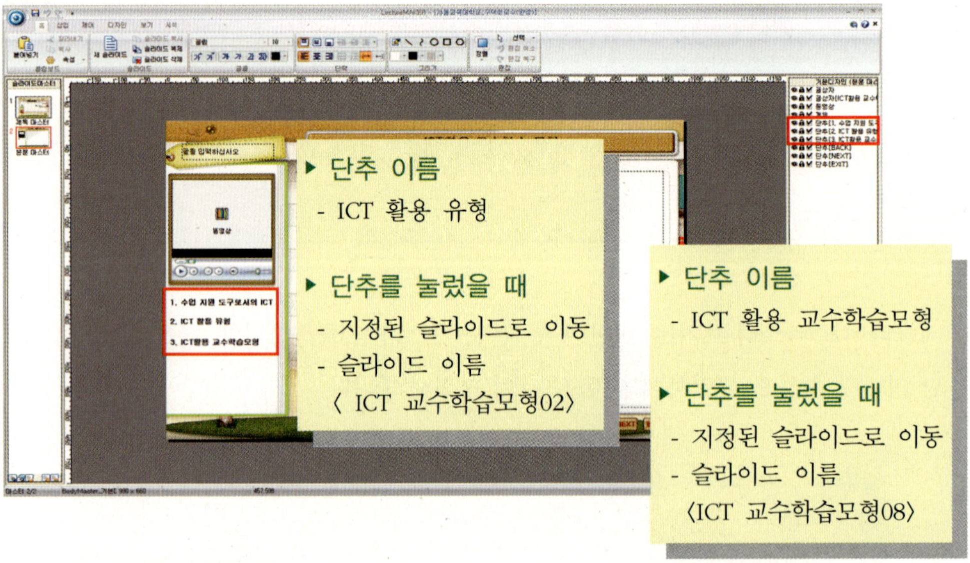

STEP›› 4

완성된 콘텐츠 저장하기

완성된 콘텐츠를 여러 가지 형식으로 저장하겠습니다.

1 다른 이름으로 저장하기

완성된 콘텐츠를 [다른 이름으로 저장]하여 원본을 저장합니다.

2 웹 게시용으로 저장하기

웹에 게시하기 위해서 [다른 이름으로 저장]-[웹 게시용으로 저장]을 클릭하여 html 웹 게시용으로 저장합니다.

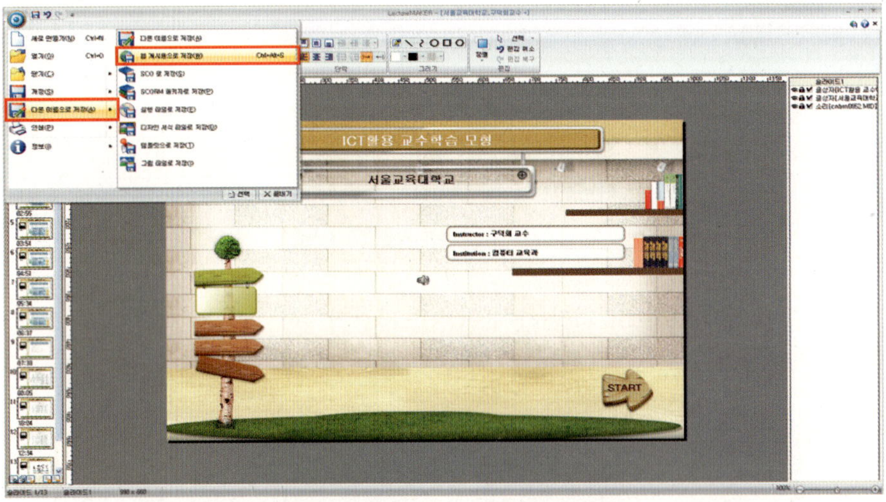

3 SCORM 패키지로 저장하기

LMS 사이트에 업로드하기 위해서 [SCORM 패키지로 저장] 을 클릭하여 SCORM 패키지로 저장합니다.

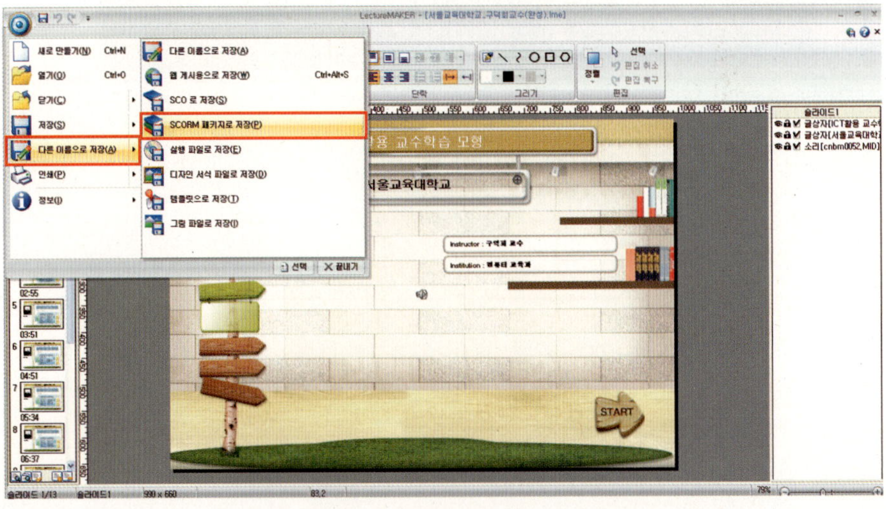

4 SCO 이름 저장하기

학습을 구분할 수 있는 각각의 객체로 나누기 위해서 SCO 이름을 다음과 같이 각각 지정해줍니다.

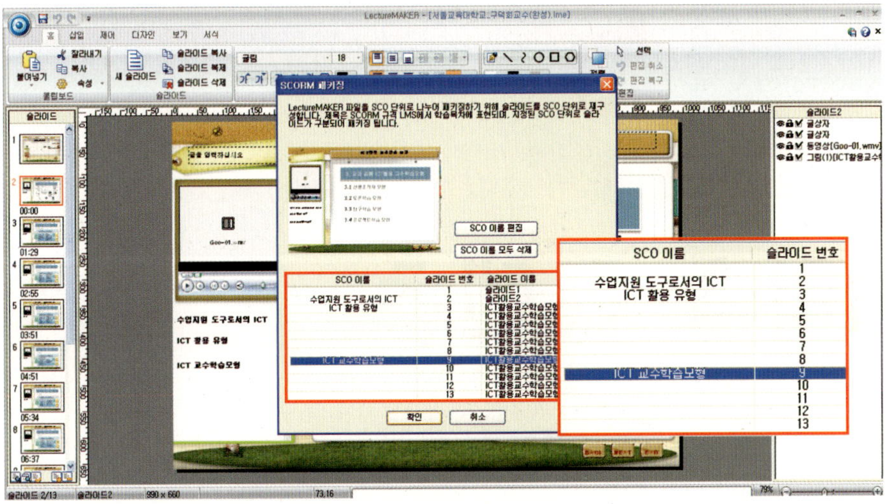

C/H/A/P/T/E/R

15

학습 콘텐츠

STEP BY STEP

STEP 1. 플래시 자료 삽입하기
STEP 2. 애니메이션 효과 삽입하기
STEP 3. 개체 동기화 사용하기
STEP 4. 자바 스크립트 호출 활용
STEP 5. 전자칠판 삽입하기

SUBJECT

이번 장에서는 렉처메이커를 이용하여, 가정학습으로 쓰임이 가능한 학습 콘텐츠를 만들어 보겠습니다. 다양한 플래시 자료의 삽입과 자바 스크립트 명령을 사용하는 방법을 살펴보고, 다양한 화면 효과 설정, 전자칠판 삽입에 대해서 알아보겠습니다.

SUMMARY

1. 플래시 자료 삽입하기
2. 개체 동기화 사용하기
3. 다양한 화면 효과
4. 자바 스크립트 호출 사용하기
5. 전자칠판 삽입하기

STEP>> 1

플래시 자료 삽입하기

플래시 자료를 삽입하여, 완성도 높은 콘텐츠를 만들어보겠습니다.

1 예제 파일 열기

렉처메이커를 실행시킨 후 예제 파일 [PART15] → [수학콘텐츠(예제)] 파일을 열어줍니다.

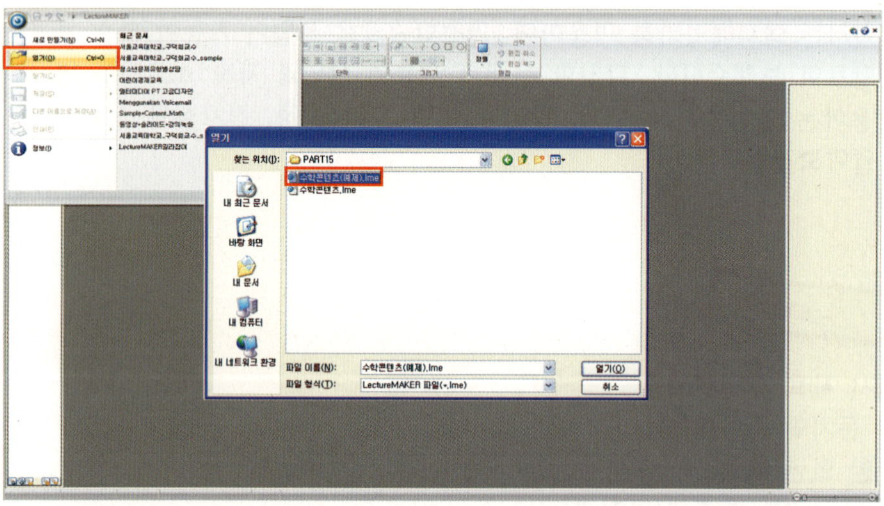

2 플래시 개체 삽입하기 1

[1번 슬라이드]에 플래시 개체를 삽입하겠습니다. [삽입]-[플래시]를 클릭하여, [PART15]-[intro] 파일을 클릭합니다.

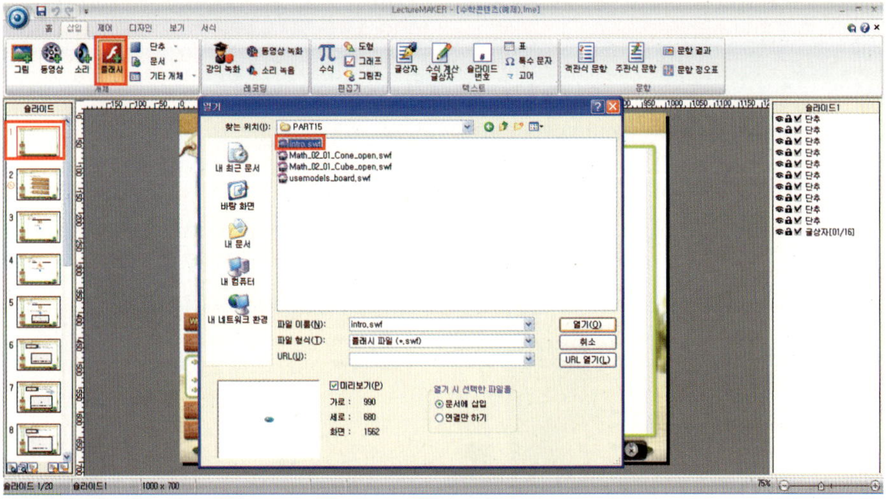

3 삽입된 플래시 개체 확인하기

삽입된 플래시 개체를 적절한 크기로 조절 한 후 화면 가운데로 이동시킵니다. 화면 오른쪽의 〈개체 목록창〉에 [플래시]개체가 삽입된 것을 확인할 수 있습니다.

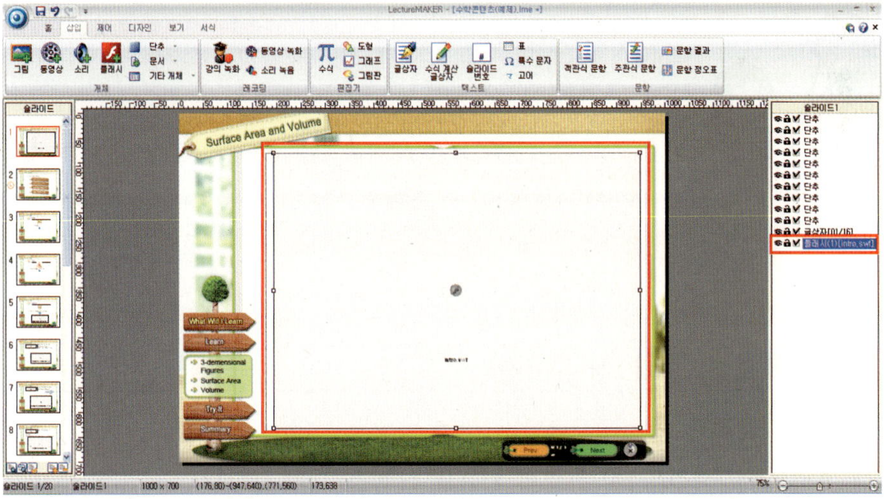

4 플래시 개체 삽입하기 2

위와 같은 방법으로 3번 슬라이드에 [PART15]-[Cube.swf]를 삽입합니다. 삽입 후 적절한 위치로 이동시켜줍니다.

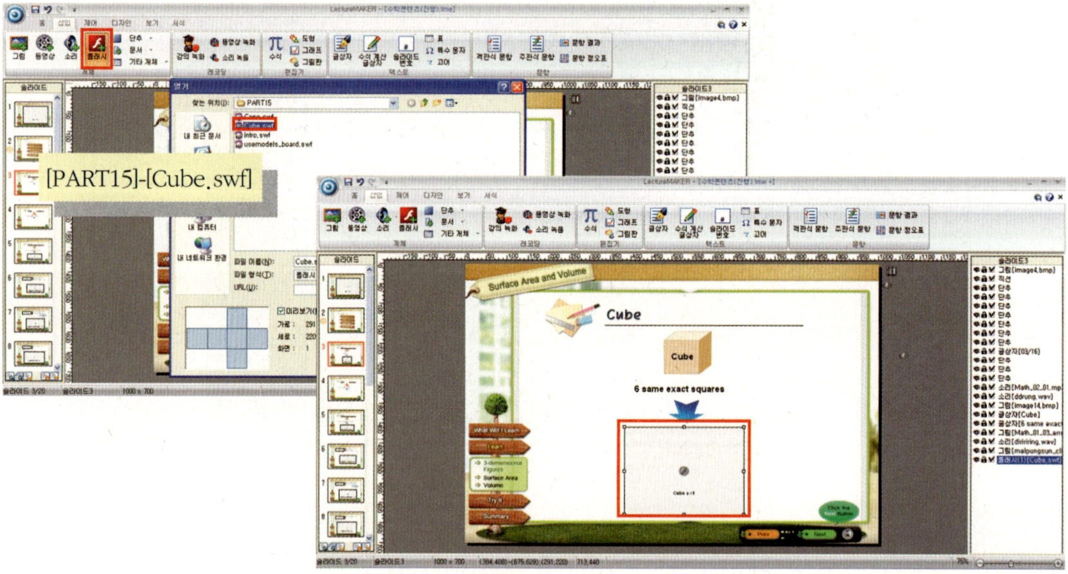

STEP〉〉2

애니메이션 효과 삽입하기

렉처메이커를 통해 여러 가지 애니메이션 효과를 적용할 수 있습니다. 애니메이션 효과 적용을 통해 부드러운 화면 전환 및 학습자의 집중도를 높일 수 있는 콘텐츠를 만들 수 있습니다.

1 애니메이션 효과 삽입하기

[2번 슬라이드]에 애니메이션 효과를 적용해 보겠습니다. 삽입된 그림을 더블클릭하여, [서식]탭으로 이동합니다. [서식]-[애니메이션]에서 〈닦아내기〉로 애니메이션을 지정하겠습니다. 이때 애니메이션의 [방향], [속도], [간격]을 수정하여 콘텐츠의 속성에 맞는 애니메이션으로 지정할 수 있습니다.

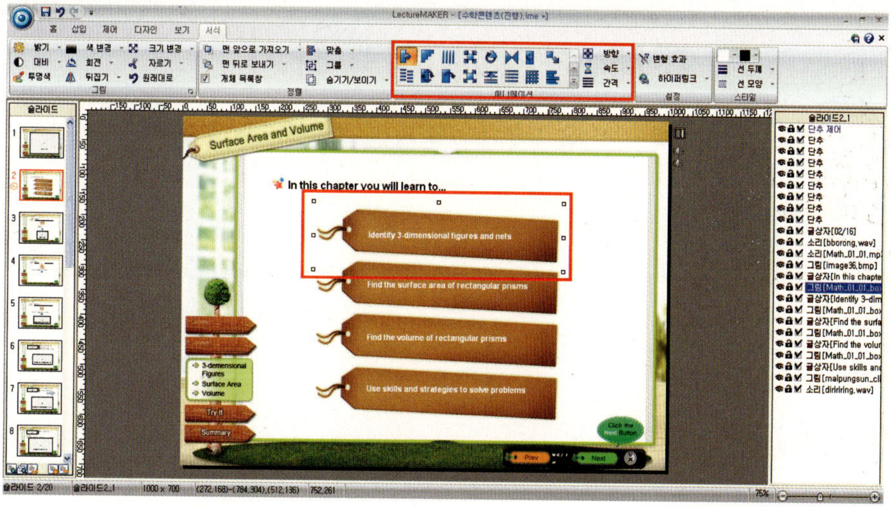

... 참고 [애니메이션]의 〈방향, 속도, 간격〉 알아보기

		내용	
1	방향	각각의 화면 효과에 있어서 화면전환이 어떤 방향으로부터 진행이 되는지에 대해서 조절할 수 있습니다.	
2	속도	아주빠르게	각각의 효과들에 있어서 화면 전환 시간을 조절합니다.
		빠르게	
		보통	
		느리게	
		아주느리게	
3	간격	좁게	떨어지기, 블라인드, 체크블럭무늬, 불규칙계단, 바둑판 무늬 등에서 각 무늬의 줄 간격을 조절합니다.
		중간	
		넓게	

STEP>> 3

개체 동기화 사용하기

각각의 개체를 동영상/소리 파일과 동기화하여 보겠습니다.

1 동영상 삽입하기

[2번 슬라이드]에서 [삽입]-[개체]-[동영상]개체를 클릭하여, [PART15]-[슬라이드.mp3]를 열어줍니다.

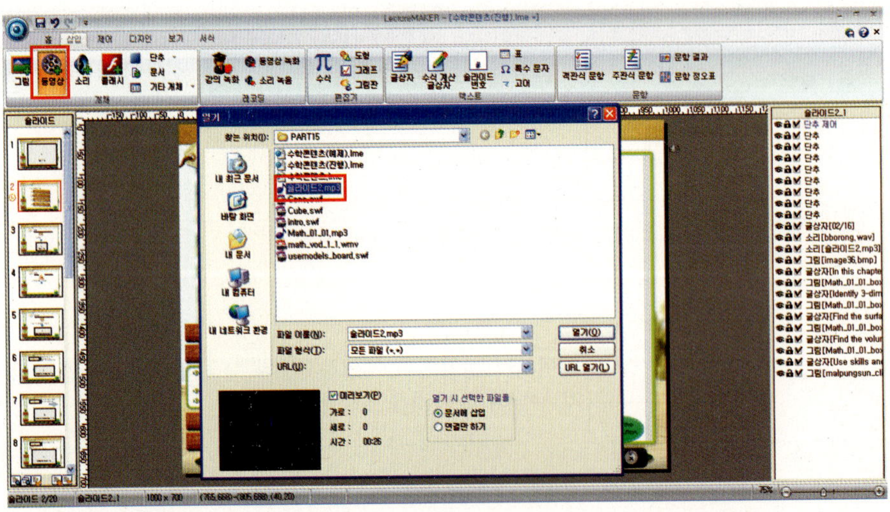

2 개체 동기화 실행하기

개체 목록창에 다음과 같이 삽입된 것을 확인할 수 있습니다. [개체]아이콘을 더블클릭하거나, 〈개체 속성창〉에서 [개체와 동기화]을 클릭하여, 개체 동기화를 실행합니다.

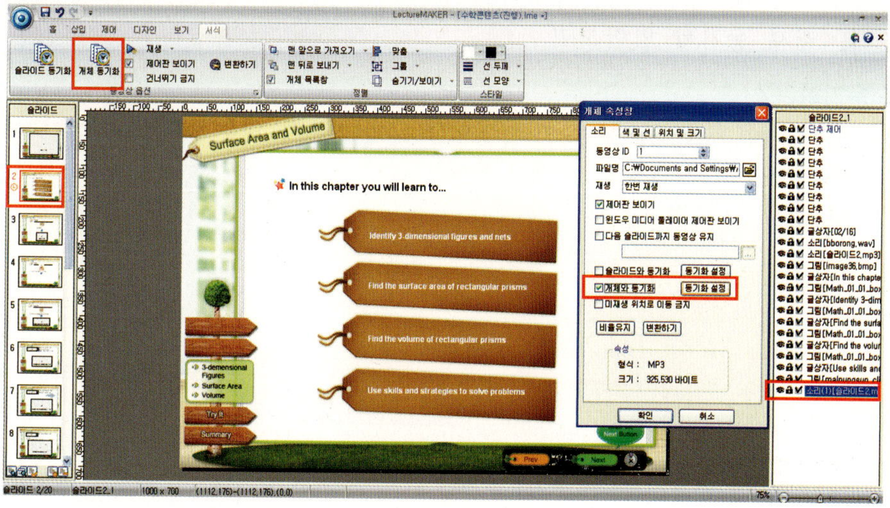

2 개체 동기화 설정하기

소리 파일을 재생시킨 후 동기화 시킬 [개체] 클릭 - [동기화] 버튼 클릭을 하면 자동으로 개체가 〈동기화 시각〉에 맞게 동기화됩니다.

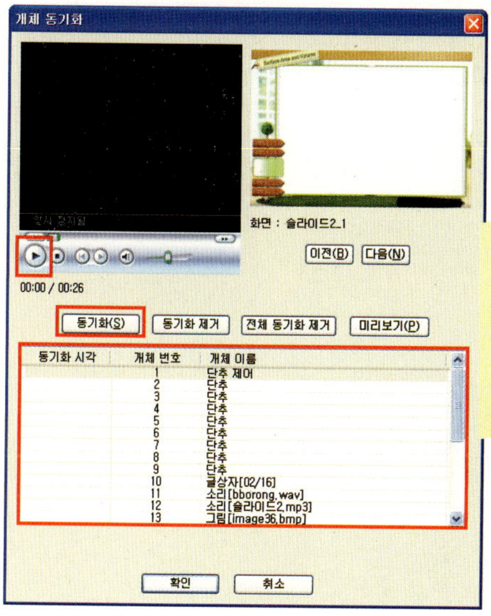

1. 재생( ) 버튼을 클릭하여, 음성을 재생시켜줍니다.
2. 동기화 시키고자 하는 개체 이름을 클릭하고, 개체가 나타날 시간에 맞추어 동기화 버튼(동기화(S))을 클릭하면 동기화가 이루어집니다.

참고 개체 동기화 알아보기

▶ 개체 동기화란?

이러닝 콘텐츠는 여러 가지 개체(그림, 소리, 동영상, 플래시, 문서, 단추 등)가 모여서 이루어집니다. 이러한 개체들이 한 슬라이드에서 동시에 나타나는 것이 아닌, 순서에 맞춰서 나타나게 하게끔 하는 것이 바로 개체 동기화입니다.

▶ 개체 동기화창 구성

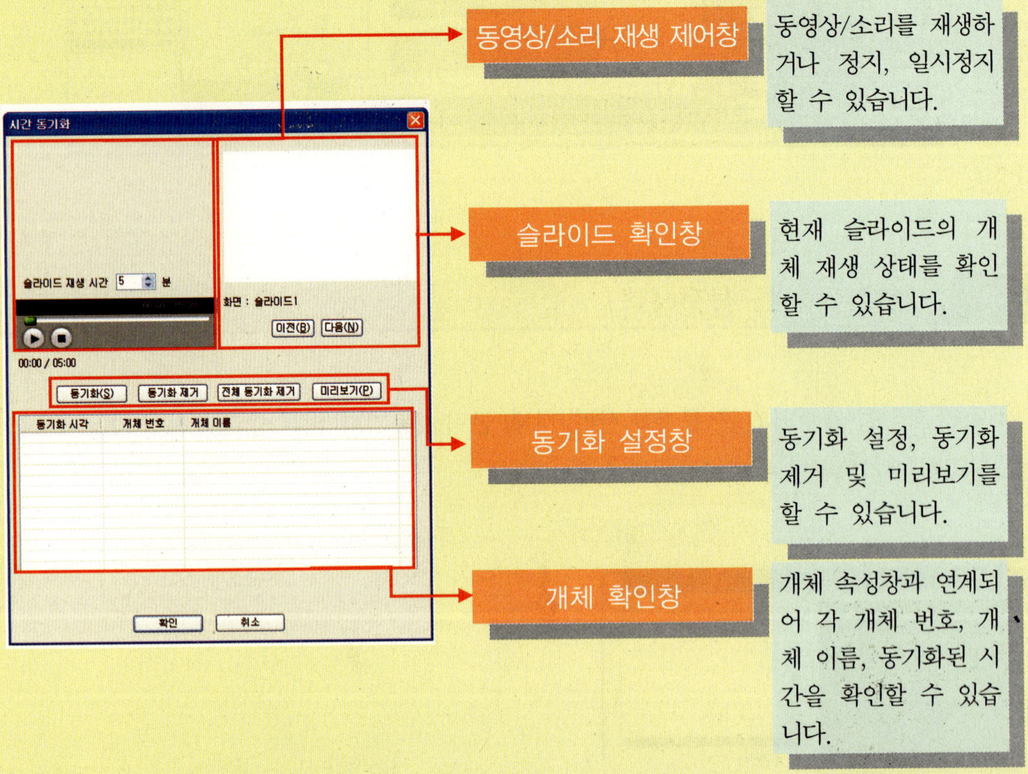

STEP›› 4 자바 스크립트 호출 활용

자바 스크립트 호출을 활용하여보겠습니다. 여기에서는 단추를 통한 자바 스크립트 연결을 실행하여 보겠습니다.

1 19번 슬라이드 보기

슬라이드 19번을 클릭합니다.

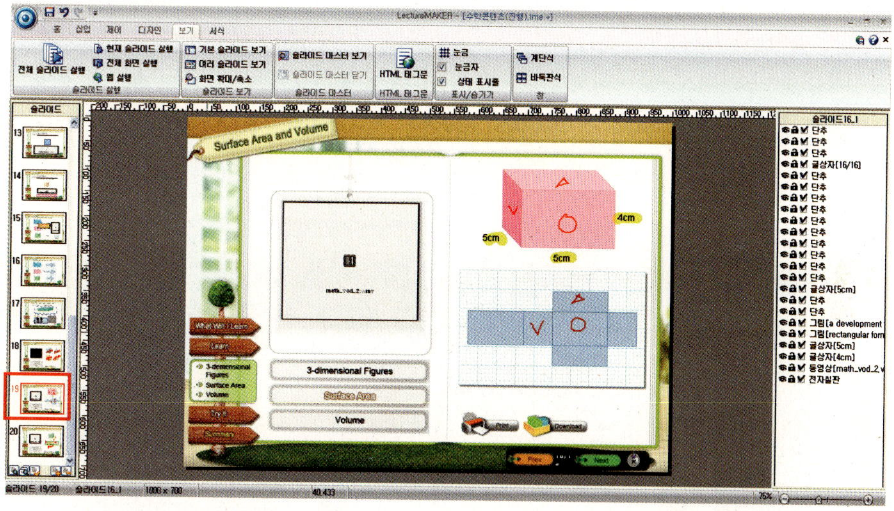

2 자바 스크립트 호출하기

현재의 화면을 출력할 수 있도록 자바 스크립트 호출을 해보겠습니다. [삽입]탭의 [기타 개체-자바 스크립트 호출]명령을 클릭합니다.

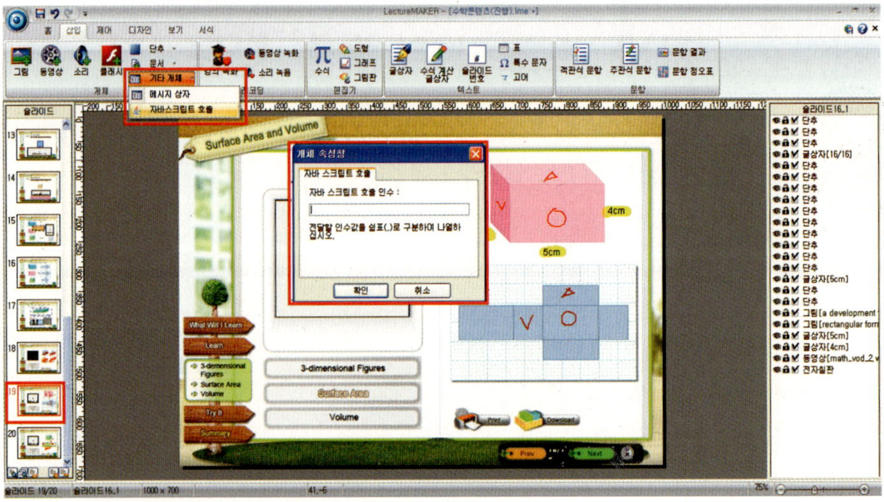

3 자바 스크립트 명령어 삽입하기

윈도우 내용을 프린터로 출력하는 자바 스크립트 명령어는 print()입니다. 이 명령어를 자바 스크립트 호출창에 기입하고 [확인]을 클릭합니다.

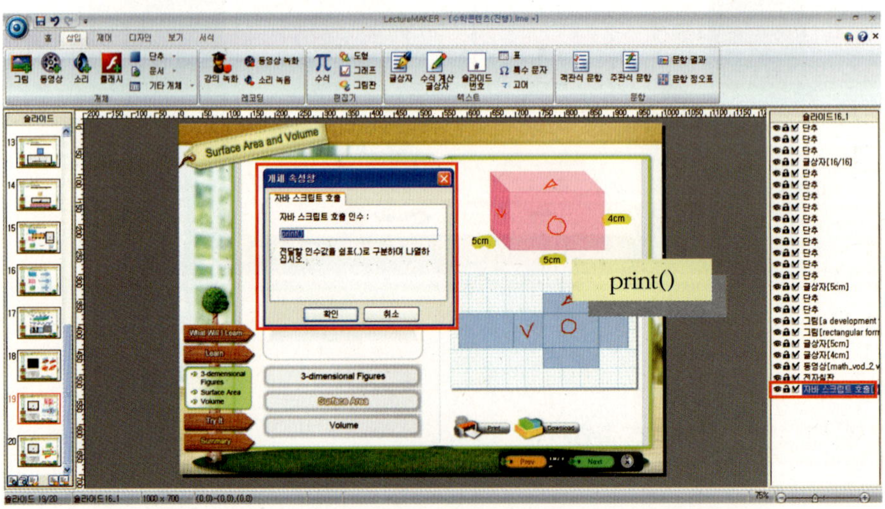

4 프린트 단추 개체 속성 변경하기

버튼을 클릭할 때 이 개체가 실행되도록 〈개체 숨기기〉를 해 줍니다. 숨기기 이름을 〈프린트〉로 설정한 후 프린트 모양의 단추 속성을 다음과 같이 변경합니다.

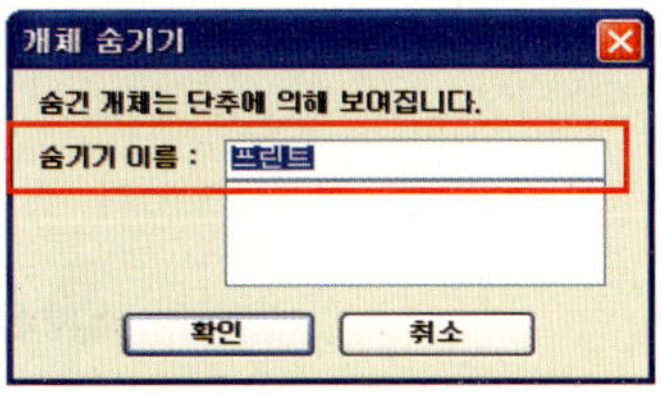

자바 스크립트 호출 숨기기
숨기기 이름 : 프린트

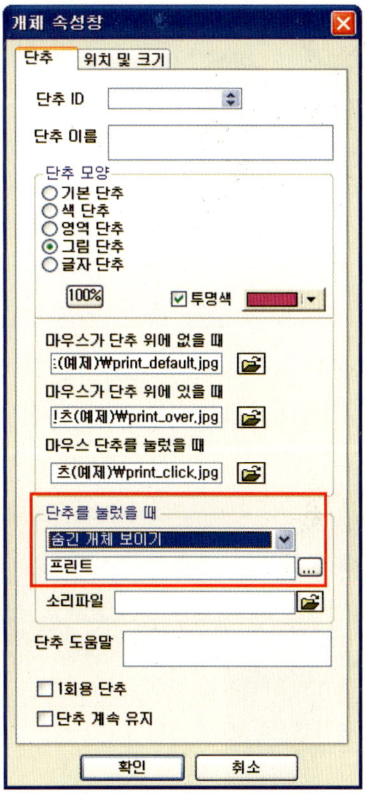

단추를 눌렀을 때
숨긴 개체 보이기
숨김 개체 명 : 프린트

... 참고 자바 스크립트 명령어 정리

▸ 자바 스크립트란? 미국의 넷스케이프 커뮤니케이션스사가 개발한 스크립트 언어로, 웹 브라우저에서 실행하는 스크립트 언어를 기술하는 것입니다.

▸ 자주 사용되는 자바 스크립트 명령어

명령어	명령어 내용
alert()	경고 메시지를 나타내는 대화창 출력
blur()	윈도우로부터 입력 커서를 없앰
close()	윈도우 닫기
confirm()	사용자에게 확인/취소를 선택하는 대화창 출력
open()	윈도우 열기
prompt()	사용자가 메시지를 입력함
print()	윈도우 내용을 프린터로 출력
find()	윈도우 안에서 원하는 문자 검색

STEP〉〉5 **전자칠판 사용하기**

강의 녹화 및 전자칠판을 사용하여 보겠습니다.

1 강의 녹화하기

슬라이드 19번을 클릭합니다. [삽입]탭-[강의녹화]명령을 클릭합니다.

2 강의 녹화 삽입하기

현재 동영상이 삽입되어 있는 상태이므로 강의녹화를 실시하면, 동영상과 전자칠판 내용이 동기화 됩니다. 녹화 버튼(●)을 클릭하여 녹화를 시작합니다. 녹화를 마친 다음, 〈전자칠판〉 개체로 저장을 한 후 개체로 삽입합니다.

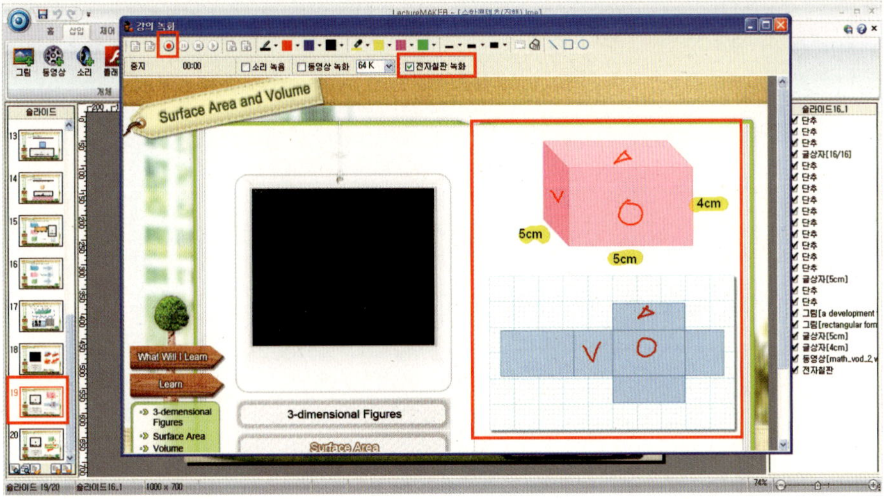
강의 녹화
소리 녹음
동영상 녹화
전자칠판 녹화
Surface Area and Volume
4cm
5cm
5cm
What Will I Learn
Learn
3-demensional Figures
Surface Area
Volume
3-dimensional Figures
Surface Area

▌저자소개▐

구덕회

현재 서울교육대학교 컴퓨터교육과 교수
전 대구교육대학교 컴퓨터교육과 교수
전 한국교육학술정보원 선임연구원
전 한국전자통신연구원 위촉연구원
전 초등학교 교사, 대학교 강사

이영호

현재 서울강덕초등학교 교사
관심 분야: 학습관리시스템, 이러닝 콘텐츠

렉처메이커로
이러닝 콘텐츠 만들기

2011년 8월 5일 1판 1쇄 인쇄
2011년 8월 10일 1판 1쇄 발행

저 자: 구덕회·이영호
발행자: 김 동 규
발행처: 교육과학사

경기도 파주시 교하읍 문발리
파주출판문화정보산업단지 514-5
전화 (031) 955-6956 ~ 8/ FAX (031) 955-6037
Home-page : www.kyoyookbook.co.kr
E-mail : kyoyook@chol.com

등록: 1970년 5월 18일 제2-73호

정가 19,000 원
ISBN 978-89-254-0498-1